冠军之路

吴国平◎著

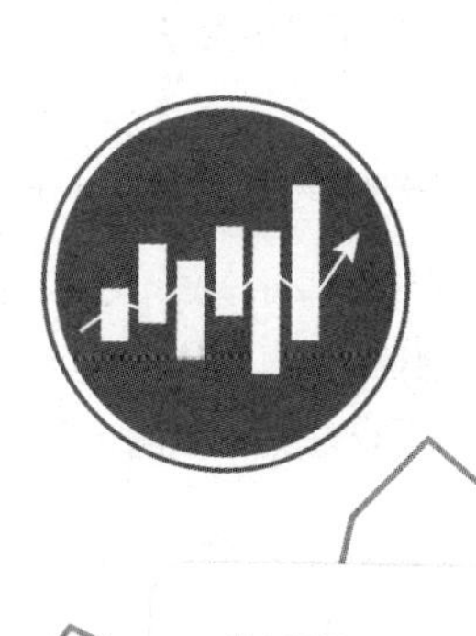

对经典交易进行复盘和回顾有助于熟练掌握技巧、积累经验。本书是著名私募基金经理吴国平的投资精华之道。全书共3章，第一章介绍了作者过往参加选股比赛的历程以及获得冠军的经验和感悟，其中既包括个股交易方法的展现，又包括对股市全局的博弈以及夺冠技巧等。第二章对A股市场的八大形态进行了盘点和阐述，帮助投资者训练盘感，更好地把握市场的经典形态。第三章是作者对市场未来走势的预判和对从事金融文化事业的展望。

本书适合需要学习股票交易技巧的股民阅读，可作为新股民入门手册和老股民升级参考。

图书在版编目（CIP）数据

冠军之路/吴国平著．—北京：机械工业出版社，2018.12

（吴国平股票干货秘籍系列）

ISBN 978-7-111-61717-4

Ⅰ.①冠…　Ⅱ.①吴…　Ⅲ.①股票交易－基本知识　Ⅳ.①F830.91

中国版本图书馆CIP数据核字（2018）第300125号

机械工业出版社（北京市西城区百万庄大街22号　邮政编码100037）

策划编辑：王　涛　　责任编辑：金梦媛

责任校对：陈小慧　　封面设计：高鹏博

责任印制：康会欣

北京宝昌彩色印刷有限公司印刷

2019年4月第1版·第1次印刷

170mm×242mm·13.5印张·214千字

标准书号：ISBN 978-7-111-61717-4

定价：49.00元

凡购本书，如有缺页、倒页、脱页，由本社发行部调换

电话服务

服务咨询热线：010-88361066

读者购书热线：010-68326294

网络服务

机 工 官 网：www.cmpbook.com

机 工 官 博：weibo.com/cmp1952

金 书 网：www.golden-book.com

教育服务网：www.cmpedu.com

序 | Preface

超越华尔街的关键

于我而言非常幸运的一件事，是在高二阶段开始了股市生涯，也因此很早就体验了股市的酸甜苦辣。有人说，如果你没有见证过像样的牛熊市，那么你在市场中的投资经历是不完整的。

自1998年入市时的牛市，到2000年开始的熊市，再到2006年的牛市，又到2008年的熊市，然后是2014年的牛市，2015年的牛熊转换，以及2016—2018年的震荡市，我几乎见证了股市所有的辉煌和风雨。但和许多人不一样的是，大部分股市投资者只是经历，而我一直在总结，一直在成长，一直在前行。

1998年是幸运的，让我第一次感受到股市的魅力；而2006年的牛市更是我人生的一大机遇，让我在市场中奠定了自己的未来。

面对股市，我更强调的是系统。构建属于自己的盈利系统才是博弈市场的长久生存之道。长时间以来，我看到很多人在谈论投资时，都只是强调一招半式，或者是强调部分技术。这样的方式在资本市场野蛮发展的过程中有其独特的价值，但当市场进入一个完善并规范发展的阶段时，这种方式将变得具有局限性。

经历了那么多次牛熊转换，我从自身成长之路所感悟到的，就是我目前一直强调的十二字真言：成长为王、引爆为辅、博弈融合。再结合我的九字真经：提前、深度、坚持、大格局。两者共同构成了我认为完整的盈利体系框架。这其中涉及基本面分析、技术面分析、心理面分析，这 3 个主要分析体系还可以分拆出若干小分支，最终构建成一个相对完整的盈利体系。

这是一个工程，多年以来，我一直在不断构建和完善。用市场的经历，实战的经历，成功和失败的经历，不断构建和完善。时至今日，我认为我有资格说，这个体系比市面上的大部分体系要优秀得多，这一点我可以毫不谦虚。因为这不仅来自于我曾经参与的不少比赛及获得冠军的心得体会，也来自于我对一些惨痛教训的总结，更来自于 1998 年以来我每天的思考和梳理。

自 1998 年入市，到 2019 年，经过这些年的摸索，我开始自我沉淀，也开始有一些书籍和作品问世。一直以来我都觉得，我所经历的、把握的、总结的，是极其有价值的财富，我希望能以书籍的形式留存下来。纵观整个市场，我深知，目前有大部分投资者是不合格的，其投资心态是浮躁或盲目的。而自己一路走来，至少已经懂得如何让中小投资者更了解股市，更懂得如何把握股市。我希望通过我的力量，和我一直沉淀的思想价值，帮助更多投资者，或许这就是我的使命。

但同时我也知道，这条路不像在股市里博弈，可以产生立竿见影的效果，而是需要时间才能发酵。我们需要耐心，需要更用心，但我相信，我的读者会慢慢发酵，扩散开来。因为真正有价值的东西，迟早会展现它独特的光芒。感谢过去的读者，是你们让我一直有动力坚持至今。

未来是一个新生的资本时代，需要我们一起努力，提升自我，最终打造一个超越华尔街的中国资本市场。这在很大程度上取决于我们自身，只要广大投资者纷纷开拓思路和视野，至少有一部分人能够完善自己的投资体系，未来必然会绽放更璀璨的光芒。

此刻，我们要做的是脚踏实地、坚定信心，为市场奉献更多的盈利体系。一切才刚刚开始。

目录 | Contents

第一章

夺冠交易日志

2015年9月8日

星期二

早盘三大股指小幅低开后震荡，临近午盘，指数下跌。午后，在银行等金融板块的拉升下，股指整体呈震荡向上走势，沪指和创业板指率先翻红，深成指随后紧跟而上。沪指放量上攻并一举站上3100点大关。收盘沪指大涨超3%，两市仅50余只个股下跌。

昨天是比赛[㊀]的第一天，我没有操作，而是对盘面进行观察和思量，最终选出了3只股票，分别是新开普（300248）、星光农机（603789）、天成自控（603085），并制订计划于今日开始交易。这3只股票技术面上比较相似，基本面上各有特色。

一、买入：新开普（200248）

（一）投资要点

（1）新开普覆盖移动支付、众筹、职业教育、计算机应用等题材，这些题材都是当下热门的，股市危机前都曾站上市场的风口，股市危机后若要反弹，这些题材的弹性应该是比较大的。

（2）今年7月，该公司定增购买资产，巩固强化智能一卡通业务，加之交易方承诺收益，这大大提振了投资者的信心。

（3）今年8月，股东大会同意公司以1.99亿元收购上海树维100%的股权。上海树维是国内教育信息化领域的重要软件供应商和系统集成商之一，其全体股东承诺2015年、2016年净利润分别不少于1000万元和1600万元。

㊀ 爱投顾首届中国投顾大师赛。

（二）技术分析

分析技术面最好先看整体形态，至少要看6个月以上的K线，有利于看清一只股票的形势。看清形势就等于掌握了大方向，投资者不能只看放大的K线图，否则容易陷入“井底之蛙”的困境。

下面来看看新开普的技术面，如图1-1和图1-2所示。

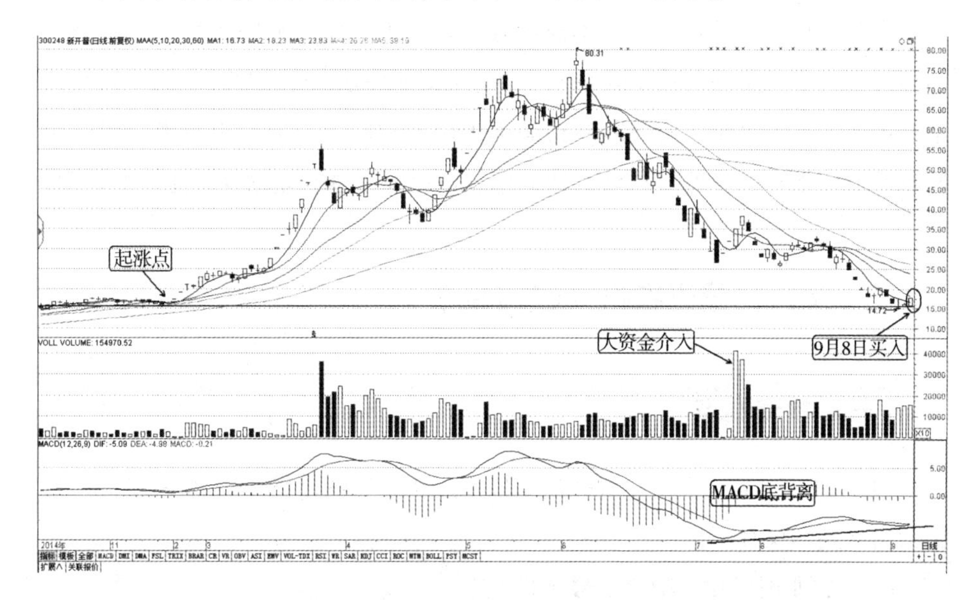

图1-1　新开普K线图

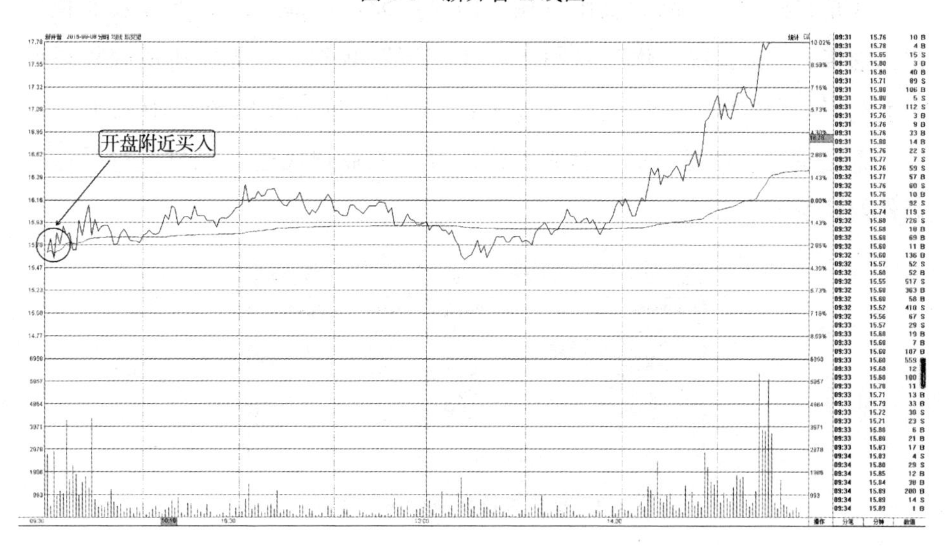

图1-2　新开普分时走势图

整体形态看，股价从最高点跌下来，跌幅将近 80%，这已经是严重超跌，所以一旦出现反弹，力度也会很大。

（1）当前股价已经回到起涨点，对股价有支撑作用。

（2）9 月 2 日，K 线收出倒 T 线；9 月 7 日，K 线跳空高开，并收出中阳线，且成交量放大，很可能是短线见底的反转信号。

（3）MACD 出现底背离现象。

由此可见，新开普不仅基本面较好，技术上也发出见底信号，今日开盘即买入。这里其实是有技术含量的，在市场出现大跌时，很多人都有所畏惧，不敢进入。这种瀑布式的急跌行情表面上确实很吓人，但这也正考验了一个操盘手专业水平的高低。急跌行情下超跌抢反弹，是专业操盘手能力的表现。

二、买入：星光农机（603789）

（一）投资要点

（1）次新股盘子小，而且经历了股市危机，股价已经下跌 70% 以上，可能会出现超跌反弹行情。

（2）农业现代化、中央 1 号文件。

星光农机主营产品为农用机械，国家层面早已提及需要促进农业现代化，未来，“农业现代化”将写入“十三五”规划。星光农机所属板块见图 1-3，经营范围及主营业务见表 1-1。另外，每年开年的“中央 1 号文件”都会催生农业题材股，星光农机涉及“农业现代化”题材，将受这些事件的影响。

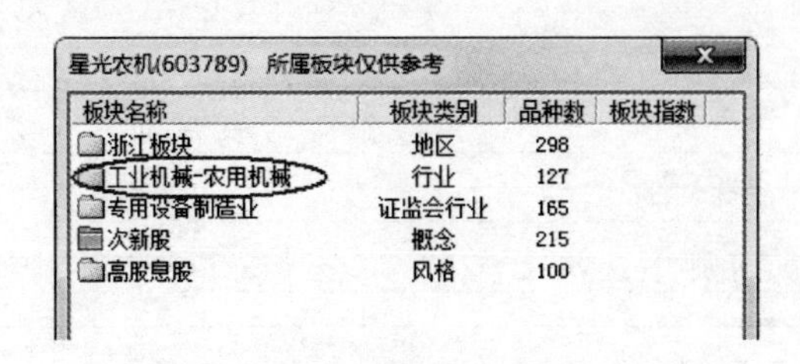

星光农机(603789) 所属板块仅供参考

板块名称	板块类别	品种数	板块指数
浙江板块	地区	298	
工业机械-农用机械	行业	127	
专用设备制造业	证监会行业	165	
次新股	概念	215	
高股息股	风格	100	

图 1-3　星光农机所属板块（截图）

表 1-1 星光农机经营范围及主营业务

经营范围	农业机械的开发、设计、制造、销售与服务；金属材料（除稀贵金属外）、机械零部件的销售，货物及技术进出口
主营业务	联合收割机的研发、生产与销售

（二）技术分析

如图 1-4 所示：

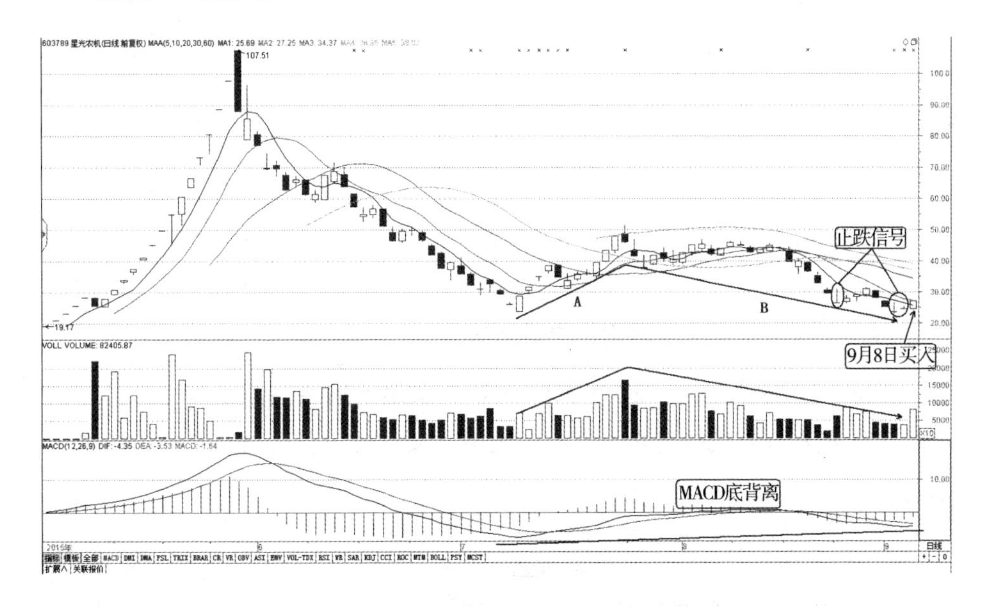

图 1-4 星光农机 K 线图

（1）整体上看，股价已经跌至低点位置，对股价具有支撑作用。

（2）第一波股市危机过去后，股价出现反弹行情（图中 A），成交量配合，第二波股市危机（图中 B）时，星光农机虽然出现大幅下跌，但是成交量持续缩小，按照这个换手率，主力是无法出货的，相信在这种位置主力不会再去做无谓的抛售。

（3）股价最近收出两根十字星，后一根 K 线比前一根 K 线的收盘价高，这是行情止跌的迹象。

（4）MACD 出现底背离现象，这是趋势转折的信号。

如图 1-5 所示，星光农机今日低开高走，开盘不久便买入。行情很快突破分时均线，于是9:45左右再次加仓，下午的表现持续强势，最终以涨停板收盘。

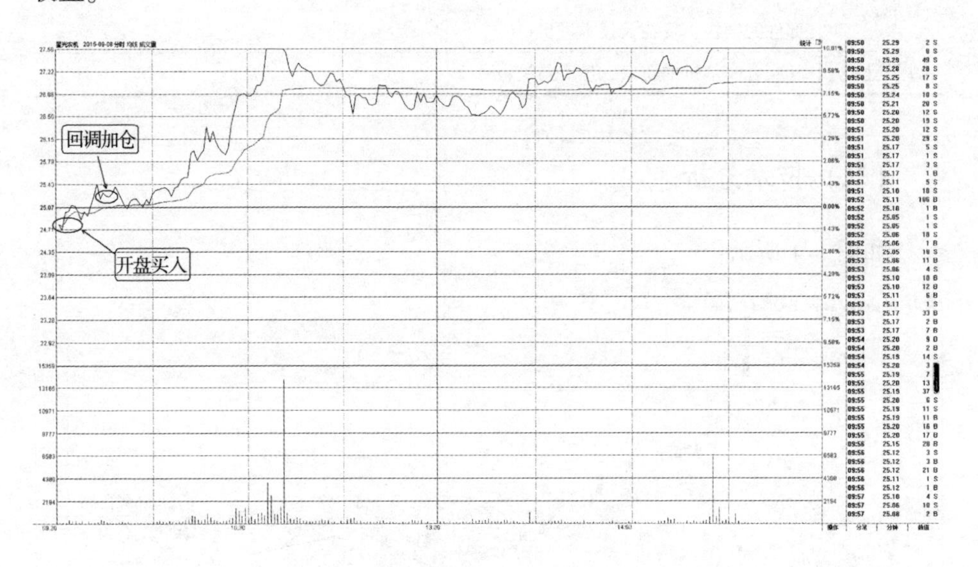

图1-5　星光农机分时走势图

这里需要强调的一点是，MACD底背离发出的信号相当强烈，而且像这种时间跨度大的MACD背离形态一年之中也没有几次，所以要珍惜这种技术形态。

三、买入：天成自控（603085）

（一）投资要点

该公司主要生产工程机械、商用车、农用机械座椅，相对于另外两只个股，并没有过多的热门题材。但需要注意的是，该股在6月30日上市，上市之后顽强上涨，中途搭建了一个调整平台，但时间很短，随后继续上涨，股价翻了6翻，见图1-6。

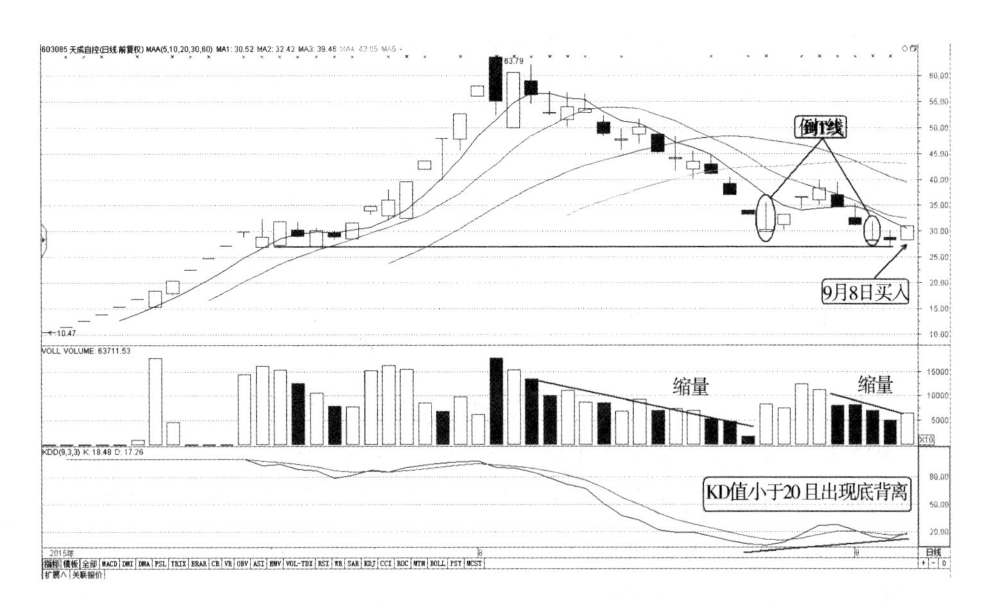

图 1-6　天成自控 K 线图

（二）技术分析

如图 1-7 所示：

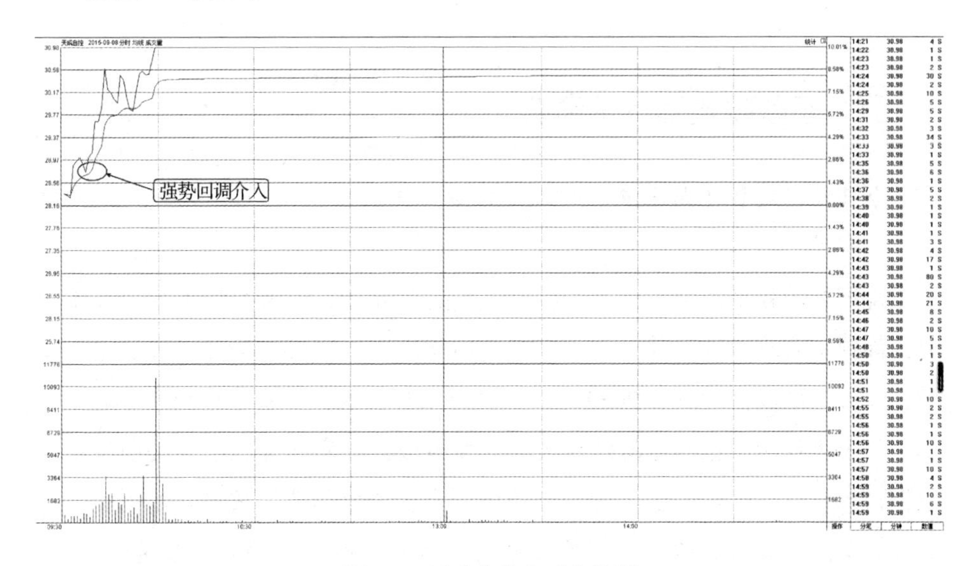

图 1-7　天成自控分时走势图

（1）天成自控的价格已经跌到前期调整的平台位置，有支撑作用。

（2）近期频频收出倒 T 字线，这些都是底部反转信号。另外，买入前一天行情收出了一个阴线螺旋体，这其实是假阴线，因为其收盘价高于前天射击之星形态的收盘价。

（3）KD处于超卖区域，且出现底背离现象，这是反转信号。

综上分析，在9月8日开盘强势上涨回调的低位买进。

四、研究基本面的意义

今日大盘强势反弹，新开普、星光农机、天成自控也顺利涨停。今日可谓大获全胜，大家是否从中学习到一些有用的东西？这3只个股未来都具备一定的成长空间，尽管我个人做的是短线，但实质是顺势而为。为什么这么说呢？因为我所选的股票未来趋势一定是向好的，只有这种股票才更容易吸引资金介入，我可以借势做短线，而出现调整或横盘行情我就舍弃。也就是说，不是只有做长线才需要研究股票的基本面，其实做短线也需要。通过分析股票的基本要素，找到一个支撑股价上涨的逻辑，然后再进行长线、中线、短线交易（具体看个人风格），只是不同的交易风格对基本面研究的程度不一样罢了。

五、超跌股是第一轮重点

今日股指期货震荡上扬，收成一根中大阳线。今天的逆转预示着什么？机会在哪里？

管理层的救市态度、盘面的量能、小盘股异动，以及股指本身的技术走势，都预示着阶段性底部区域，今天盘中就出现大逆转。当然，我们也注意到，今天上证成交额只有2639亿元，接下来还需要场外资金接力。

今天表现最出色的是超跌板块和上海板块，其实昨天就已经提前反映了（部分资金总是先知先觉）。今天再集体爆发，个股的热情被进一步引爆，接下来的盘面将会大大改观。就算股指反复筑底，也会有部分个股勇于表现。也就是说，接下来的短线机会将逐步增加，是考验个股挖掘能力的时候了。

近期强调的日线、60分钟图的MACD底背离共振到今天为止基本形成了，这个位置反攻的可能性极高，而且所产生的上攻动力不容小觑。要知道，

6月股指是在日线MACD顶背离走势下形成暴跌的，足见其威力之大，因此，这次底背离走势自然值得高度重视。

至于机会所在，刚开始很明显是在超跌股方面，毕竟跌得越多反弹就越快，也更容易吸引资金进入去做反弹。刚开始反弹时普涨，主线并不明显，但第一波反弹过后，板块和个股就会进入分化状态，那时持续走强的板块就会凸显出来，成为行情的主线。届时，投资者要做的就是及时调仓换股。

2015年9月9日

星期三

早盘三大股指一改前期颓势，纷纷高开，沪指震荡向上，盘面上题材股大放异彩，上海本地股、锂电池、计算机应用等概念股掀起涨停潮。午后市场买盘减少，市场稍有回落，不过临近尾盘指数接近3200关键点位时，多方再度发力。截至收盘，沪指涨幅超过2%。

政策面来看，面对8月下旬A股再度大幅急挫，央行再度“双降”、社保基金时隔13个月新开46个A股账户，此外，养老金入市获批、四部委发文鼓励上市公司兼并重组回购股份、周小川表态股市调整已大致到位、A股拟引入熔断机制等多项重磅利好再度扎堆来袭。多重利好加上“国家队”二度救市，引领今日沪指出现反攻。

尽管指数连续大涨，但市场真正的主角却是以创业板为首的题材股。数据显示，今日涨停的230多只个股中，基本都是中小市值为主的题材股，不少个股更是短期内连续涨停。

今天主要操作了两只股票：中泰桥梁（002659）和中元华电（300018）。

一、买入：中元华电（300018）

（一）投资要点

（1）中元华电通过并购重组，加速向健康医疗行业转型。2014 年 7 月 18 日发布公告显示，公司控股埃克森 51% 的股权。埃克森多年从事医疗器械领域产品的研发、生产、销售、医疗器械代理、医疗健康服务等相关业务，积累了丰富的管理经验。2015 年公司以发行股份及支付现金的方式购买世轩科技 100% 股权。可见公司加快向健康医疗领域转型，与原有的电力业务形成“电力设备 + 医疗健康”双驱动格局。

（2）证金持股。公司 2015 年三季报显示，中央汇金投资有限责任公司持股 837. 24 万股，占比 4. 29%，为第二大流通股东。

（二）技术分析

如图 1-8、图 1-9 所示：

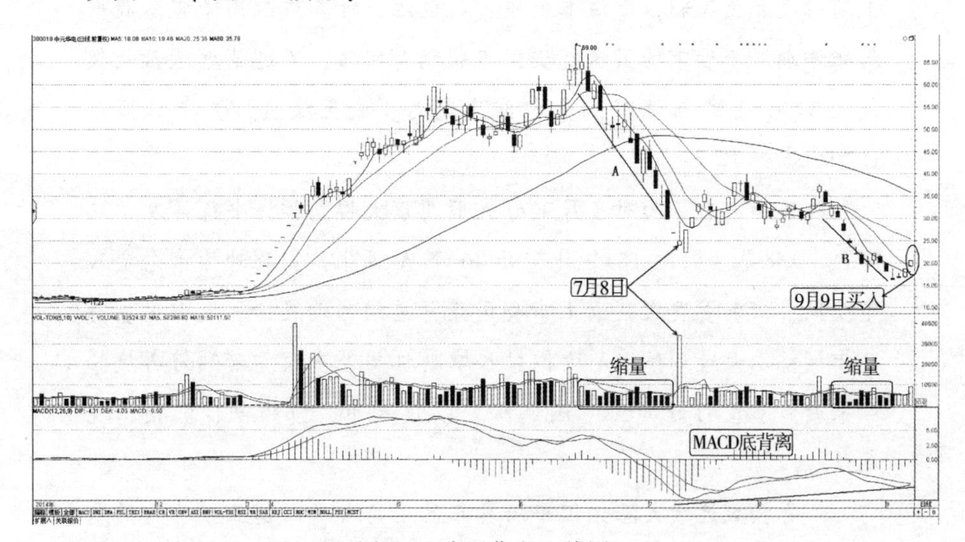

图 1-8　中元华电 K 线图

（1）6 月下旬发生系统性股市危机，中元华电大幅下跌（图 1-8 中 A），但成交量明显萎缩，8 月下旬发生第二波股市危机（图 1-8 中 B），中元华电依然是缩量，说明主力未出货。

（2）7 月 8 日，正是第一波大跌行情末，出现一根带巨量的“射击之星”K 线形态，说明有大资金介入。

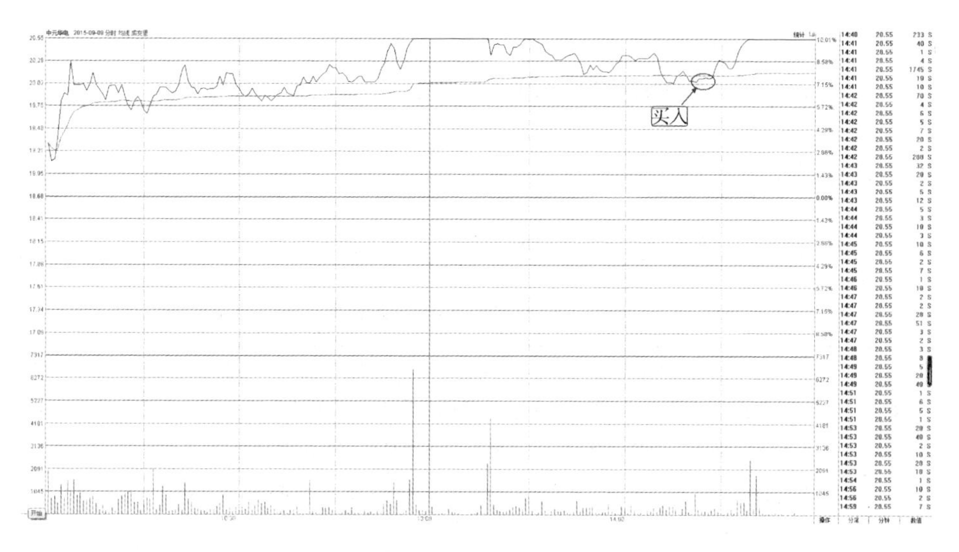

图 1-9　上证指数分时走势图

（3）（图 1-8 中 B）下跌末端，K 线收出两根倒锤线，这是底部止跌信号，昨天行情涨停，这是反转信号。

（4）总股本：2.4 亿股，流通股本 1.5 亿股，盘子小，便于资金拉升。

图 1-9 中，中元华电早盘强势冲上涨停，随后打开涨停板。下午开盘，它没有出现大幅下跌，而是强势运行在分时均线附近。另外有一点很重要，今天大盘保持强势格局（见图 1-10），所以就大胆介入，尾盘该股成功再次封板。

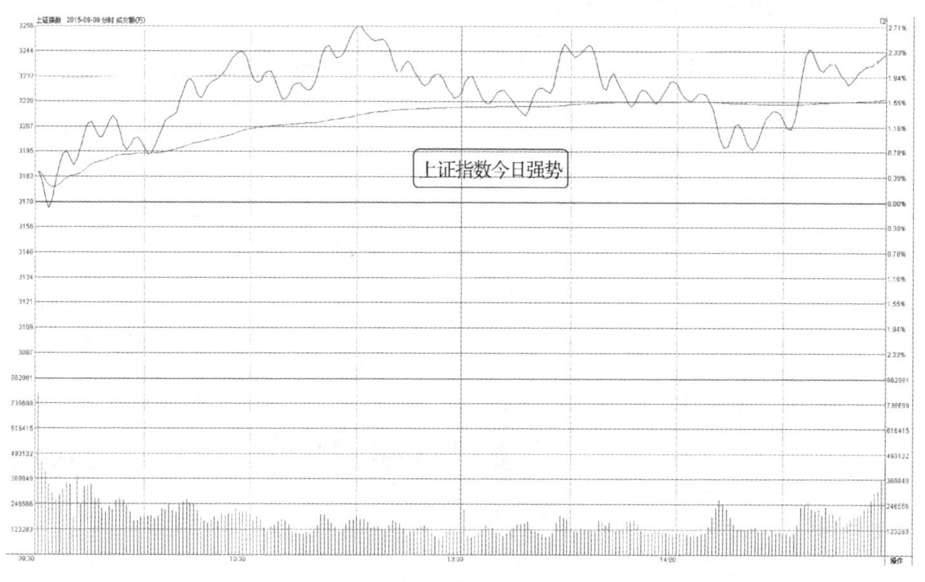

图 1-10　中元华电分时走势图

二、买入：中泰桥梁（002659）

（一）投资要点

中泰桥梁的主营业务如表 1-2 所示。

表 1-2 中泰桥梁经营范围及主营业务

经营范围	桥梁钢结构及其他金属结构和构件的制造、施工、安装、运输、修复和加固、技术咨询；金属材料、机电产品、普通机械的销售；普通机械的修理；起重运输机械制造、加工、安装；自营和代理各类商品及技术的进出口业务
主营业务	桥梁钢结构工程承包及技术服务业务，为钢结构桥梁提供钢结构工艺设计、制作、运输和包装

从主营业务上看，中泰桥梁比较普通，没有太大亮点。但仔细挖掘就会发现，该公司正在积极进军国际高端教育市场。大家一定听过“在线教育”这个概念，国内绝大部分公司都仅仅经营国内教育市场，很少涉及国际教育，而中泰桥梁通过定增募资，开拓“在线教育”的细分领域，进军国际高端教育市场。

（二）技术分析

如图 1-11 至图 1-13 所示：

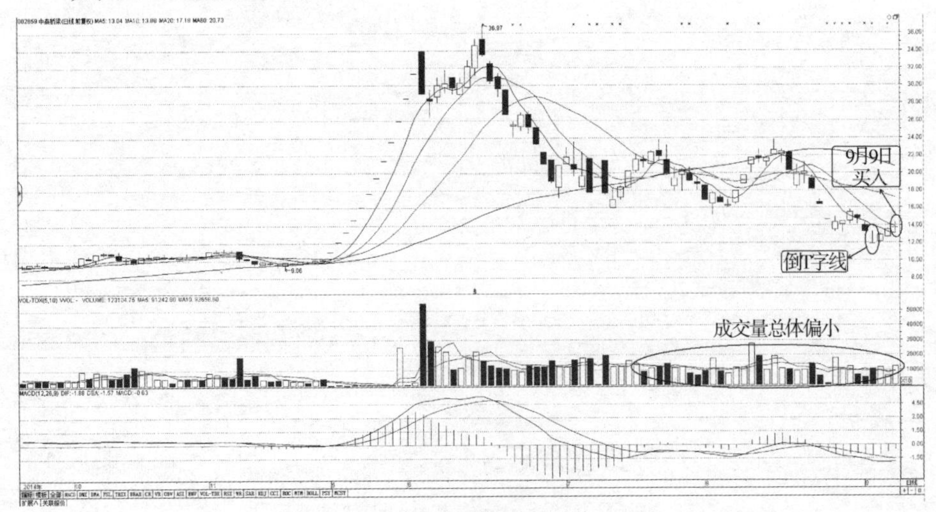

图 1-11 中泰桥梁 K 线图

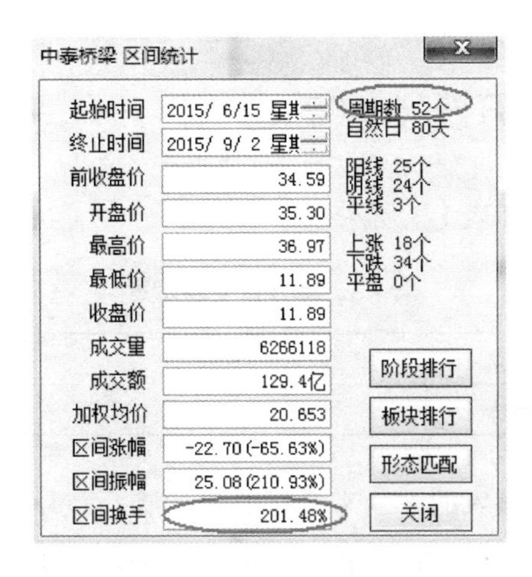

图 1-12　中泰桥梁区间统计

图 1-13　中泰桥梁分时走势图

（1）下跌行情末端，中泰桥梁收出倒 T 字线，这是见底信号。

（2）统计 6 月 15 日—9 月 2 日的换手率，得出这期间日均换手率为 201. 48%/52 = 3. 87%，由此可见，该股筹码集中度高，主力掌握绝大部分筹码。

今日开盘后便买入，但由于该股并不属于热门股，所以对它的短线行情并没有太大期许，这只股票可能会成为我的中长线个股。

三、平仓：新开普（300248）

新开普交易示意如表 1-3 所示。

表 1-3 新开普交易示意

建 仓	平 仓
9月8日	9月9日

新开普是我昨日买入的，一来今日股价面临高点压力，股市危机尚未经过充分消化，上方套牢盘仍然存在；二来整体环境尚未走出右侧行情，短线操作宜采用“高抛低吸”的策略速战速决，所以今天开盘冲高，便选择获利了结，获利 14% 以上。虽然当天该股仍强势冲上涨停，但后面的走势已经不在我的预测与计划范围之内，如图 1-14 所示。

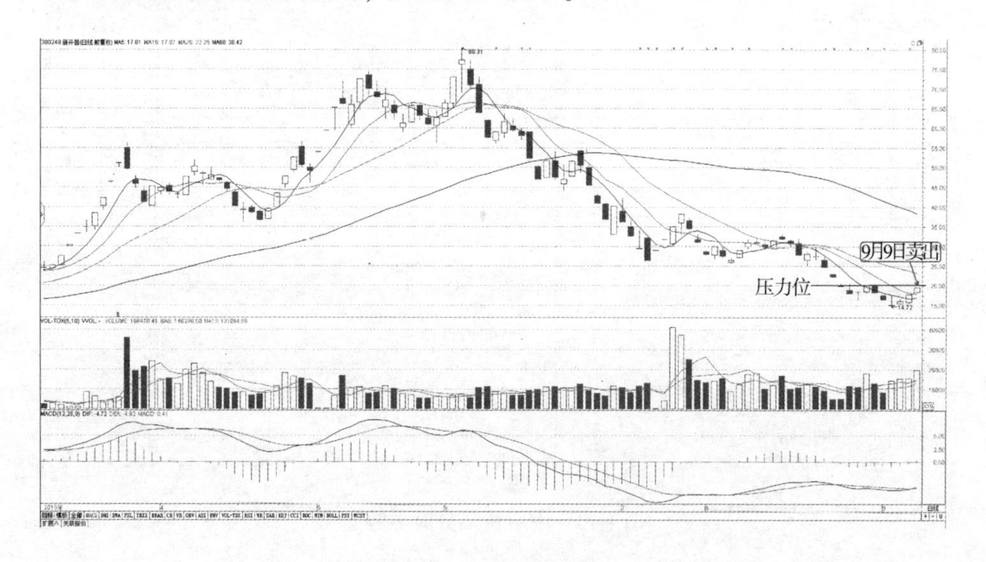

图 1-14 新开普 K 线图

四、平仓：星光农机（603789）

星光农机交易示意如表 1-4 所示。

表 1-4　星光农机交易示意

建　　仓	平　　仓
9 月 8 日	9 月 9 日

卖出星光农机的逻辑与新开普相同，请参考前文。星光农机的 K 线图和分时走势图分别见图 1-15、图 1-16。

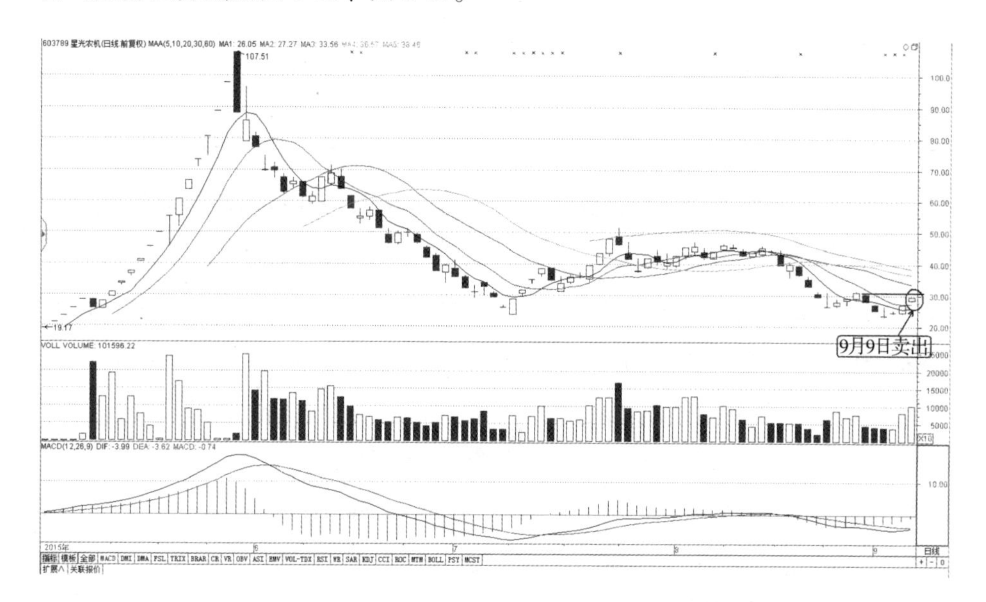

图 1-15　星光农机 K 线图

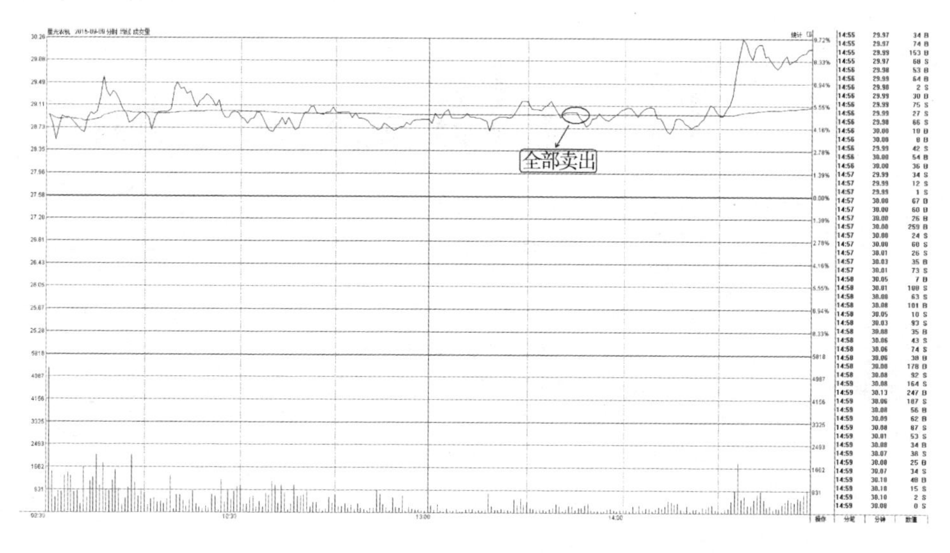

图 1-16　星光农机分时走势图

五、加仓：天成自控（603085）

天成自控交易示意如表 1-5 所示。

表 1-5　天成自控交易示意

建　仓	加　仓
9 月 8 日	9 月 9 日

为何要在此处加仓？一是因为该股当天直接涨停开盘，相当强势，且是次新股，盘子小，很容易被资金爆炒；二是因为当天大盘延续昨日的强势行情，所以在这种“大盘强、个股强”的行情下，可以考虑加码。天成自控的 K 线图和分时走势图分别见图 1-17、图 1-18。

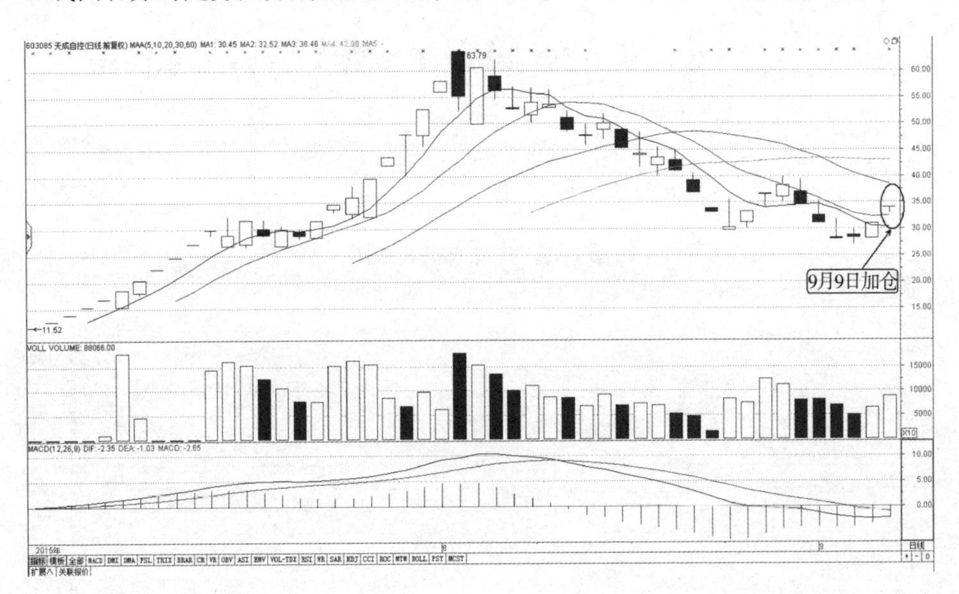

图 1-17　天成自控 K 线图

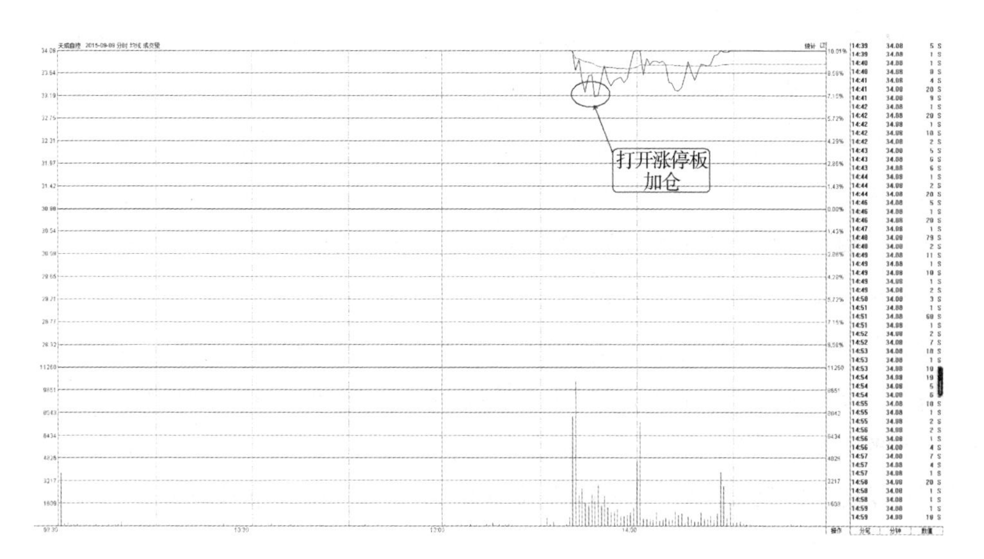

图 1-18　天成自控分时走势图

六、为你的股票寻找一个上涨的理由

不管是做长线投资还是做短线投资，都要认真分析个股的基本面，看看有哪些亮点，支持股价上涨的逻辑是什么。也就是说，要为股票上涨找一个合适的理由。这样有什么用处呢？一来可以使投资者安心持股，减少持股过程中“惶惶不可终日”的不良心态；二来可以避免很多技术分析上的误差。

七、2850 点附近是突破历史新高的起点

市场细微的盘面变化：市场这两天虽然反复，但盘面是有积极现象的，如超跌股、次新股。事实上，后面的绝地大反击中，引领人气的关键就是超跌板块和次新板块的上攻，它们也是我认为有可能会砸出底部的底气所在。

2850 点上下 100 点就是这次行情的底部区域，这是我最新的公开观点。2015 年 9 月 8 日，市场在即将再次跌穿 3000 点、逼近 2950 点时，神奇地出现逆转。最终，久违的深 V 行情展现，在 3000 点附近出现一次反攻。

面对中阳线，当然，看空的依然看空，理由并不复杂，因为市场下跌过于剧烈，所以根本就无法透过一根中阳线来提振信心。不过，正如在 9 月 8

日下午开盘杀跌最黑暗时我曾表述的：下跌的时候大家都习惯于往下看，其实，在最恐慌的时候更要往上看，因为世界很大，除了地狱，还有天堂。

我的底气在于市场细微的盘面变化。今日盘面出现的细微变化是：市场这两天虽然反复，但盘面是有积极现象的，如超跌股、次新股。

试想，如果超跌和次新股都纷纷出现大涨，市场人气是不是很容易被带动起来？那么，做多的力量是不是很容易被组织起来？要知道，场外恶意观望的资金超过 2 万亿元，一旦吸引一部分进来，就十分可观，如果全部进入，难道不是一次大级别的新行情吗？所以，这次逆转一旦如预期那样，真是砸出来的底部，那么接下来的行情绝对不是小反弹，而是反转。也就是说，未来中期行情的起点，新一轮超越历史最高点位的行情，可能会从 2850 点附近展开。

现在，不少人的态度很悲观，有一些人则很理想，认为市场一定会跌到 2700 点、2500 点，没跌到就不考虑采取行动。当然，这是一种策略。但事实上，这样的策略过于理想化，真正经历过实战的人都知道，几乎没有人能在绝对低点买入，当认为绝对低点很近的时候，要做的事情很简单，就是提前动作。就好像我虽然认为绝对底部是 2850 点上下 100 点，但当市场在 3000 点时，我发现了一些异动的盘面，比如超跌股和次新股的活跃，那么就会提前行动。

需要重点指出的是，目前大部分人将这次反攻定义为一次小反弹，那么，接下来究竟是小反弹还是大反弹，抑或是大逆转？其实，这个问题很简单，就是看市场上超跌股、次新股是否有足够大的行情，比如阶段性很快翻倍、阶段性部分不经意创出历史新高。我们相信，这样的局面会再次来临，只不过现在很多人无法相信而已。市场总是出其不意的，要走出来，现在需要的仅仅是一点时间。

面对这样的逆转，我们不觉得突兀，而是觉得很自然，更不会踏空，而且能顺着市场的脉络不断往前走。否则，过于追求完美的结果就是接下来当市场逼空到你无法承受的时候，你才改变方向选择跟随市场。

跌到现在，那么多利好，管理层那么明确的信号，中国股市的未来依然是值得期待的，我们有什么理由在这时恐惧市场呢？股市如果没有精彩还不如选择退出，人生如果没有精彩还不如选择死亡，这是我的态度。会关掉吗？

会死亡吗？肯定不会！所以，除了精彩还是精彩，绝望时请别忘记未来的精彩，坚定、坚信，创造奇迹，携手前行！

2015年9月10日

星期四

市场今日整体呈现弱势震荡行情。连续两日反弹之后，大盘进入调整态势，成交量再度萎缩。板块上只有大飞机、种植业、在线旅游、养殖业、福建自贸区表现活跃。消息面：

（1）8月CPI指数同比上涨2.0%，8月PPI指数同比下降5.9%。

（2）李克强总理表示：中国资本市场，特别是股市在6—7月发生异常波动，有关方面采取措施稳定市场，是为了防止风险蔓延。

（3）发改委主任徐绍史在达沃斯论坛问答环节谈到，国有企业改革酝酿了一段时间，改革文件近期就会陆续出台。

（4）化纤“十三五”规划本月拟定，重点发展高性能纤维。

（5）福州新区获中央批复，三大国家战略已落地福州。

（6）山东千亿养老金一半已划转委托社保运营。

（7）多地密集放宽公积金贷款条件或将刺激楼市去库存。

今天操作应保持谨慎态度。

一、平仓：天成自控（603085）

天成自控交易示意如表1-6所示。

表1-6 天成自控交易示意

建　仓	加　仓	平　仓
9月8日	9月9日	9月10日

天成自控的价位达到压力位附近，大盘昨日最高点3256点也面临第二波股市危机的套牢区域，且今天低开将近2%，可见市场行情依然不是很稳，积累几天的获利盘很轻易就抛出。这其实就是市场在尚未走出右侧行情之前采取的“高抛低吸”策略。出于以上考虑，今天我将天成自控平仓了，见图1-19、图1-20。

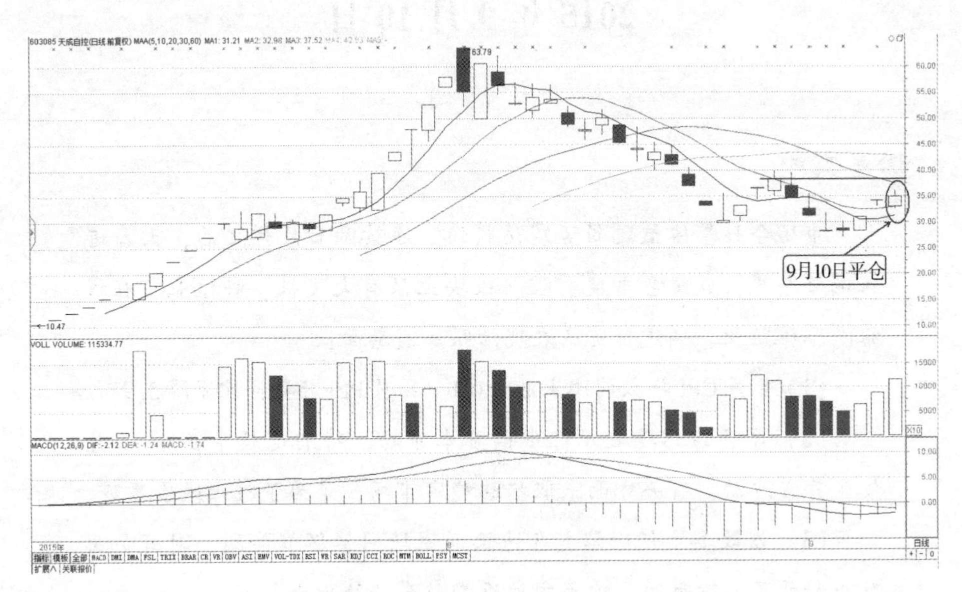

图1-19　天成自控K线图

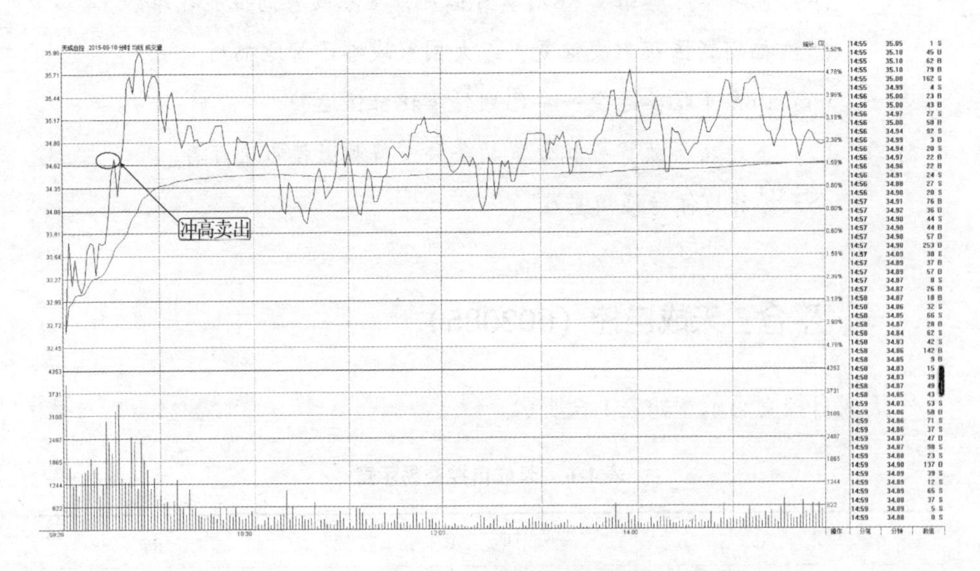

图1-20　天成自控分时走势图

二、加仓：中元华电（300018）

中元华电交易示意如表 1-7 所示。

表 1-7 中元华电交易示意

建 仓	加 仓
9月9日	9月10日

前面分析到公司加快转型健康医疗，与原有的电力业务形成“电力设备+医疗健康”双驱动格局。因此我相当看好中元华电的医疗健康前景，主力仍在其中，形态上处于底部区域，所以今天略微提高了仓位，见图 1-21、图 1-22。

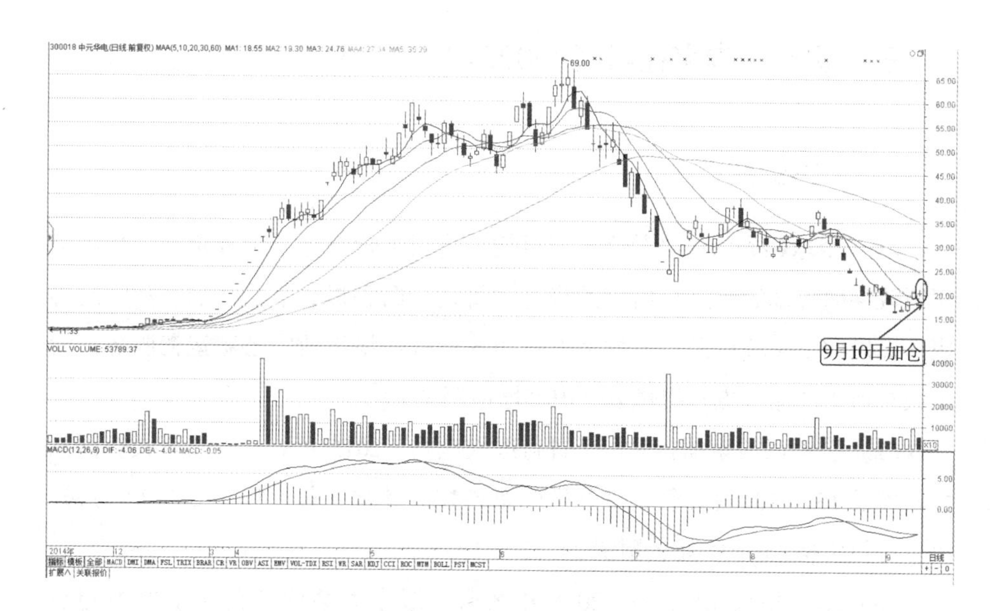

图 1-21 中元华电 K 线图

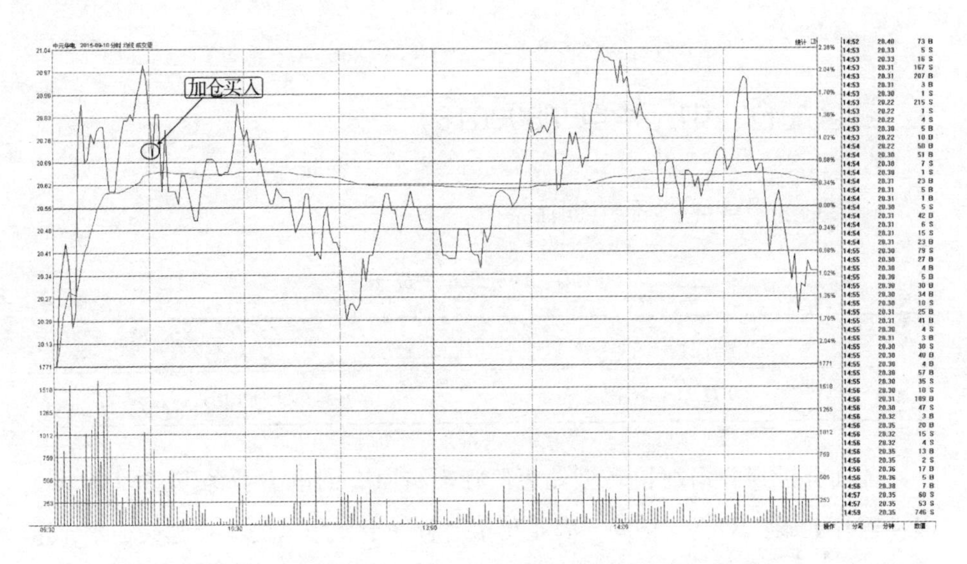

图 1-22　中元华电分时走势图

三、建仓：中文在线（300364）

（一）投资要点

（1）全球领先的中文数字出版机构。公司主营业务以版权机构、作者为正版数字内容来源，进行内容的聚合和管理，向手机、手持终端、互联网等媒体提供数字阅读产品；为数字出版和发行机构提供数字出版运营服务；通过版权衍生产品等方式提供数字内容增值服务。

（2）公司以股票期权对员工进行股权激励。2015 年 6 月，股东大会同意公司授予 159 名激励对象 300 万份股票期权。其中，首次授予 275.35 万份，授予行权价格 110.01 元，预留 24.65 万份。

（3）定增拓展 IP 生态。2015 年 8 月，股东大会同意公司定增不超过 3000 万股，募资不超过 20 亿元，将用于基于 IP 的泛娱乐数字内容生态系统建设项目（募集资金拟投入 9.7 亿元）、在线教育平台及资源建设项目（募集资金拟投入 9.7 亿元）和补充流动资金（0.6 亿元）。

（二）技术分析

如图 1-23、图 1-24 所示：

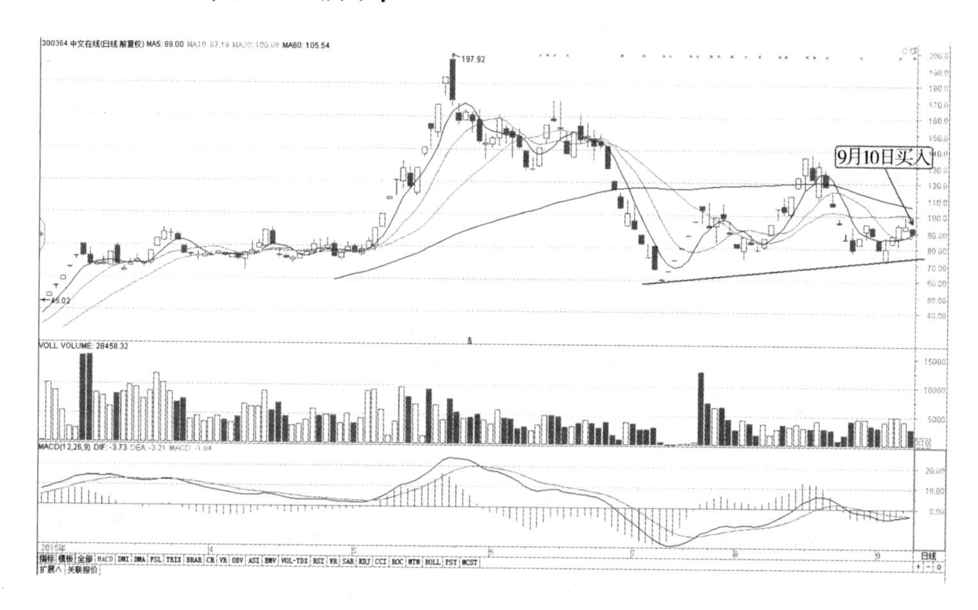

图 1-23　中文在线 K 线图

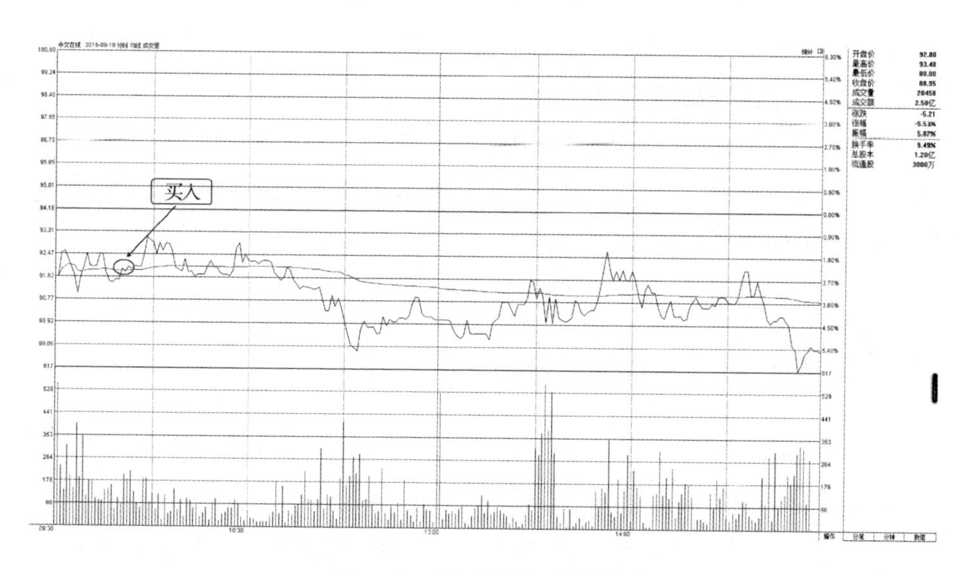

图 1-24　中文在线分时走势图

（1）中文在线板块题材有：传媒、创业板、次新股、在线教育，基本面都是比较好的。

（2）总股本为1.2亿股，流通股本为0.3亿股，盘子小，加上题材不错，容易吸引资金炒作。

（3）股价底部逐步提高，确认行情止跌回升。

（4）成交量温和放大，说明资金悄然买入。

其实这只股票最近不算特别强势，虽然近几个交易日收出四连阳，但没有一个涨停板，说明主力拉升吸收筹码的可能性很大，加上大盘趋势弱势震荡，中文在线猛烈拉升也有较大难度。当天收盘也验证了我此前的判断，中文在线走势偏弱。

四、弱势行情下，投资者该如何做

如果你是短线投资者，那么在弱势行情下应尽量减少买入动作，若持有的股票已经实现了一定获利，应减仓或者平仓。因为弱势行情下，个股攻击性不强，这对于短线来说是大忌。投资者往往认为后面可能还有更大的行情，但是万一行情不再继续上涨，而是回调，这样到底值不值？这种情况不仅会吞噬利润，还会浪费时间。很多人并未真正理解短线的价值是什么，短线的价值 = 价格溢价 + 时间价值。所以在做股票时，一定要做好定位，否则容易面临短线变中线、中线变长线的后果。

如果你是长线投资者，只要行情性质没有改变，弱势行情下宜静观或者考虑加仓。弱势行情下，绝大部分股票震荡或者回调，保守的投资者可以先观察，激进的投资者可以适度加仓。

五、判断短期能否持续爆发的两个要点

股指期货低开震荡，收成一根小星线。股指今天再度明显缩量，这给我们什么启示？

今天上证的成交额只有不到3000亿元，上涨时量能最好是温和放大的，如果缩量，会影响上涨的高度。超跌股今天开始进入分化，而市场的主线还不明确，因此市场有所调整很正常。判断股指的上涨是否健康、短期能否持续走强，这两点很重要：一是量能要温和放大；二是要有强大的主线出来引

领、聚集人气。因此，如果接下来市场没有放量上涨，不排除短期会继续震荡。这也很正常，毕竟底部的构筑不是一两天的事，而是需要一个过程，构筑得越充分，未来的上涨高度越值得期待。

9月依然是重要的转折月，连续的下跌使阶段性风险得到很大释放，而且日线MACD底背离走势已经确认，对此确实没必要过于担心。跌到现在，利好很多，管理层信号也很明确，因此，中国股市的未来依然是值得期待的，我们没有理由在这时恐惧市场。

那么，接下来的机会在哪里？一方面，可以关注近期强势反弹的个股，比如连续实现两三个涨停的个股，如果短期回撤到一定程度就可以考虑介入；另一方面，密切关注能持续上涨的、有影响力的热点，这是看盘的重点。经过近期的反弹，个股活跃度明显提高，因此不管股指如何波动，个股仍然有机会。

2015年9月17日

星期四

今天是比赛的第9个交易日，距离上次操作有5个交易日。

在这期间大盘行情波动较大，但都在一个相对安全的区间内，成交量持续萎缩，说明行情慢慢趋于平衡，相信市场很快会找到一个平衡点。虽然大盘波动大，但不难发现，相当一部分股票都已从底部走上了缓慢的上升趋势，市场信心逐渐恢复。

今日创业板一度大涨，题材股持续有较好表现，网络安全概念股涨幅居前，美亚柏科、华胜天成、绿盟科技等涨停。但在尾盘迎来快速跳水，沪指再度来到了3200点这个关键的整数关口，相比昨日的大涨，今日出现了明显萎缩。

消息面上：

（1）中纪委官网发出消息，证监会主席助理张育军涉嫌严重违纪，正在接受组织调查。

(2) 9 月 9—12 日，中央政法委书记孟建柱率公安、安全、司法、网信等部门有关负责人访美，双方就共同打击网络犯罪等执法安全领域的突出问题深入交换意见并达成重要共识。

关于后市，成交量仍然是观察的重点。

一、加仓：中元华电（300018）

中元华电交易示意如表 1-8 所示。

表 1-8 中元华电交易示意

9 月 9 日	9 月 10 日	9 月 17 日
建仓	加仓	加仓

中元华电 9 月 14—15 日连续跌停，看似吓人，但我们发现市场出现了一个消耗性缺口，这是空方力量的最后一次释放。

昨天该股放量涨停，这是多头强势反扑的信号。

行情没有继续创新低，而是底部抬高，凭借多年经验判断，行情有可能走出 W 底部形态。

如图 1-25、图 1-26 所示，中元华电早盘低开后震荡上行，分时趋势一直

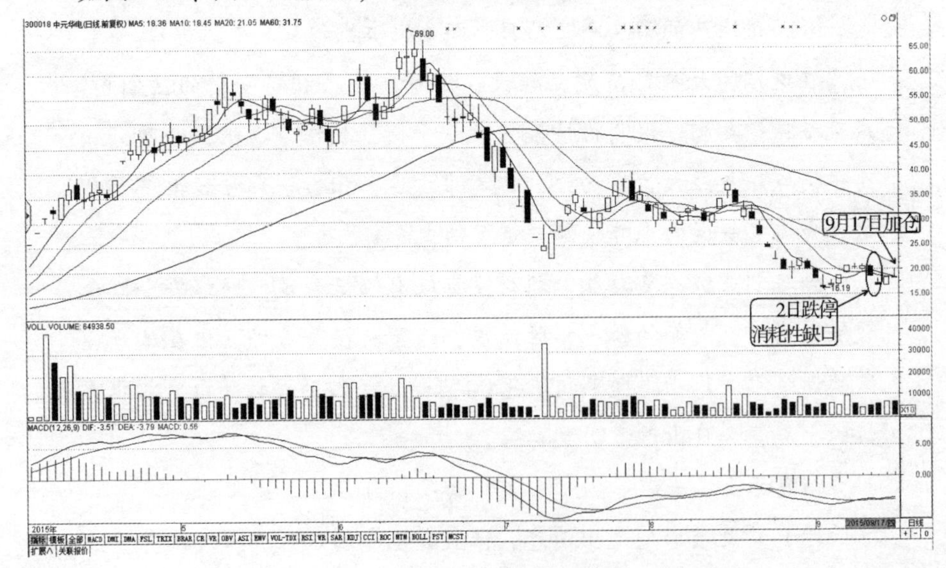

图 1-25 中元华电 K 线图

强势站在均线上方。午后，我决定加仓，随后行情放量突破分时箱体，再次加仓。遗憾的是，尾盘上证指数跳水，导致个股纷纷跟风杀跌，中元华电也不例外，尾盘放量下跌。我相信在这种情况下，很多散户加入了空方大军，但这并没有必要。因为当前的大格局是空方末路、多头兴起的底部阶段，何必杞人忧天？作为一名职业操盘手，心中要有大格局，不可因一时波动而轻易改变立场。

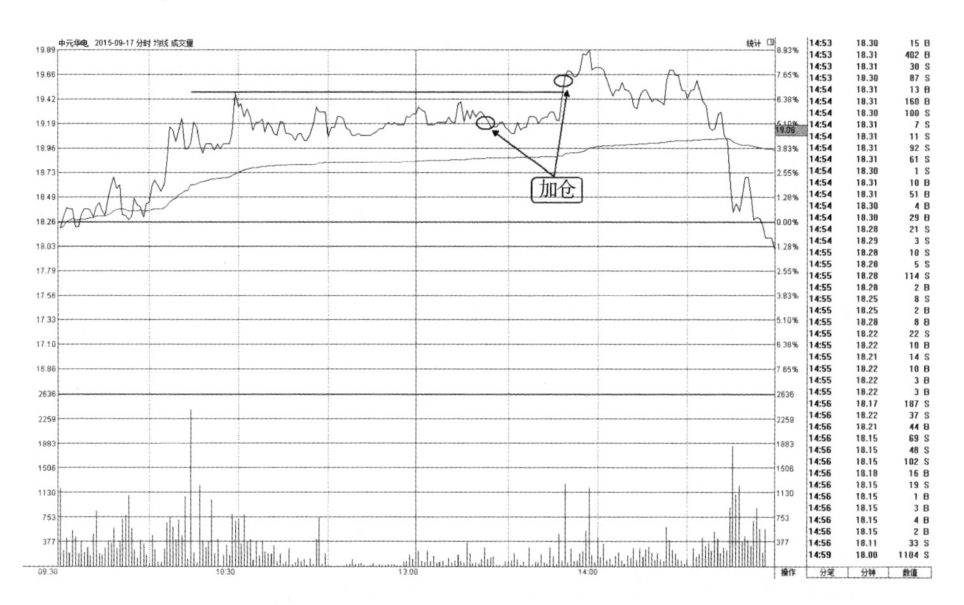

图 1-26　中元华电分时走势图

二、平仓：中文在线（300364）

中文在线交易示意如表 1-9 所示。

表 1-9　中文在线交易示意

9 月 10 日	9 月 17 日
建仓	平仓

在同样的大盘环境下，为什么今日加仓中元华电，而平仓中文在线？

从总体上看，两只股票都处于底部区域，不同的是中元华电的 K 线走势表现得十分干脆利落，而中文在线的影线多而长，短线攻击性不强；从成交量来看，中元华电依然比后者整齐，换手率处于3%～4%的水平，而中文在线则超过10%，说明它的筹码不够稳定，所以我选择卖掉中文在线。这也是我参加比赛以来，第1只以亏损收场的股票。中文在线K线图和分时走势图分别见图1-27、图1-28。

图1-27　中文在线K线图

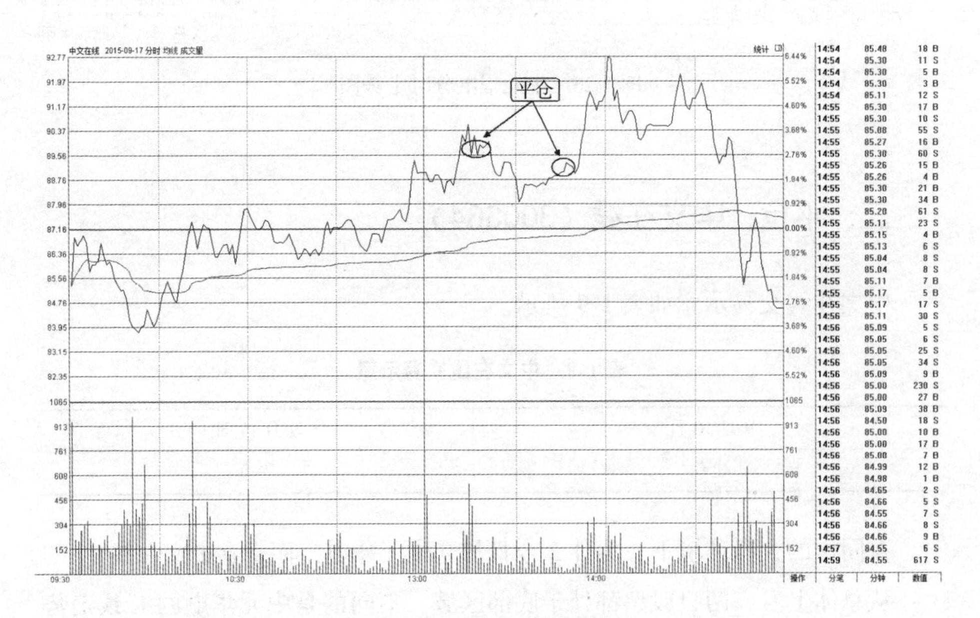

图1-28　中文在线分时走势图

三、行情与计划相悖时的决策方法

今天的操作不是很理想，中元华电加仓后行情下跌，中文在线则以亏损收场，但是我并未因此产生不愉悦的心情。投资股市，行情总会与计划有出入，而我们要做的就是按照计划操作。中文在线最近的走势与我当初预期的凌厉行情并不一样，因此我要把它卖掉，中元华电则仍然保持着强势行情，暂时找不出什么理由卖出。

四、修复行情展开，关注次新和超跌互联网

在3000点附近区域，我们的观点很清晰，就是不要“割肉”，否则很可能错过一个大行情。这个大行情的级别会比上一波反弹更大。热点板块首推次新股板块，因为次新股板块上市时间不长，通常在1年或1年以内，相对来说没有那么多历史套牢盘，容易被资金反复炒作。

我前一天刚谈到千股再涨停的问题，市场于9月16日做出了非常迅速的反应，在3000点附近出现涨停。事实上，上证指数的3000点早就失真，剩下的就要看深证成指的真实点位了。无论如何，3000点附近，市场再次绝地大反攻了。

伴随这次绝对大反攻的是中信证券高层被查、证监会主席助理张育军被调查等事件。走到现在，相信谁都明白，这次股市危机，一场“无间道”的谜底开始逐步揭晓。显然，这是一次带有“人祸”性质的股市危机，相当惨烈，“死伤”无数，但只要我们活着，就要坚强地走下去，毕竟，市场就是反复轮回，跌多了自然也就会涨。

面对当下的千股再涨停，未来是否能与前期2850点附近形成真正的市场底，开始走出一波新的上升行情？我们的答案是肯定的，也是坚定的。虽然这次股市危机是人祸，杀伤力很大，但随着背后的谜底开始揭晓，也就意味着市场要开始回归了，回到其正常的生态，这对市场而言是机会。市场也必然会逐步做出一些修正，修正当下股市危机的非正常状态。回想一下，在这3个月，经历了多少次千股跌停？数据统计显示，大约是17次，平均每4个

交易日就有一次。

另外，从盘面可以很清晰地看到，多少股票的价格打了4折、3折甚至2折？短短3个月的时间，上市公司本身会发生基本面的重大变化吗？肯定不会。上市公司还是与以前一样，只是我们看上市公司的心态发生了极大变化，因为股价出现了极大差异。这里本身就有泥沙俱下的因素，一些被错杀的标的，只要市场开始恢复，未来必然会再次焕发活力。

炒股的人都能体会到，股市震荡折磨的不仅是你的金钱，最难熬的是精神上的摧残。往往是当你被折磨得实在受不了而"割肉"走人时，却最容易出现新行情，一旦出现反弹，就一定是非常规的，行情一起来可能就是一波猛涨。就如9月16日一样，很多人在最恐慌的时候"割肉"离场，然后眼看市场再次大涨。所以，在3000点附近区域，我们的观点很清晰，就是不要"割肉"，否则很可能错过一个大行情。

现在，市场反攻了，接下来反弹的力度很关键，如果反弹的力度有限，接下来的行情会有麻烦，可能继续目前的反复行情，但这也无非是将构筑底部的时间延长而已。这波行情的底部区域依然维持在2850点上下100点附近，比如9月16日的再次大涨，当时就是逼近2850点加100点，大概涨至2950点附近，因此，3000点下方未来的支撑相当强。另外，如果沪指这次反攻能出现20%~30%的上涨，我个人判断这就是反转行情，也就是新行情的开始。中长期来看，此波重新反转的行情可能与2005年的"998"行情类似，A股会就此重返5000点，甚至突破前期6124点的高点。

无论是短期反弹还是直接反转，像样的龙头板块往往至少能带来1倍以上的收益，例如掌趣科技、贵州百灵等个股在7月8日开始的反弹中，几个交易日就翻倍了。因此，接下来，行情级别会比上一波反弹更大，机会肯定也不会小。接下来的热点板块首推次新股板块，因为次新股板块上市时间不是很长，通常在1年或者1年以内，相对来说没有那么多历史套牢盘，容易被资金反复炒作，也有很多成长的故事可以讲。当市场回稳之后，是很容易被资金狙击的。另外，9月16日再次千股涨停，其中次新股就是导火索、领头羊。

此外，还有一个行业板块值得关注，那就是超跌的互联网等新兴产业个股。败也萧何，成也萧何，跌的时候它们跌得最惨，涨的时候也是最能带动人气的，毕竟国家对"互联网+"政策是支持的。之前下跌是因为泡沫太大，但挤出泡沫后还是需要回归的。未来如果还有大行情，我认为创业板指数还将是市场炒作的龙头之一，因为它代表了未来新经济的方向。

现在市场在3000点以下，中长期来看是相对底部的区域，我们要做的就是在市场即将开始修正时，在市场的相对低位，对那些有价值、有成长性的、各路资金也套牢不少的标的，进行大胆布局，稳健者可以采取逐步建仓、市场越涨越加仓的策略。随着时间的推移，比如再过半年，蓦然回首，或许我们会发现，原来市场曾经跌到那么低，很多上市公司原来的股价竟那么便宜，那时候自己怎么没那么深的体会，一切也就在笑谈中……

2015年9月18日

星期五

早盘股指全线高开，随后市场围绕昨日收盘点位呈震荡态势，午后创业板成为领涨的领头羊，带动题材股活跃起来，彩票、互联网、文化传媒等板块涨幅靠前。

消息面上：

（1）美联储维持0～0.25%基准利率不变。

（2）放缓清理配资时限。银监会要求信托公司进一步自查并主动清理配资，不过，在时间要求上并未强调9月30日大限。

一、加仓：中元华电（300018）

中元华电交易示意如表1-10所示。

表1-10　中元华电交易示意

9月9日	9月10日	9月17日	9月18日
建仓	加仓	加仓	加仓

如图1-29、图1-30所示，中元华电一如既往，没有太大的变化，股价仍然处于底部，尚未启动。今日选择再次加仓。

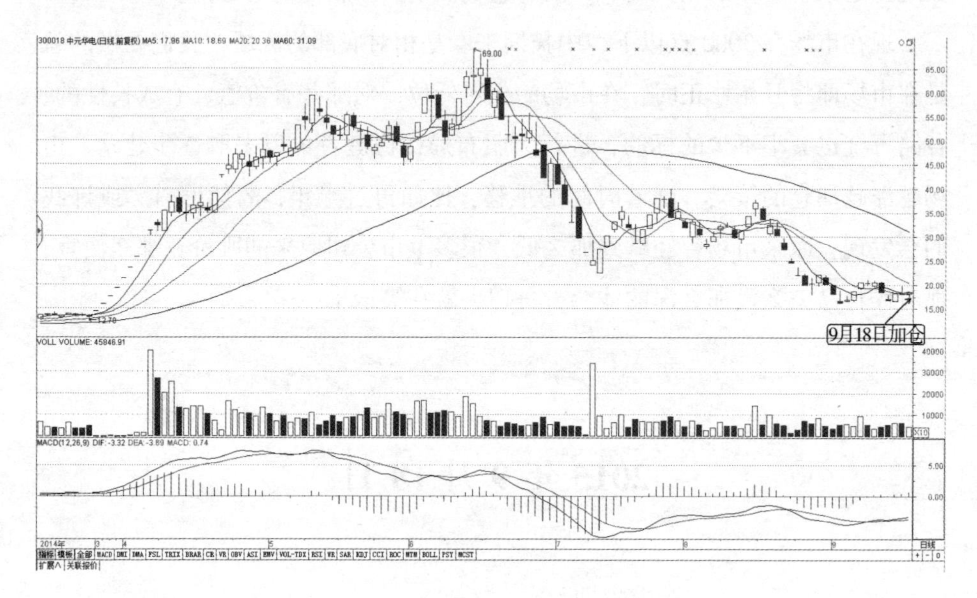

图1-29 中元华电K线图

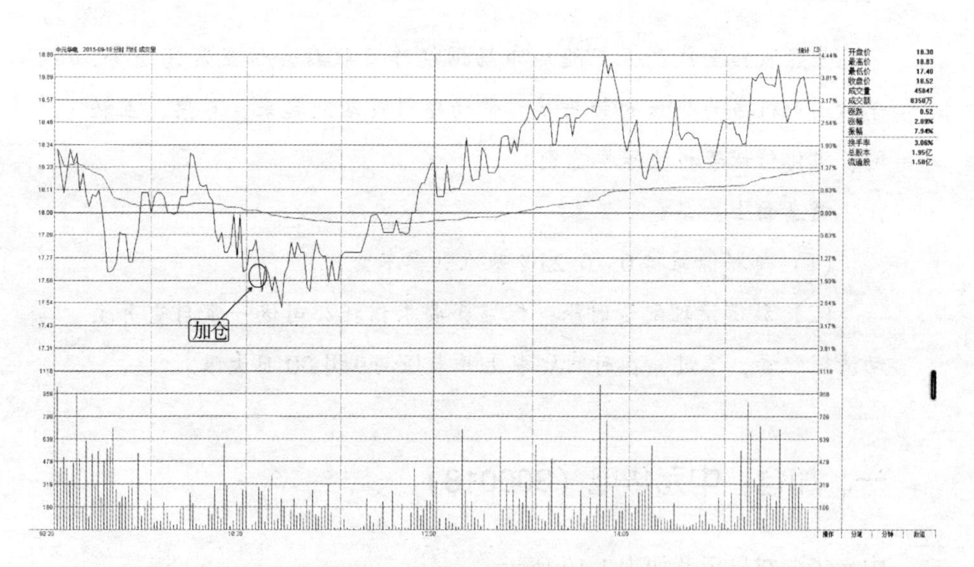

图1-30 中元华电分时走势图

二、建仓：东方财富（300059）

说到东方财富，相信大家都不陌生，它是2014—2015年的大牛股，翻了10倍有余。上半年最热门的一个题材就是互联网金融，东方财富作为互联网金融的代表之一，站在科技时代的市场风口上，走出了一波难以想象的行情。发生股市危机后，它到底还值不值得投资？

（一）投资要点

（1）东方财富所属板块有互联网、互联网金融、基金重仓、被举牌，特别是互联网金融这个概念，依然没有过时，“互联网+”已经被国家列入“十三五”规划，所以东方财富仍然是符合科技时代潮流的投资标的。

（2）它是创业板的龙头，创业板指数的上涨，需要指望这些龙头做出示范效应。另外，我相当看好创业板，相信这几个龙头股会有所表现。

（二）技术分析

如图1-31、图1-32所示：

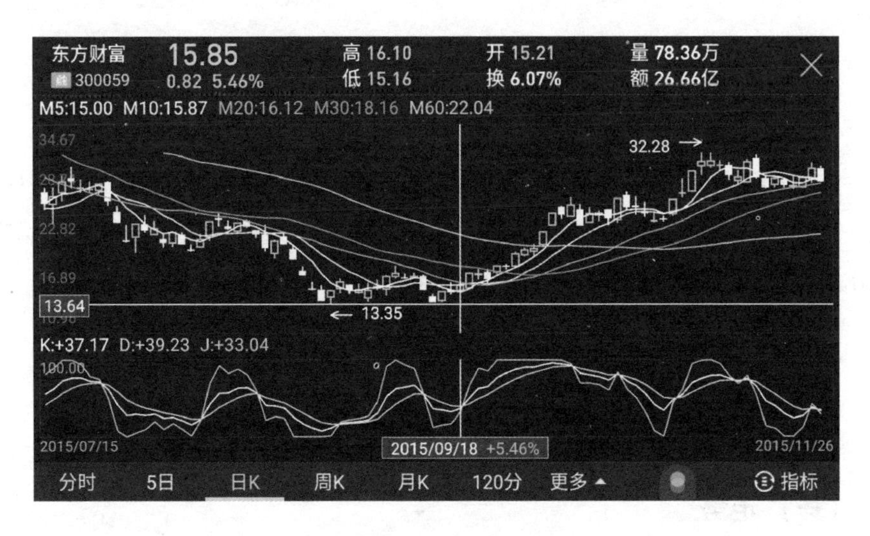

图1-31　东方财富K线图

（1）MACD出现底背离现象，这是趋势反转的信号。

（2）近期股价在一箱体内运行，量价配合很好。

（3）本周出现两个跌停板，但股价止跌于前期低点，且收出旭日东升 K 线组合形态。

分时图上看，东方财富运行于均线上方，且均线对价格的支撑作用明显，于是我选择在均线附近买入。

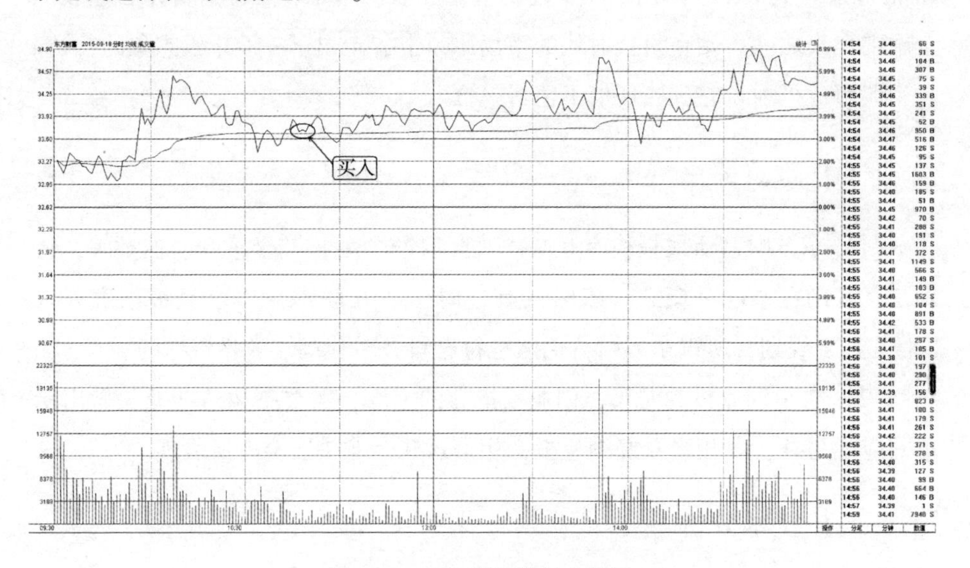

图 1-32　东方财富分时走势图

三、大跌行情后龙头股的示范作用

大家都知道，一个板块的龙头股对该板块其他个股有带头作用。同样，在一波大跌行情后，龙头股在反弹行情中，依然作为先锋队长，引领市场率先出现反弹。这也是我买入东方财富的逻辑。

四、重大转机或将出现

（一）走势

尽管本周三暂缓清理配资的消息和千股涨停引来一大批乐观者，但周四尾盘出现大幅跳水，导致市场如此剧烈波动的原因是什么？

我们认为，在股指下跌超过40%、个股风险基本释放的前提下，市场如此剧烈波动的目的是为了反复构筑底部。主力利用各种消息和散户的恐慌情绪引导市场剧烈动荡，就是为了震走散户、暗中吸筹。一旦底部构筑完毕，接下来的波段上涨就很值得期待。

目前市场对于2850点是否是底部仍有分歧，我们认为，当前就是阶段性底部区域，已经在反复构筑底部，即便还有杀跌动作，也是阶段性最后一杀，是非常好的抄底机会。理由有二：其一，股指连续下跌超过40%，个股风险已基本释放；其二，上证指数、深证成指等都形成了日线MACD底背离走势，深证成指、中小板指数、创业板指数还形成了60分钟MACD底背离走势，形成强烈的共振，这个位置的一波强劲反攻值得期待。

（二）盘面

近期两市成交量已经明显收缩，换手率也从高位回到接近均值的水平，通常成交缩量是观察市场底部的一个重要指标，怎么理解近期的缩量？这是否意味着杀跌动能的衰减？

地量意味着杀跌动能的衰减，这时大概率会有短线变盘动作。如果短期向上突破，则很可能开启一轮波段上涨；如果短期向下探，也将是阶段性最后一杀，是非常好的抄底机会。在股指反复构筑底部的阶段出现地量，是非常积极的信号。

最近只要市场略有表现，中小创和次新股都会带头反弹，资金相中这两大板块的原因是什么？是否意味着这两大板块已经到了可以布局的时候？

资金相中这两个板块的原因有二：其一，这两个板块的大部分个股整体跌幅大，阶段性风险释放得较为充分；其二，中小创和次新股大部分都属于新兴产业，而新兴产业是经济转型的重点，代表未来的发展方向，有政策支持。

我们认为，这两大板块会进入分化阶段，优质个股会有非常不错的表现，伪成长股虽然也会有反弹机会，但空间有限。我们的重点是布局那些优质、低价、总市值较小的个股。

（三）事件

美联储将在结束为期两日的会议后于 9 月 17 日公布利率决定，此前，美联储加息成为悬在 A 股头上的一把利剑。那么，美联储加息将对全球资本流动及 A 股形成哪些影响？

美联储不加息对 A 股会有一些心理面和资金面的利好影响，但 A 股更多是由自身的波动规律所决定的，受基本面、资金面、政策面等因素的影响。因此，美联储加息与否并非决定性因素，不必放大这方面的影响。

有消息称，存量配资或暂缓清理，券商或全盘接手。那么，如何清理剩余配资才能减弱对市场的负面影响？

清理配资不能一刀切，要给合理的配资留一条活路。另外，清理配资更要讲究时机，最好在大盘筑底成功、进行波段上涨时清理，这样一方面可以减轻对大盘的冲击，另一方面也可以减少这部分配资的损失。

（四）操作

都说老手死在抄底的路上，对于投资者而言，针对当前的行情，有哪些操作纪律和注意事项？

既然股指在反复筑底阶段，那么此时“割肉”显然不划算，就算要卖出也要等波段反弹后再考虑。至于手中还有资金的投资者，要及时选定个股，激进的投资者可以考虑分批买进，一旦确认筑底完成则要果断进场参与。

站在现在的位置看今年余下的时间，哪些板块或题材值得慢慢布局？布局的仓位如何分配？

我比较看好四季度的行情，预计市场将出现普涨，尤其是那些超跌板块，前期跌得多后期自然涨得快。除此之外，那些优质的成长股也会走出可观的波段，特别是符合政策导向的新兴产业成长股，非常值得深挖。仓位层面，我认为现在就可以分批逐步介入，一半做优质成长股，一半做超跌板块。

2015年9月23日

星期三

早盘三大指数低开，盘中一路震荡上行。午后指数呈低位震荡态势，沪指跌逾1%，守住3100点关口，深证成指小幅下挫，创业板指表现最强，实现逆市翻红。板块方面，权重股成为砸盘主力，而充电桩、锂电池等题材股较为活跃，涨幅居前，新疆本地股、深圳地区概念等多个题材板块均有所表现。截至收盘，两市60余只股票涨停。

一、平仓：中元华电（300018）

中元华电交易示意如表1-11所示。

表1-11　中元华电交易示意

9月9日	9月10日	9月17日	9月18日	9月23日
建仓	加仓	加仓	加仓	平仓

今日中元华电盘中围绕零轴来回波动，股价遭遇平台压力，而大盘依然比较弱势，短线操作应该获利了结，见图1-33、图1-34。

图 1-33　中元华电 K 线图

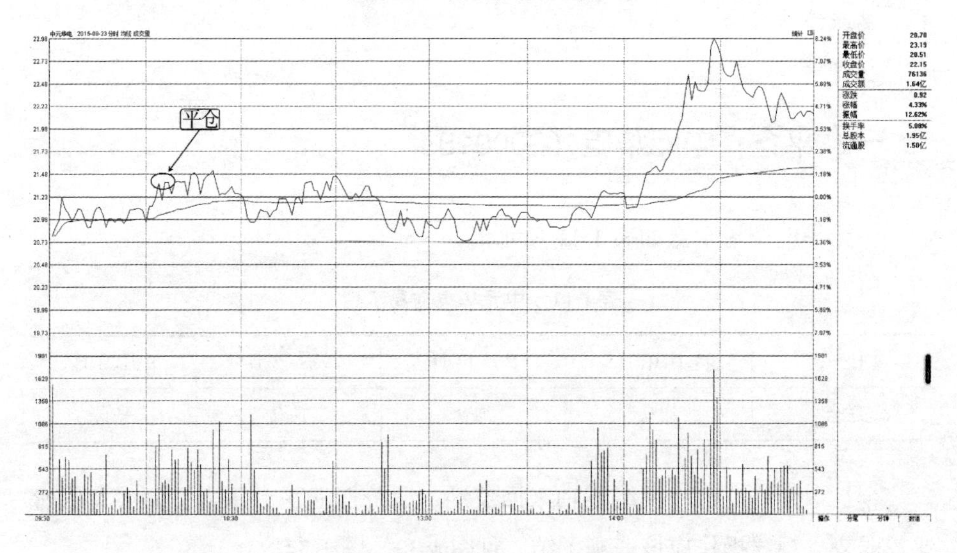

图 1-34　中元华电分时走势图

二、建仓：新南洋（600661）

（一）投资要点

（1）教育背景历史悠久、实力雄厚。公司成立于 1983 年，前身为上海交通大学南洋国际技术公司，是上海高校中成立最早的企业。1992 年由上海交通大学发起，改制成立上海南洋国际实业股份有限公司。

（2）在线教育、二胎概念：收购昂立科技。2013 年 9 月，公司通过定增募资收购昂立科技，2014 年 8 月完成过户。昂立科技目前是上海最大的非学历教育培训机构和在校生学业辅导机构，下设世纪昂立幼儿园、少儿培训中心、中学生精品课堂、智立方 VIP 培训中心、英语培训中心等，旗下拥有 78 个教学点，其中 61 个主要分布于上海各个区县，每年培训人次超过 40 万。

（3）发起设立教育产业投资基金。2015 年 3 月，公司与上海赛领资本、东方国际创业等共同发起设立教育产业投资基金，基金总规模 10.05 亿元。基金优先配合公司从事境内外股权投资，债权投资等，重点关注教育培训类优秀企业，包含但不限于 K12、国际教育、职业教育、互联网教育领域，并借助赛领综合优势参与上市公司定向增发和并购重组。

（二）技术分析

如图 1-35、图 1-36 所示：

图 1-35　新南洋 K 线图

（1）整体看，股价处于低位，有超跌反弹需要。

（2）MACD 底背离，出现行情反转的信号。

（3）量能总体缩量，底部区域阳线、阴线数量比大于1，这通常是主力介入的迹象。

（4）盘子小，总股本2.59亿股，流通股本1.74亿股。

（5）股价在底部构造W底，且今日股价突破颈线。

（6）从历史走势来看，该股具有牛股特质，波段特点十分明显，而且每个波段都干脆利落。

综合来看，该股比较适合做中短线波段交易。

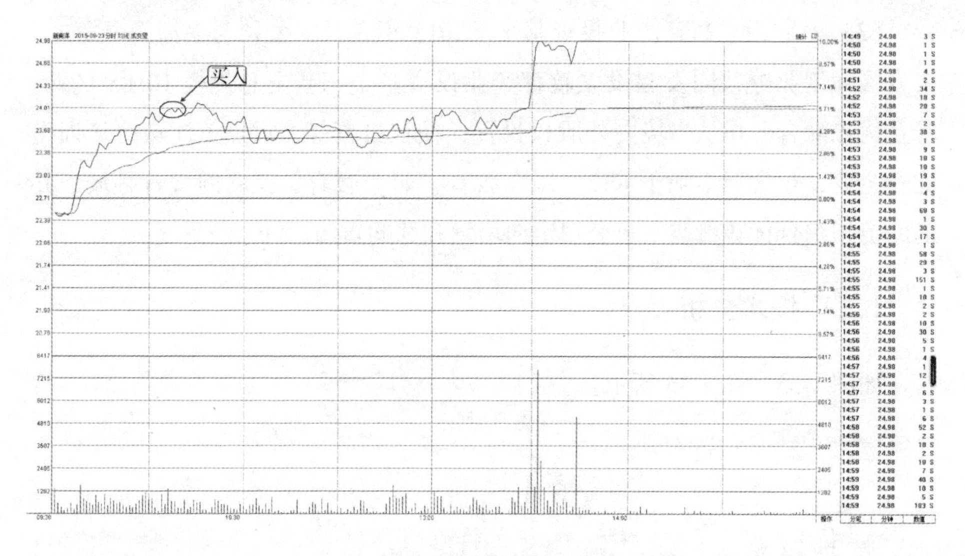

图1-36　新南洋分时走势图

三、研究一只股票的特性相当重要

有一位拥有十几年股市投资经验的老股民，他只做3只股票，分别是上海机场（600009）、白云山（600332）、贵州茅台（600519）。当你听到这样的事，是否感到惊讶？对于绝大部分投资来说，这确实有点想不通，但他这样做其实是有原因的，这位老股民非常熟悉这3只股票，不管是基本面，还是技术面，都深深烙在心里，只要出现某种特征，就知道这些股票后市怎么走。是否真有如此神奇？是的。A股很大程度上仍然是由庄家主导走势，庄家在进入一只股票之前，就已经计划好如何去交易，包括特定价位、技术形态、吸筹形式、洗盘形式、拉升形式以及出货形式等，所有这些动作集中反映在股票上，表现出来的就是股票的特性。只要长期跟踪一只股票，就能把握它的特性，从而做到胸有成竹。

四、鸭先知+高层谈股：A股四季度将报复性反扑

9月是为10月实现更大的反攻打下基础，指数最终必然要站上4000点，然后找机会再顺势回到股市危机前的位置，因为，未来的反扑不是反弹，而是反转，虽然再站上5000点需要相当的时间，但2015年四季度，我们认为至少将收复一半失地，比如站上4100点上方。

市场自8月26日探出2850点低点然后反复动荡以来，刚好1个月左右，这期间，市场大部分时间都围绕3000~3200点反复波动，并且是相对窄幅横盘波动，即将跨入10月时，最后的方向性选择也到了不得不确定的时候。

很多人还在担心市场可能再进一步向下杀跌。有这样的心态也很正常，毕竟前期在3800点附近动荡的时候，市场就曾出现类似的状况，但在我看来，这是犯了教条主义的错误，我们需要更细致地去看市场本身。

第一，春江水暖鸭先知。市场近期已经出现财富效应，很多中小盘个股都纷纷出现大涨的走势，典型的如特力A，直接轻松翻倍；大豪科技也是一波超跌后的翻倍行情；暴风科技也基本类似。翻倍的都不少，更别说涨50%以上的个股，这些都是在市场反复震荡过程中出现的积极现象。这些近期涨幅超过50%以上的个股，就算市场再杀破2850点，它们也基本不可能刷新低点。为何它们近期敢于如此强悍？我想，最关键的就是春江水暖鸭先知，这些中小盘个股代表的就是未来股市再向上的一股积极力量，它们起来了，市场自然也就慢慢起来了。

事实上，我们近期在实际交易的过程中，也充分感受到了这点，市场稳定，赚钱相对容易了。可以佐证的是，我们9月开始参与的交易比赛，目前不到一个月收益逼近40%。我们相信，只要行情再回暖一些，接下来市场的赚钱机会还会更多。

第二，高层罕见反复谈及股市的意图就是看好未来。这段时间，管理层非常罕见地反复谈到中国股市，国家层面也反复谈及了股市，更明确指出当下股市处于自我恢复和自我调节阶段，未来市场的发展一定更加理性和可持

续。自我恢复显然是对前期股市危机的一种修正，未来反复上涨才是正路，市场的可持续发展需要相对健康的市场来支持。我们认为，高层如此罕见地反复谈及股市，显然暗示了对市场的高度重视，是对市场中期高度有信心的一种体现。这也是接下来我们认为市场必然再起一波新牛市的关键所在。

第三，人性促使市场必然会有一波报复性反扑。经历了历史罕见的急速暴跌，市场各路资金都不可避免受到一定冲击，接下来，没有只跌不涨的市场，一旦市场逐步回暖，反扑的力度绝对不可小觑，道理可以从人性去思考。既然杀跌如此猛烈，那么，一旦给到机会，是否要来一次报复性反扑呢？我觉得那是必然的。另外，四季度对于各路资金而言，也是2015年争取利益最大化的最后时期，股市危机过后，市场相对稳定，各家企业怎能不疯狂地参与争夺？就像近期，市场还没涨，部分个股就已经开始演绎局部疯狂的波动，这就是一种提前量的体现。

我们认为，反攻态势的确定就在10月，一旦确定，就不是3500点，指数最终必然会站上4000点，然后找机会再顺势回到股市危机前的位置。因为，未来的反扑不是反弹，而是反转，虽然要再站上5000点需要相当一段时间，但2015年四季度，我们认为至少可以收复股市危机一半“失地”，比如站上4100点上方，这是比较合理且保守的估量。

我们的总体思路很简单——走一步看一步。不管如何，做好股票，吃到利润最重要，只要股指不跌，保持相对稳定，就是我们可以尽情施展自我能力的舞台。有句话叫，只要给我点阳光，我必然还你一个大大的灿烂，这句话很适合用来形容我们的手法、思路和能力。因此，在我看来，四季度必然是抢钱大战。最后再强调下，“鸭先知”结合“高层谈股”，四季度将报复性反扑，积极作战“抢钱”是我们当下的思路。

五、外盘暴跌是浮云，三主线狙击小票

最近一段时间的市场很有意思，上证指数经常纠结和反复，似乎想跌破2850点，但最终甚至连3000点都跌不破，在3000~3100点反复震荡。对于多数人而言，这是一种折磨，更是一种恐惧。但是，如果你仔细观察盘面，其实不然，这段时间反而可以说是美好时光。这是为何？

毫无疑问，大家的焦点始终放在这波下跌最凶悍的标的上，可以看到，这其中相当一部分都已经止血了，结束了“跌跌不休”的状态，转而进入一波有一定力度的反弹行情，这是非常重要的盘面信号。以 2015 年 9 月 28 日为例，虽然上证指数继续创下近期成交量的新低，但是创业板开始放量并且大涨，这就是我们前期谈到的春江水暖鸭先知的进一步表现。

就像我近期在比赛中所经历的那样：比赛期间，股指在 1 个月内小幅下跌，但我却实现了 40% 左右的收益，暂时占据第一的位置。原因是什么？一方面是我们具有较强的捕捉市场热点和个股的能力。另一方面，市场近期的盘面其实给了我们抓住机会的土壤。当然，在股指没有大涨的情况下，想要抓住大的机会并不容易。但对我们而言，只要股指没有出现大跌，就完全是可以抓住机会的环境。

前期在谈论救市建议时，我的态度就是“救好那些小票”，只有小票止跌了，市场才能被真正救起来。但从当下来看，不是国家队在救小票，而是市场本身自发地做多小票。这种现象说明什么？在我看来，这是一个非常积极的信号，这意味着不少股票，尤其是具有成长性的小票，已经跌到让不少资金开始不管市场走势，先积极建仓的区域了。

其实，我的态度也是如此，毕竟我也是市场的一分子。当下，我的思路很坚定：先不管上证指数是否还会跌，我们明确的是，有些上市公司近几个月的价格在 3 折左右，其本身的内在价值，完全可以支持这个价格。我们做的不是股指，而是上市公司。所以，对于看好的企业，积极布局就是。因为，无论股指如何，好的企业最终完全可以穿越牛熊。况且，股指本身超跌严重，未来随时可能出现大反攻。好企业加上已经下跌足够多的股指，做一些超跌股，何惧之有？

当然，市场资金并不会看到一个超跌就发起狙击。在初期阶段，必定是有选择性的，这关系到对市场热点的敏感度捕捉和技术问题。我的一个案例或许可以带给大家一些启发：近期，我们选择狙击在线教育这一板块，主要原因有 3 个：第一，这个领域不少个股超跌严重，本身有让人垂涎的价值和资本；第二，这个领域本身属于朝阳产业，有故事、有想象，也有实质的行业，是我们中线看好的行业；第三，从盘面技术来看，我们发现有资金在积极布局运作。

对于在线教育这一板块，我未来依然看好，毕竟这是互联网板块的一个分支。未来的大机会很可能集中在新兴产业，这是未来经济的突破口。其细分领域有很多，互联网、新材料、生物医药等。在大板块中积极发现一些阶段性有爆发力的细分行业，是在未来动荡市或逐步反复过程中获取利润的关键所在。

近期，关于海外市场暴跌对国内市场配资清理是否存在影响的讨论较多，在我看来，所谓海外市场的暴跌，无非是偶尔几天出现杀跌，而且位置在大牛市运行格局中的局部动荡，这种现象再正常不过。而我们的位置在相对低位，没有必要“听风就是雨”。相反，我倒觉得外盘当下的动荡对国内一些机构收集廉价筹码相当有利，这一点将在盘面上体现出来。就像9月28日一样，虽然上证指数没有上涨，但创业板指数大涨超过5个点。此外，所谓的配资盘清算带来抛压的问题，现在已经到了尾声，资金量并不大。最重要的是，外面有几万亿元恶意观望的资金随时可能进入。市场是反其道而行的，绝不会等到所谓的配资全部清算后才上涨。可以看到的是，一些中小盘股票如今已经上涨了几十个点，如果等到全部清算完成，很可能已经翻倍了。所以，这就是提前和滞后的区别。

总之，市场全面回暖前的暗流已经越来越清晰了，部分先知先觉的投资者已经开始实质收获了，这时外盘如何下跌，国内市场配资的清理情况，可以说都是“浮云”。我们需要坚信的只有一点：市场不会等你觉得一切都好的时候才涨，机会也不会等到那时才体现，要抓到大机会，把握好未来，无他，提前布局，保持自我！

2015年10月8日

星期四

受外国市场大涨的提振，A股今日全线大幅高开。题材股成为资金追逐的热点，创业板一度大涨逾6%，走势十分喜人。大盘午后保持高位震荡，从盘面看，充电桩、软件、互联网、网贷等概念板块涨幅居前。

截至收盘，沪指报 3143.36 点，涨 90.58 点，涨幅 2.97%；深成指报 10394.73 点，涨 406.48 点，涨幅 4.07%；创业板报 2190.31 点，涨 107.64 点，涨幅 5.17%。成交量方面，沪市成交 2588.3 亿元，深市成交 3287.9 亿元，两市共成交 5876.2 亿元。

今日行情可谓是权重搭台、个股唱戏。

一、平仓：东方财富（300059）

东方财富交易示意如表 1-12 所示。

表 1-12　东方财富交易示意

9 月 18 日	10 月 8 日
建仓	平仓

今日卖出东方财富主要是出于技术上的考虑，股价运行至“W”底颈线处，上方还存在一个向下的跳空缺口，从短线来看，可能对股价形成一定的压力，如图 1-37、图 1-38 所示。另外，东方财富的盘子较大，所以选择获利了结。我卖出后该股直接涨停，让人“咬牙切齿”，但这是短线操作过程中经常会遇到的，也是短线投资者必须习惯的事情。

图 1-37　东方财富 K 线图

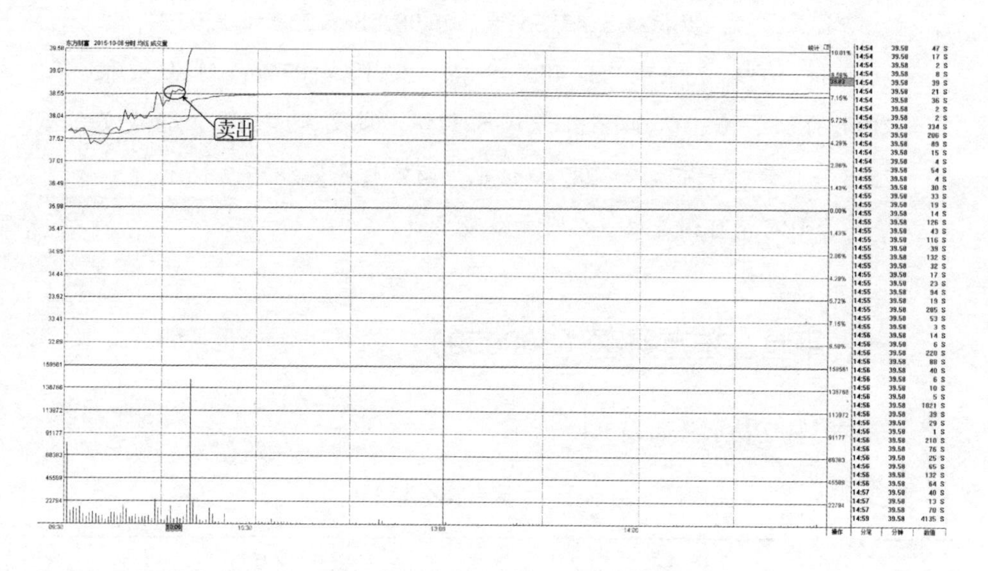

图 1-38 东方财富分时走势图

二、平仓：新南洋（600661）

新南洋交易示意如表 1-13 所示。

表 1-13 新南洋交易示意

9 月 23 日	10 月 8 日
建仓	平仓

短线来看，新南洋来到前期平台，可能对股价形成一定压力，如图 1-39、图 1-40 所示。今日市场行情如此火爆，但该股并没有涨停，且成交量跟不上，所以我选择尾盘卖出。

图 1-39　新南洋 K 线图

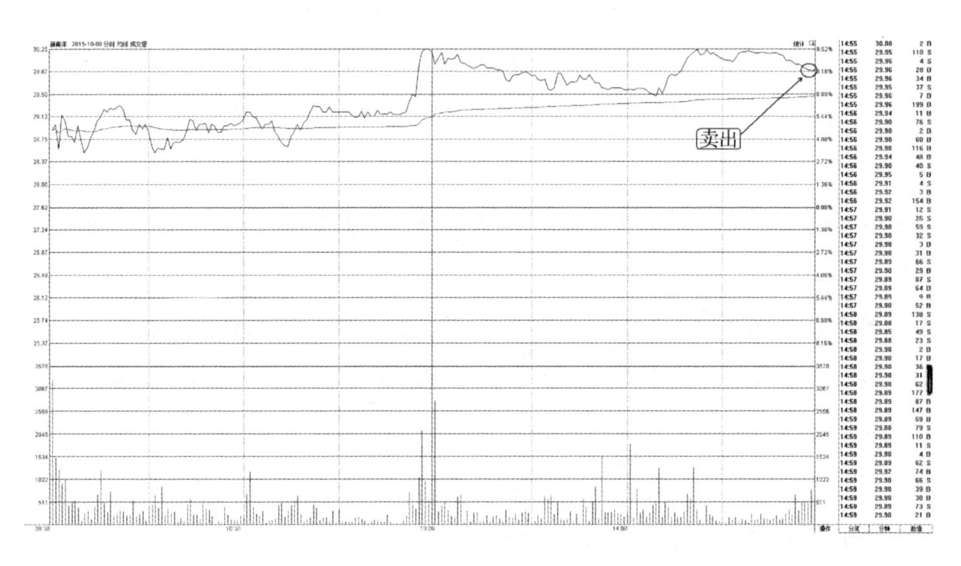

图 1-40　新南洋分时走势图

三、短线交易者的愁苦

很多人都喜欢做短线交易，因为短线交易时间短、见效快。如果做得好，收益往往可以达到几十个点，甚至翻倍。相反，如果做得不好，短线也会令投资者损失惨重。实际交易中，9 成亏损的股民都是因为短线交易频繁而造成的。个中愁苦，只有短线交易的人才懂。

一卖就涨，最让股民咬牙切齿；一买就套，最让股民伤心言弃；一买就横盘，最让股民内心煎熬。

那么，如何才能做好短线交易呢？

首先，提高分析能力，积累实践经验。

其次，学会制订交易计划，并做到知行合一。

再次，严于律己，控制情绪。

最后，严格止盈止损。

四、新征途开始，不少股票将涨停

国庆期间，全球资本市场出现一波逆转走势。以港股为例，国庆期间上涨 8%，国企指数更是涨幅惊人。相信对于大多数人而言，这是完全没有预想到的结果。但对于我而言，假期之前“持股过节”的思路就已经非常明确。同时，我非常确定这就是大逆转区域。因此，面对这样的状况，我不仅是淡定的，也认为这是非常合理的结果。并且，我们认为，这种涨法不是结束，而是开始。

对于国内市场的影响，只要没开盘，很多“空军”仍在拼命看空，认为国内市场一回归，全球就要重归跌势了，因为我们就是引领者。发表此种言论的人，无非是把近几个月的股市危机无限度放大了。市场都已经收出月线 4 连阴了，几个月前上证指数还在 5000 多点，而现在已经回到 3000 点附近。企业还是那些企业，但不少股票的价格却打了 3 ~ 4 折，而一些人却仍然“嫌弃”。这让我想起一句话：给你机会你爱理不理，以后让你高攀不起。

这句话完全可以对应国庆假期前后市场的状态。我认为，至少国庆前有不少股票可以任意买入，而一旦国庆假期结束后开盘，很多可能涨停也买不进去。原因是什么呢？

道理非常简单，外面的世界如此精彩，国内难道不会跟风吗？国庆期间，花旗银行曾发表观点指出，未来 15 个月内，中国股市有机会上涨 30% 左右。

对于此观点我认为，作为外资投行，花旗银行其实并不了解中国股市。如果真的要上涨，需要15个月才涨30%吗？股市危机3个月内股指几乎斩半，如果上涨，3～5个月足以达到30%。当然，3～5个月也可以说是相对保守的预判。试想，如果外盘大逆转成立，接下来，中国的逆转绝对不会逊色。外盘上涨10个点，我们很可能上涨20个点，对于这一点，回忆下股市危机前的上涨就可以知道。这里想告诉大家的是，外面的世界一旦精彩，我们必定有机会更精彩，因为我们的特点就是如此。所以，有人质疑我们跟风不足，对此我想说的是，恰恰相反，不是不足，而是超足。

由此看来，国庆期间外盘的精彩无疑将会成为接下来国内股指大逆转的导火索。国庆假期结束后，国内不少恶意观望的资金，只要其中一部分按捺不住参与的欲望，市场底部就很容易出现。会是这样的吗？答案是肯定的。因为，一旦涨停潮出现，赚钱效应涌现，即使不想参与也势必要被动参与。就好像前期下跌的时候，很多人不想走，但最终被各种声音或盘中反复波动吓走了。这时也是一样，慢慢地很多资金会被市场的精彩诱惑进去。因此，对于接下来的走势，我想说的是，一波诱惑投资者参与的波动出现的概率非常大，一旦市场底部出现，人的情绪也很容易从悲观转变为乐观。

这期间最大的机会在哪里？其实，市场最大的机会在于小票，因为这是跌幅最大的一类股票，也是市场回暖过程中最容易形成大反弹的一类股票。至于具体板块，我认为是一些新兴产业的细分板块，比如在线教育、生物医药、新能源、新材料等。哪个板块走得最强，哪个就值得跟进做波段。而国庆前外盘的暴跌其实只是“浮云”，美国的股市本质上还是牛市格局，一时的动荡有何惧，大方向并没有出现问题。如今，国庆假期结束后，意料之中地收复了不少失地，包括欧洲的市场，不都呈现了阶段性逆转行情吗？市场就是这样，关键时刻很可能出现逆反波动，关键在于你是否能在紧要时刻成为认清方向的少数人。

以上观点主要是写给一些在国庆假期后仍有些迷茫的投资者，希望给他们一些启发。既然是市场，有起有落是常态，大起后的大落是非常态，但我们更要懂得抓住这非常态背后的机会。真正大的机会，往往不是发生在日常交易中，而是在危机后发生的，而现在正是机会来临的时候。对于国庆假期后的行情，我认为这并不是一次冲高回落再下探的行情，而是一次新的起点，经历风雨后一次新的征途。对中国股市，我比很多人都更加热爱。我们坚信，这里必然还将发生更多奇迹，希望你我一起携手同行！

2015 年 10 月 16 日

星期五

早盘沪指、深指高开，盘中高位震荡，11:00 后空方突袭。午后多头再次发力，沪指走出深 V 行情。盘面上，题材股活跃，迪士尼、互联网金融、彩票、二胎等概念相当活跃，涨幅靠前，两市逾 1700 股飘红，成交量放大。

上证指数面临第一压力位 3373 点，也面临 3388 ~ 3490 点缺口的压力，加上前期积累了较多的获利盘，后市能否继续上涨仍待观察。

一、建仓：全通教育（300359）

（一）投资要点

提到全通教育，相信大家都会想到它是价格曾涨至 467 元的 10 倍大牛股。市场之所以如此炒作该股，主要是因为一个概念：在线教育。

全通教育自成立以来，即致力于家校互动信息服务，业务体系、服务区域和收入规模等方面在国内家校互动信息服务行业中处于领先地位。主要业务包含系统开发运维、业务推广运营、阅读信息服务和家庭教育网站服务，为中小学校（幼儿园）及学生家长提供即时、便捷、高效的沟通互动服务，见表 1-14。

表 1-14　全通教育主营业务及主要产品

主营业务	综合利用移动通信和互联网技术手段，采用与基础运营商合作发展的模式，构建信息化系统平台，为中小学校（幼儿园）及学生家长提供即时、便捷、高效的沟通互动服务，推动家庭教育和学校教育二者间的良性配合，满足家长对于关心子女健康成长、提升教育有效性的需要。在统一的业务体系下，为学生提供学习辅导、学习资源等产品
主要产品	包括系统开发、业务推广运营、阅读信息服务、家庭教育网站服务四大类

1. 设立产业基金

2014 年，全通教育与盛世景合设立全通盛世景教育产业并购基金，其中全通教育出资 2 亿元。该基金围绕全通教育的发展战略，以教育及相关产业的目标企业或资产为主要投资方向，配合公司进行并购与产业整合，不断完善产业布局。

2. 打造智慧教育云平台

2014 年 8 月，全通教育推出面向校园端和家庭端的在线教育平台“全课网”V1.0。另外，与中山市教育局签署关于在线教育服务及技术支撑方面的战略合作框架协议，中山市持续 3 年每年拟投入不超过 1000 万元购买在线教育服务及技术支撑，并优先选择全通教育作为其长期合作伙伴。

3. 拟定增收购西安习悦，交易方承诺收益

2015 年，全通教育拟定增募集资金收购西安习悦，西安习悦是从事教育信息服务的互联网公司，其面向 K12 基础教育的“家校即时通”已覆盖西安市 950 所学校（含幼儿园），拥有注册会员数达 34 万人。交易方承诺 2015—2017 年净利润分别不低于 580 万元、760 万元和 1050 万元。另外，全通教育拟 37.64 元/股定增不超过 2461.74 万股，募集配套资金不超过 9.26 亿元，用于支付收购股权的部分现金对价。

（二）技术分析

全通教育早盘高开，成交量放大，随后快速封涨停。10：00 之后大盘跳水，该股打开涨停板，但股价一直强势维持在 5% 以上。我 14：00 左右买入全通教育，收盘微套。

如图 1-41、图 1-42 所示：

（1）流通股本 0.81 亿股，容易炒作。

（2）MACD 出现底背离后，股价从底部开启缓慢的上升行情。

（3）股价贴着 20 日均线上涨，直至踩到 20 日线都是较好的买入点。

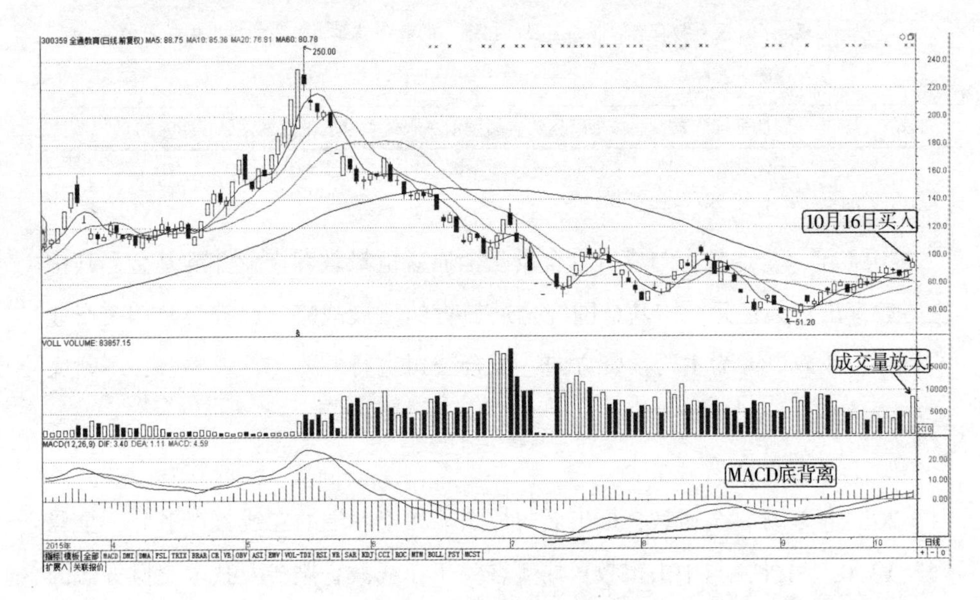

图 1-41　全通教育 K 线图

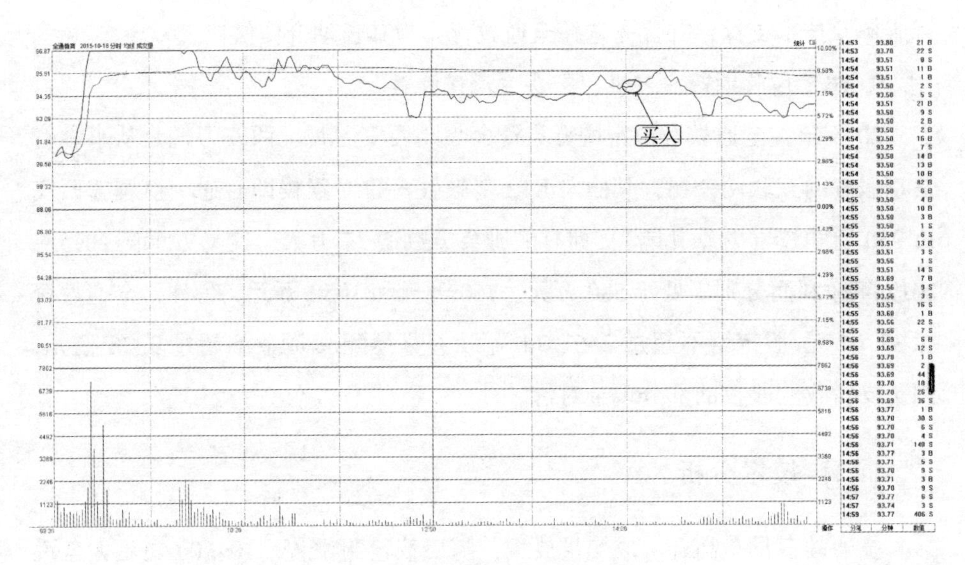

图 1-42　全通教育分时走势图

二、建仓：方直科技（300235）

（一）投资要点

1. 在线教育

（1）方直科技的主要产品是金太阳教育软件，包括学生教材配套软件、教师用书配套软件及网络在线服务。

（2）点读宝、作业系统、智慧校园—校园网版同步课堂、课程自动更新、智慧校园－网站建站系统等均启动开发或开发完成，金太阳客户端 V3.0 完整功能开发完毕，已经正式上市。

（3）率先提供符合行业经营特点的“前点后站”线上线下相结合的独特持续盈利模式。前点即以光盘等为载体的客户端软件，“后站”即网络增值服务。2013 年，方直科技开设天猫商城网络销售，建立方直品牌旗舰店，促进网购渠道的发展。

（4）中小学英语同步教育软件已实现在广东、上海、江苏、河北、浙江等地教育系统征订销售，并自 2009 年起与国内语文教材覆盖面最广的语文出版社合作，在全国范围内与小学、初中、高中语文教师参考用书配套发售。经 2011 年国家教育部要求实行基础教育课程改革后，各地学校的起始年级从 2012 年秋季开始使用新课标教材。

2. 拟非公开发行股票募资建设教学项目

2015 年 8 月，方直科技拟非公开发行股票募资不超过 9 亿元，用于建设教学研云平台、同步资源学习系统项目。教学研云平台主要用于解决教师的备课、授课及教学研究等需求，项目达产后，年均销售收入和年均净利润分别为 15076.92 万元和 7303.83 万元。

（二）技术分析

开盘后，方直科技一度拉至涨停，但并没有封住，这种走势往往是主力的一种试盘情况。午后开盘，该股一直没有跌破前一日的收盘价，站稳 60 日均线几乎没有悬念。总体来看，方直科技的走势是偏强的。

如图 1-43、图 1-44 所示：

（1）目前股价处于上升通道，均线多头排列。

（2）成交量持续放大，主力资金动作明显。

（3）盘子小，总股本 1.58 亿股，流通股本 0.91 亿股。

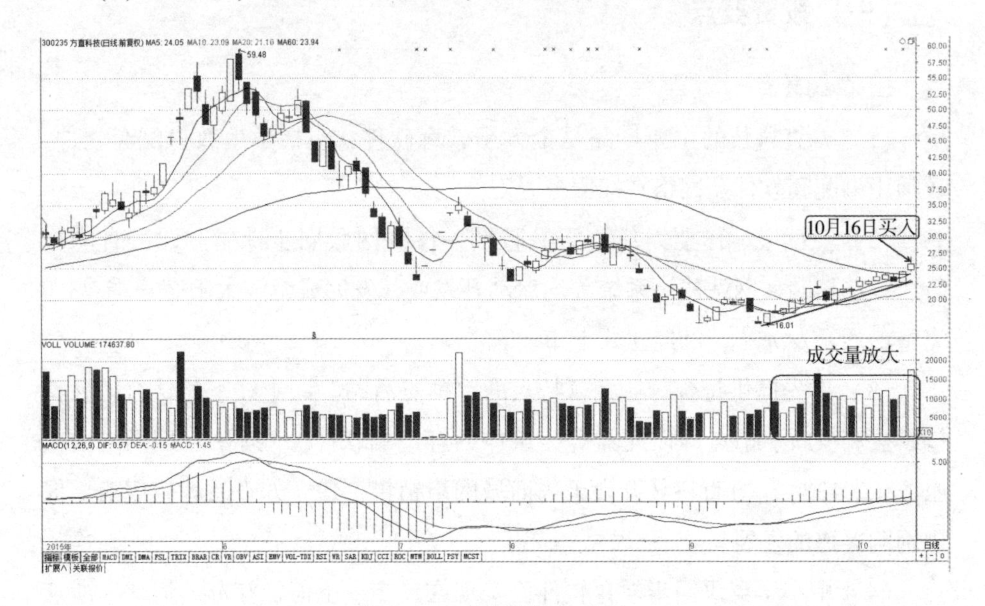

图 1-43　方直科技 K 线图

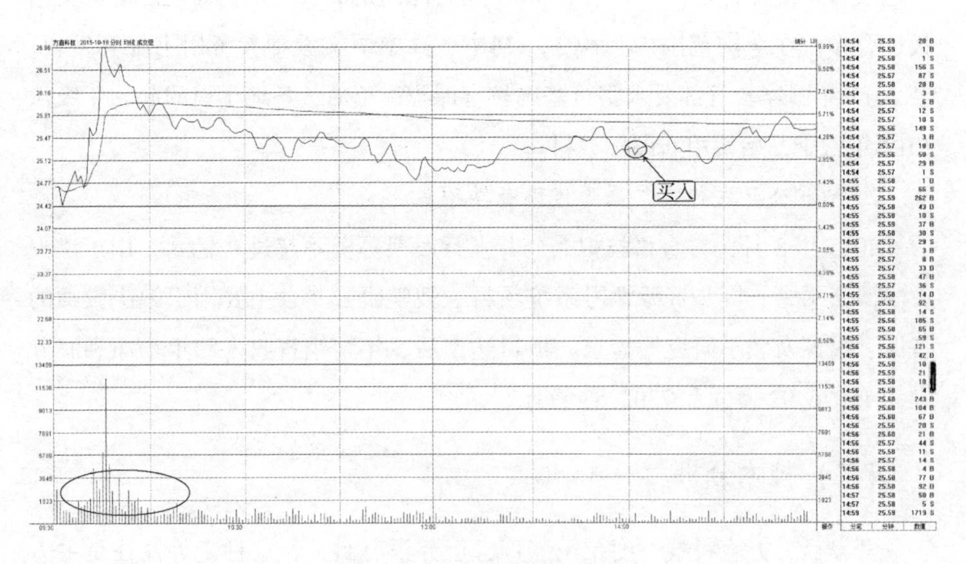

图 1-44　方直科技分时走势图

三、在线教育的未来

从比赛开始到现在，在我交易过的股票中，属于在线教育概念的个股占据大部分，包括全通教育、方直科技、新开普、新南洋、中泰桥梁，可见我非常看好在线教育这个板块。

随着信息技术的迅速发展，特别是从互联网到移动互联网，创造了跨时空的生活、工作和学习方式，使知识获取的方式发生了根本变化。在线教育的主要优势体现在，教与学可以不受时间、空间和地点等条件的限制，知识获取渠道灵活且多样化。

相关数据显示，自2013年起，在线教育用户数量增速开始加快。2013年之前，在线教育用户规模每年的增长率在20%以下，2013年用户增长率仅8.6%。2014年起，其用户规模增长率持续上涨，2015年达到9640万人，预计2016年在线教育用户将突破1.2亿。

随着时代的发展，传统教育将会实现教育网络化，各大机构也将竞相开展在线教育业务，未来在线教育的覆盖率将大大提高。

四、个股多点开花

最近几天，主板和创业板均继续向上突破，沪指逼近3400点，创业板越过2400点。从目前来看，领涨的创业板指数是否已经反弹到位？还是会继续向年线2700点一带进军？

创业板指数近期的涨幅依然是各个指数中最大的，且上涨态势保持得不错，这个位置会有一定的震荡巩固，但个股依然会比较活跃。我的策略很简单，在没有明确的大幅动荡信号出现前，都以积极把握个股为主。主要的获利机会依然在小盘题材股中，尤其是有政策、事件刺激的题材。

10月12—16日市场的热点主要集中在以下几个板块：新能源汽车、工业4.0、互联网+、国企改革概念、环保等十三五规划受益板块。目前来看，哪些板块还可以继续关注？接下来的一周看好哪些板块？

从创业板指数、中小板指数的强势表现可以看出，小盘题材股是最有机会的，无论是新能源汽车、工业4.0、互联网+、国企改革概念还是环保题材等，近期都在轮番表演。接下来的一周，我继续看好这些题材股。当然，那些涨幅过大的题材最好切换到刚冒出头的题材中。此外，一些传统行业，例如有色和工程机械等，也将出现反弹性机会，不敢追高的投资者可以关注它们的补涨机会。

目前正值三季报披露期，其中有哪些机会值得关注？近期，市场已经开始炒作三季报的机会。君不见，那些三季报预增的个股大部分都有较为强势的上涨。业绩是永恒的主题，接下来，那些业绩大幅预增的行业和板块都值得去把握。从具体行业来看，除银行业外，交通运输、医药生物、传媒这三大行业成为此次三季报业绩表现较为靓丽的行业，值得进一步深入挖掘。

2015年10月19日

星期一

早盘上证指数、深证成指双双高开，随后宽幅震荡，多空双方争夺激烈。盘中体育概念、充电桩、券商逆市上涨，航空、国产软件、船舶、卫星导航、信息安全等跌幅居前。午后三大股指齐齐走弱，上证指数出现急跌行情，截至收盘，上证指数跌0.14%，成交额4533.04亿元，深证成指涨0.14%，成交额5434.78亿元，创业板指跌0.63%，成交额559.67亿元。

当前，行情依然处于高压区域，后市能否突破，重点在于成交量的高低。

一、平仓：全通教育（300359）

全通教育交易示意如表1-15所示。

表 1-15　全通教育交易示意

10 月 16 日	10 月 19 日
建仓	平仓

昨日早盘全通教育一度涨停，但收盘没有封板，这种情况说明主力未来做价并没有想象中那么坚决。今日早盘全通教育最大跌幅近 4%，随后又拉回昨日收盘之上，午后股价围绕零轴反复震荡。另外，全通教育股价来到前期压力位置，有可能是短期顶部。尾盘分时走势直线拉升，果断选择在此时卖出。

尾盘拉升往往是主力故意而为之的操作手法，当股价处于相对高位或某个压力区域，尾盘拉升往往是主力出货的征兆。一方面，尾盘拉升只需要少量资金就可以把价格拉上去，让投资者误以为股票有异动；另一方面，可以让 K 线收得比较好看，吸引跟风盘。全通教育面临前期高点压力，因此避开不明确风险为上策，见图 1-45、图 1-46。

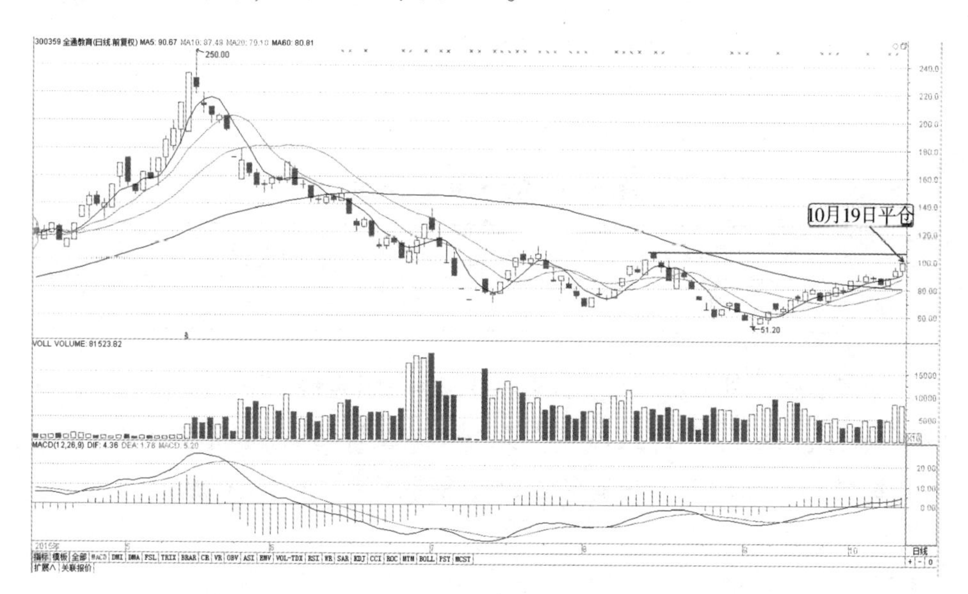

图 1-45　全通教育 K 线图

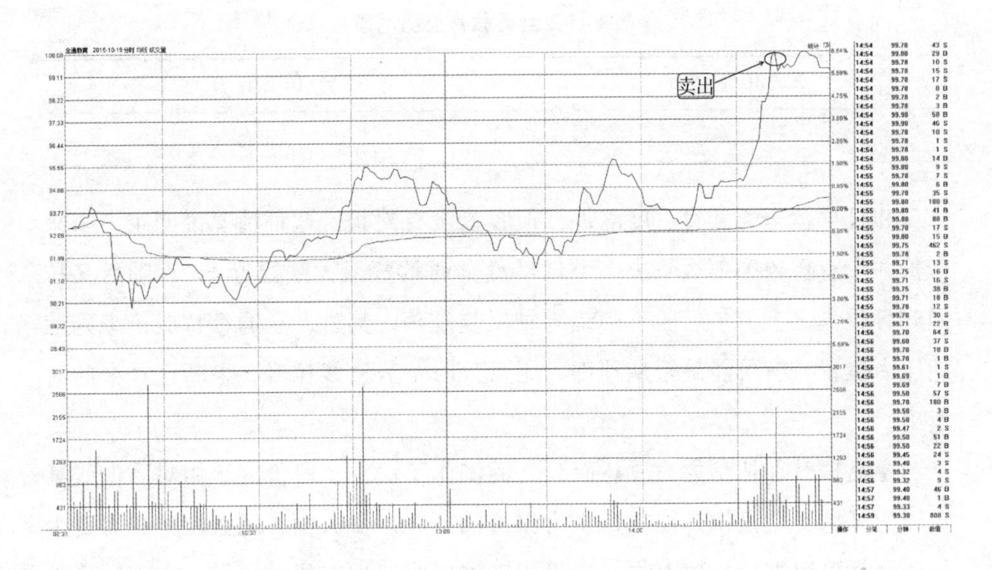

图 1-46　全通教育分时走势图

二、加仓：方直科技（300235）

方直科技交易示意如表 1-16 所示。

表 1-16　方直科技交易示意

10 月 16 日	10 月 19 日
建仓	加仓

如图 1-47、图 1-48 所示，方直科技延续一贯走势，保持 30 度角、紧贴着 5 日均线上涨，偶尔踩到 10 日均线，5 日均线与 60 日均线形成金叉。前文已经提到，该股的主要概念是在线教育，前景不错，今日选择加仓。

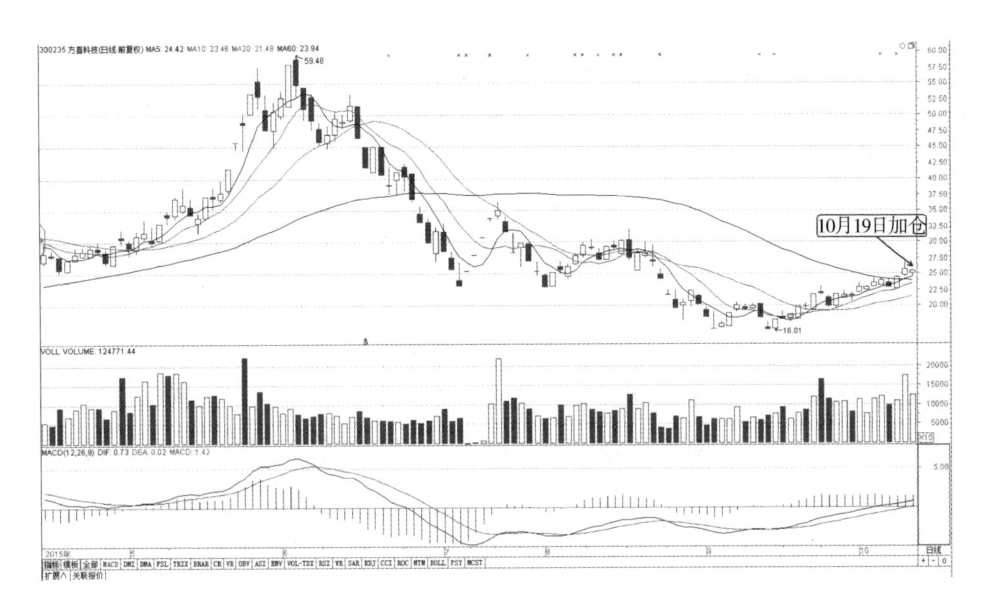

图 1-47 方直科技 K 线图

图 1-48 方直科技分时走势图

三、尾盘拉升的含义

收盘价历来被投资者看重，因为它是多空双方在日内战斗的收官与总结。所以，主力往往利用这一点来做文章。尾盘拉升是主力利用收盘价原理的一种操作手法，是很常见的一种盘口形态。绝大部分散户一看到个股尾盘拉升，就会冲动地跟进，认为这是异动，但现实总是很残忍，买入不久后就被套牢。

因此，研究尾盘拉升的含义，对投资者实战交易具有非常重要的指导作用。

第一，尾盘拉升的优势。尾盘是多空双方交投比较冷清的时间段，主力只需要少量资金就可以把价格拉上去，能让主力避免很多阻力并节省不少成本。

第二，尾盘拉升的目的。其目的通常有两种：一是主力故意把价格拉高，主要是为了次日能以更高的价格出货；二是主力的本意是想把价格做上去，但由于资金实力不够强，所以只能选择尾盘拉升。具体是哪种方法，可根据第三点大致推测。

第三，尾盘拉升的位置。如果一只股票价格处于高位或处在前期某个重要压力位置时，尾盘拉升是主力出货征兆的概率比较大；如果股票运行于上升途中，那么尾盘拉升是主力实力不够强的表现，但这是善意的，目的是把价格做高。

第四，尾盘拉升的力度。投资者可以通过当日成交量来判断尾盘拉升的力度，成交量越大，力度就越大。也可以通过分时均线的变化来判断，即在尾盘拉升的那一小段时间内，分时均线变化的幅度有多大。

四、如何把握领涨板块

2015 年 10 月 19 日，股指期货探底回升，收成一根带下影线的阴线。股指的休整会有杀伤力吗？该如何应对？

股指连续上涨之后来到了 60 日均线，在这个位置，一定的震荡蓄势是非常必要的，稳中求进的行情才能走得更远。只要股指的上涨态势得以保持，我就坚持积极把握个股的策略，直到有大幅动荡的信号出现为止。

今天的个股依然活跃，体育概念、充电桩等题材明显领涨，券商、保险等蓝筹股也有所表现，符合上周的预期。只要有持续性的热点出现，盘面就有获利机会。最大的机会依然是之前不断强调的小盘题材股机会，特别是那些符合新兴产业、有政策大力支持或有事件刺激的题材。除此之外，业绩是永恒的主题，近期不少业绩大幅预增的个股受到市场的热炒，如果结合攻击性的技术形态，成功率是很高的。

总之，股指稳定时就积极把握个股，大部分个股重心都会上移，我们所要思考的是哪些板块和个股会有领涨的可能，因为只有这样才能获取超额收益。要想找到可能领涨的板块，就要找到市场期望接受的核心逻辑，比如业绩大幅预增、有政策或事件刺激、超跌非常严重等，越有冲击性越好，再结合资金面、大盘位置、板块位置等因素，最终才能领跑市场。实战中可以先试探性布局，一旦市场验证了思路，再逐渐增加仓位吃大波段，这就是近期我把握住在线教育、充电桩等题材的核心思路。

2015 年 10 月 20 日

星期二

早盘沪指、深成指双双低开，盘中弱势震荡，银行股、券商股、保险股及有色金属等权重板块拖累沪指走低。午后开盘，沪指震荡上扬翻红，题材股也开始活跃，跨境电商、移动支付和金融 IC 等涨幅居前，受“双 11”影响，电商股再起风云，各板块几乎全线上涨。截至收盘，沪指涨 1.14%，成交额 3835.83 亿元，深成指涨 1.81%，成交额 5214.69 亿元，创业板指涨 3.19%。

今日指数走出了先抑后扬格局，两市 110 余只股票涨停。

一、加仓：方直科技（300235）

方直科技交易示意如表 1-17 所示。

表 1-17 方直科技交易示意

10 月 16 日	10 月 19 日	10 月 20 日
建仓	加仓	加仓

今天再次加仓方直科技，可能会有人觉得我有意做中长线。其实不然，操盘手拥有一种很宝贵、很特殊的东西：盘感。方直科技当前的盘面保持一定角度，呈缓慢上升的走势，且成交量持续放大，这种上涨趋势很容易突然拉出一两个涨停板，即使没有拉出涨停板，也会延续原有趋势，见图 1-49、图 1-50。

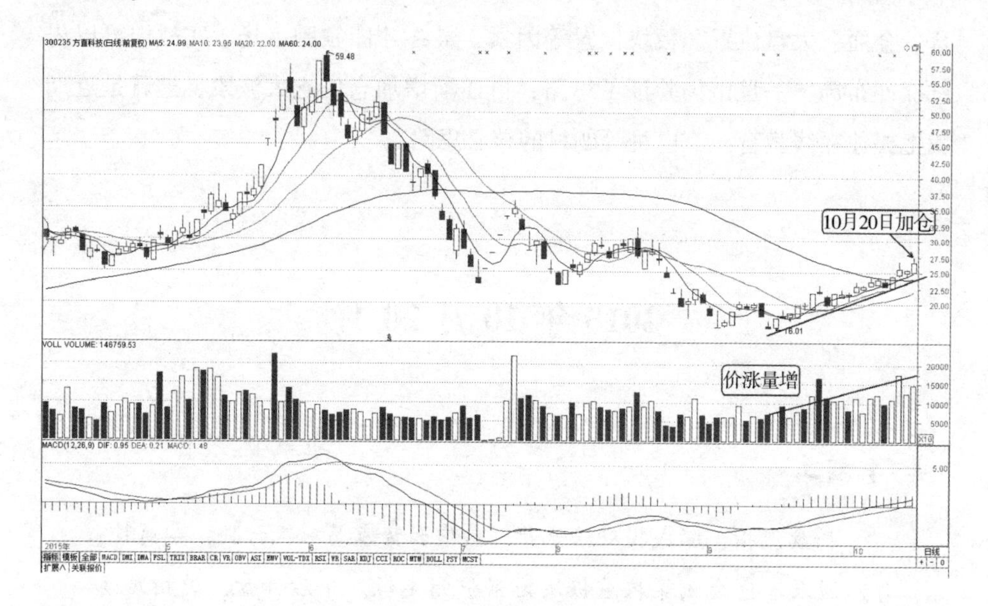

图 1-49 方直科技 K 线图

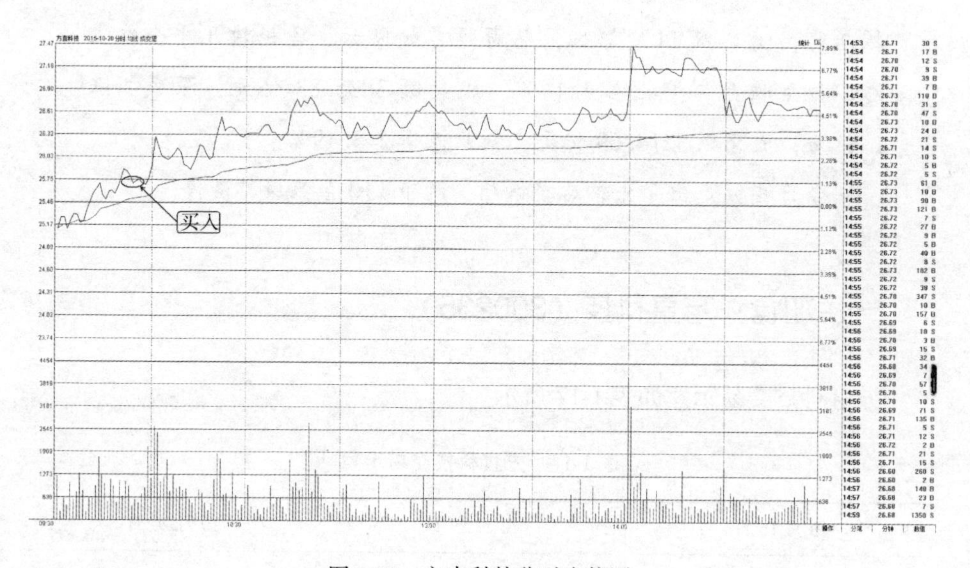

图 1-50 方直科技分时走势图

其原理是：当一只股票经历过长时间下跌后，主力资金开始介入，其中缓慢拉升、持续放量是其建仓的一种手法。股价缓慢上升至离前期的一个压力位置不远时，主力可能会将股价拉至涨停，触及上方压力，目的有两个：一是通过解出上方套牢盘把筹码收归自己囊中，二是测试上方压力，可谓一举两得。但需要提醒投资者的是，如果在这种情况下追涨买入，第二日被套牢的概率很大，因为主力的目的并不是把股价做上去。

二、挖掘真正的牛股

2015 年 10 月 20 日，股指期货震荡上扬，成功收阳。股指连续上涨，投资者该如何把握盘面？

最近几天，随着行情的上涨，如果踏空，投资者的内心必定不好受，这就是为何要争取成为先知先觉投资者的原因。9 月跟随我布局的投资者，最近几天也开始出现“恐高”情绪。其实这种心态很正常，毕竟获利已经比较丰厚，担心市场动荡造成利润回吐。然而，在我看来，股指的上涨态势还将继续保持，最佳策略依然是顺势而为，不必过于担心。当然，如果股指波动严重影响了心态，或者获利非常丰厚，适当控制仓位也是可行的。

值得注意的是，上证指数已经来到 60 日均线附近，深证成指和创业板指数也来到前期筹码密集区，在这个位置产生一定的回撤是很合理的。当然，个股依然会比较活跃，一旦有单日中阴就是低吸良机，攻击方向依然是小盘题材股。今天表现最出色的是电商概念，当下临近“双 11”购物狂欢节，相关的题材已经提早开始狂欢，这也说明当前的炒作热情依然高涨。

有投资者提出疑问，创业板的整体市盈率又达到了 100 倍，需要为此担心吗？其实这个问题我之前已经提示过了，股市危机之后创业板是明显的分化行情，那些代表新兴产业未来发展方向的成长股会继续走牛，甚至走出翻倍行情，而那些伪成长股的估值则会回归。因此，关注的重点不是市盈率高低，而是要挖掘真正的成长股，这样才能笑看风云。

三、新捉妖记：下一个 A 股“妖王”

这段时间，相信不少人对一些反弹中“妖气”十足、动辄上涨几倍的个股印象深刻，包括特力 A、暴风科技等。

如果将时间线拉长来看可以发现，一直以来，这些妖股可以一口气翻 10 倍，绝尘指数；也可以全然不顾大盘暴跌或震荡而独自封板；还可以只求涨停或跌停从不将就；更可以涨得无关基本面而单凭一个概念。妖股之妖，在乎异于常理，如何在股市中做一位优秀的捉妖猎手，且听以下分解。

我们可以回忆一下，今年前期的疯牛行情中，孕育了多少妖股。当时，中国中车还不是中国中车，一字板之后还是一字板，只要你敢追，他就敢再板，10 倍股横空出世，中车代表的就是当时央企合并的潮流；暴风科技作为新股出现后，收获了 35 个涨停板，持仓者战战兢兢地翻倍又翻倍，犹豫者在心中默念千遍但求一板；当在线教育的风横扫 A 股，全通教育作为一只价格 10 多元上市的次新股，股价扶摇直上，一度超越贵州茅台（A 股当时最贵的标的）。

纵观这些妖股，往往有以下特征：第一，不断有出乎预料的连续涨停板行情，这也是妖股最基本的素质；第二，妖股在孕育初期（开启连板模式的早期）都有明确的受时下市场认可和追捧的热点，被作为该板块的旗帜引领该板块的行情，如中国中车与央企合并概念、暴风科技与次新股概念、全通教育与在线教育概念；第三，在个股被妖化后，原本的热点逻辑早已不能支撑其上涨，连板只反映市场的追涨情绪和对妖股形象的无理由共识，这时炒作妖股，靠的不是基本面和技术面，而是胆魄（或称赌性）；第四，单边上涨的大环境往往是妖股丛生的温床，这时越来越多的人去追逐妖股，这意味着市场的风险偏好较强，愿意为更高的收益承担更高的风险，毕竟妖股被爆炒到顶之后便是猝不及防的深调。

很多人不理解妖股的存在，认为是纯粹的投机。但我始终认为，存在即合理，投机的背后必定有投资的因素。无论如何，扪心自问，谁不想搭一程妖股的顺风车？在正常标的投资中，2 个涨停板已经可喜可贺，但在妖股的世界里，翻倍简直唾手可得。而从大类资产配置的角度，何种投资能比在股市中抓住一只妖股使资产翻倍得更快？所以，投资者一定要懂得用投资的眼光去找投机标的，找出妖股，一旦拥有，别无所求。近期，我能够获取 70% 左右的整体收益，靠的就是寻找一些有妖资本的个股。

回到当前，从 9 月中下旬资金在中小创里暗流涌动伊始，一段可观的反弹随即强势展开。仍然是大环境向暖，在指数涨幅并不大的情况下，部分个股已经创出了新高，甚至是翻倍的行情。其中，国企改革概念的特力 A 便是此轮反弹不折不扣的妖王——自 9 月 9 日以来一路上涨 4 倍以上。除此之外，充电桩概念中的上海普天正连创新高，股市危机停牌而今的复牌型妖股潜能恒信正封上第 12 个板，二胎概念中的海伦钢琴正在妖化，还有正在“双 11”预期发酵的新生妖股海欣食品、兔宝宝等。在妖股甚嚣尘上之际，赚钱效应不断升温，资金随着飙涨的荷尔蒙疯狂入市，大有投资者虎视眈眈遍寻妖股。今时今日，面对大好的反弹行情，你何不做一名暂时的捉妖猎手，弱水三千但取一瓢，妖股丛生也擒一只？

当下，健康中国概念横空出世，在这之中诞生新妖股完全不足为奇。但是，在看到新妖股的时候，投资者需要思考的是，很多近期的妖股，比如特力 A、暴风科技等，是不是都是前期就已经妖气十足的个股？想到此，我们就更应想到，还有哪些前期妖气十足，但此刻蓄势待发的标的或板块呢？

除健康中国外，我还关注到另一个未来相对确定的板块，那就是在线教育板块。在这里，有老妖王全通教育的存在。这一板块未来还有很多风云再起的机会，让我们拭目以待。

当下，投资者都在积极寻找新妖股，上演一场新版“捉妖记”。我想说，在在线教育板块，我们已经嗅到了一些妖股崛起的味道。

事实上，海伦钢琴其实也是由在线教育主题在支撑，只是老妖王全通教育并没有“妖”起来，在线教育板块的一些局部个股虽然疯狂起来了，但还没能引起市场足够的重视。

如今，健康中国主题已经崛起了，在线教育也是时候再次崛起了，新版捉抓妖记里，就在这两大主题里积极寻找吧！

简单来说，下一个妖王很可能出现在健康中国主题和在线教育板块。也许，现在有一些投资者已经嗅到了健康中国主题的机会，但还有大部分人没有发现，而在线教育则是我认为的下一个重大妖王再起的领域。对于以上两个板块，我相对更倾向于后者。我们相信，只要充分把握这两个主题，一旦爆发，今年剩下的日子里，收益翻倍并非不可能。

2015年11月3日

星期二

早盘两市小幅高开，盘中曾再度跳水，全日保持震荡格局。板块上仅有次新股、猪肉和生态农业等活跃。消息面上，首先，市场传闻IPO重启时间临近，大盘受到影响；其次，央行继续开展100亿元7天逆回购操作，与10月29日持平；再次，中共中央印发《中国共产党廉洁自律准则》和《中国共产党纪律处分条例》，当前各地区、各部门正广泛宣传和学习这两项法规；最后，本月MSCI将开始把在海外上市的中国公司股票纳入其新兴市场系列指数，有望为中概股带来数百亿美元资金流入，并最终为A股上市公司进入MSCI指数做好铺垫。

截至收盘，沪指报3316.70点，跌0.25%，深证成指报11288.14点，跌0.15%，创业板指报2429.27点，跌0.11%。两市仅40余只股涨停，近1300股下跌，两市量能表现相当冷清，资金观望气氛浓厚。

一、建仓：佳创视讯（300264）

（一）投资要点

1. 在线教育平台：润教育

佳创视讯控股子公司指尖城市推出润教育平台，该平台PC网站有教师版App客户端和家长（学生）版App客户端。润教育是润生活App诚信认证业务板块下的教育培训行业垂直搜索点评网站，致力于为深圳本地师生提供教育培训课程，润教育官网如图 1-51 所示。

图 1-51　润教育官网（截图）

2. 无线深圳

2014 年 3 月，公司与时刻网络合资设立公司，共同打造和运营移动新媒体门户平台无线深圳。无线深圳项目由政府服务互动平台、市民日常服务互动平台、商户展示营销互动平台三大平台融合而成。该项目初步计划两年内发展 500 万目标用户，其中活跃用户达到 300 万户。

3. 涉足电视游戏领域

2014 年 6 月，佳创国际认购 PlayJam 3. 38% 的股权。PlayJam 公司以从事电视游戏生态系统的建设与运营为主营业务，主要包含电视游戏开发及分发、运营平台的建设、自有品牌 Gamestick 系列电视游戏终端设备及手柄的研发、生产和销售。

（二）技术分析

今天的行情依然以震荡为主，近期两市成交量持续萎缩，相信后续行情将会向上突破，佳创视讯的走势与大盘很相似，只要行情回暖，它便随之上涨。

如图 1-52、图 1-53 所示：

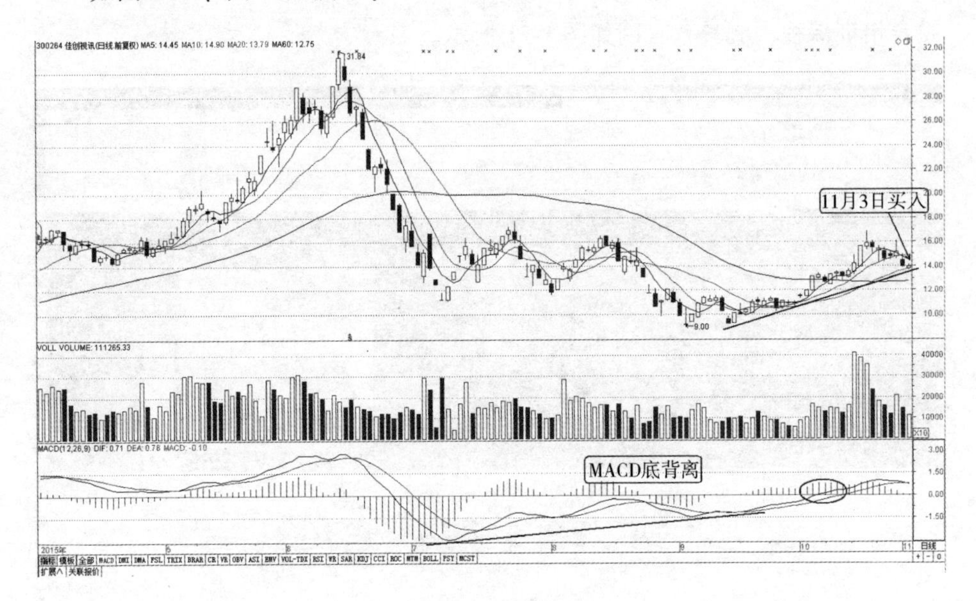

图 1-52　佳创视讯 K 线图

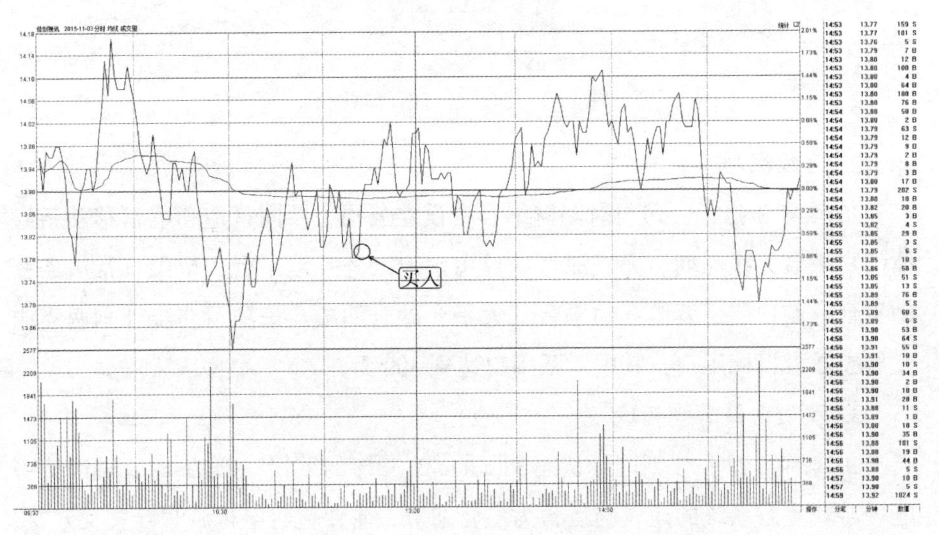

图 1-53　佳创视讯分时走势图

（1）股价经过一轮下跌后，MACD 出现底背离，股价见底后逐步回升，走出上升趋势，MACD 也跟着进入 0 轴以上。

（2）量价配合：涨时放量，跌时缩量，股价在 20 日均线和上升趋势线位置受到支撑，是一个很好的买入点。

（3）总股本仅 2. 29 亿股，小盘股价格弹性高。

二、右侧行情下的左侧交易

右侧行情是指股价已经出现明显的上升趋势，通常表现为均线多头排列。左侧交易是指在未走出右侧行情的情况下提前买入，通常是一个寻底的交易过程。而右侧行情下的左侧交易，则是行情已经出现明显的上升趋势，当股价回调至短线底部时买入，但前提是股价趋势不能出现实质性转变。具体交易如下：

首先需要找到底，这里的底是指回调时的相对底部（并非最低点），确认后即可建仓。但在实际交易过程中，不可能每次都找到最低点，因此需要经历一个补仓的过程。因此，这种模式要求分两次建仓，仓位“5+5”分配，为什么不分3次或4次建仓呢？因为该交易为短线，且要求投资者具有一定判断底部的能力，如果经历2次都没能找准底部，就需要进行适当止损。那么，如果是不需要补仓的情况呢？那就需要等待后面出现一根对底部确认的K线时再买进5成。此外，还有另一种建仓方法：先找到底，但不急于建仓，而是等后续行情出现一根相对明显的转折K线（通常是突破底部的阳线），这根K线对前面找出来的底具有确认作用，此时再一次性建仓。

今天我操作的佳创视讯采用的就是右侧行情下的左侧交易，该股已经走出明显的上升趋势，均线多头排列，股价回调至上升趋势线和20日均线处获得支撑。

2015年11月4日

星期三

今日指数延续前一日的强势行情，券商、银行等大盘蓝筹股表现十分靓丽，沪指一度冲击3600点整数关口，创业板的表现则较为低迷。午后开盘，沪指开始回调，截至收盘沪指涨幅超1.5%，创业板跌0.76%。

近两个星期，大盘一直在3400~3600点震荡，且量能萎缩至极低的水平，而昨日行情大爆发，标志着行情将进行新一轮的上涨。今日表现为二八格局，创业板收盘跌0.76%，是否意味着风格转换为大蓝筹行情了？我认为，当前环境下，大蓝筹不具备持续上涨的动力，只是行情要突破关键指数点位，需要大盘股来冲关，即所谓的"大盘股搭台，小盘股唱戏"，如今戏台正在搭建，相信唱戏主角很快就会出场。

一、减仓：方直科技（300235）

方直科技交易示意如表1-18所示。

表1-18 方直科技交易示意

10月16日	10月19日	10月20日	11月5日
建仓	加仓	加仓	减仓

如图1-54、图1-55所示，方直科技的股价达到前期高点位置，在形态上搭建了一个小的调整平台，成交量萎缩。从早盘分时走势来看，属震荡市，目前的位置股价选择突破或者回调，概率各半，今日减仓主要出于对后市方向性不明确的考虑：假如行情往下走，在这个位置减仓可以减少利润损失，调整充分再补回来；假如行情往上突破颈线，在突破时再加仓买回。

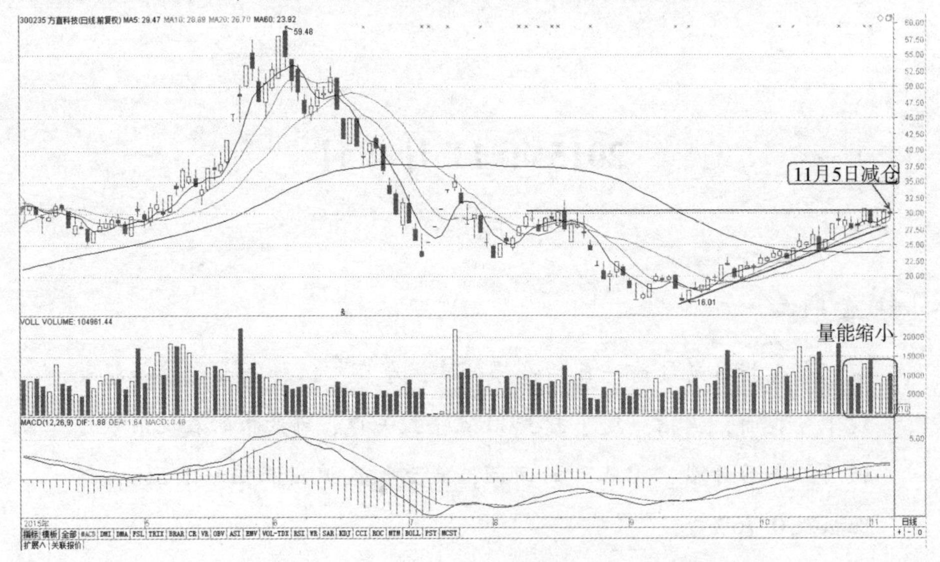

图1-54 方直科技K线图

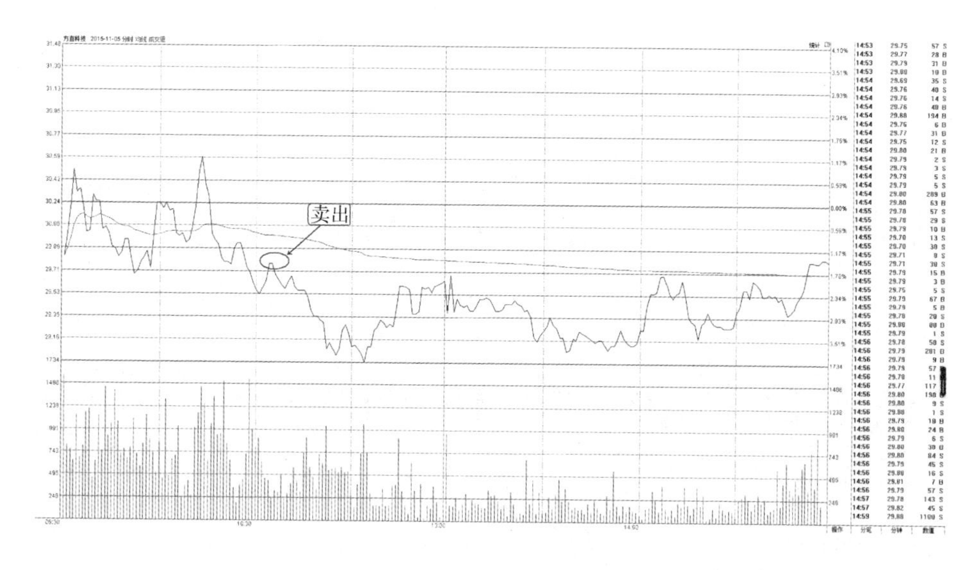

图 1-55　方直科技分时走势图

二、加仓：佳创视讯（300264）

佳创视讯交易示意如表 1-19 所示。

表 1-19　佳创视讯交易示意

11 月 3 日	11 月 5 日
建仓	加仓

如图 1-56、图 1-57 所示，佳创视讯行情呈现二八格局，小盘股震荡。我判断，日后待大盘股搭好台，就是小盘股表现的时候，因此选择加仓。

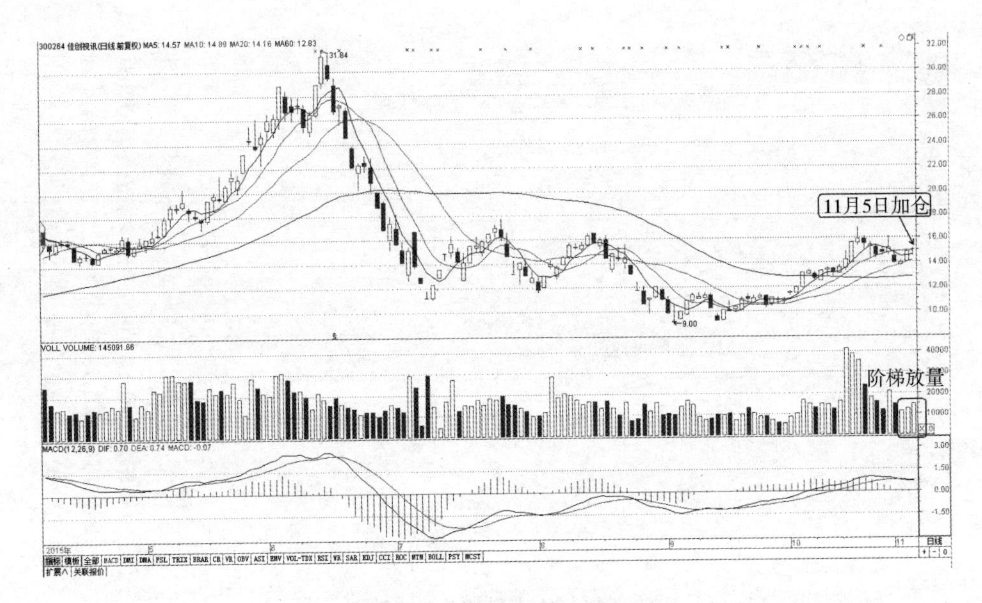

图 1-56　佳创视讯 K 线图

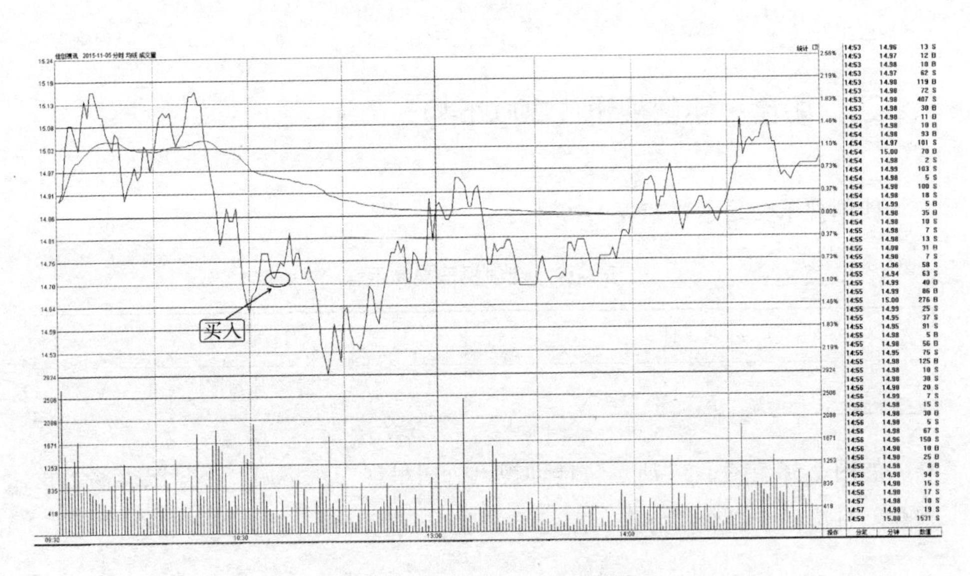

图 1-57　佳创视讯分时走势图

三、行情遇到前期压力位的交易技法

在日常交易过程中，投资者经常会遇到股票面临前期压力位的情况，常常让投资者难以决策：应该买入还是卖出？

如果遇到这种情况，千万不要慌张，冷静下来好好分析。第一，遵守当初设定的交易计划。做股票投资，提前制订交易计划非常重要，同时要严格执行，做到知行合一。第二，明确定位自己的交易风格。这里的交易风格指长线交易、中线交易和短线交易，如果是长线交易，当自己持有的股票达到前期高点时，只要股票基本面没有变化，趋势没有发生实质性转变，便可以持仓不动；如果是短线交易，股价遇到压力时，若没有发出明显的突破信号，原则上可以获利了结。

四、乘胜追击是最好的策略

11 月 4 日，股指期货单边上行，收成一根大阳线。股指大涨，个股普涨，股指会持续逼空上涨吗？

昨天谈到，股指连续几天缩量震荡，马上就会有大动作，而近期股指的调整都在 3250 点以上，属于强势调整。因此，如果接下来盘中放量上涨，很可能会启动新的上涨。今天股指强势上涨，直接创下本轮反弹的新高，让人倍感欣慰。既然股指已经向上突进，接下来顺势做多即可。当然，投资者也要有心理准备，股市危机后大盘要想连续逼空上涨是有难度的，震荡向上、重心上移将是主旋律。

今日，创业板指数和中小板指数的上涨明显大于主板的上涨幅度，进一步印证了之前的推断：当前最大的机会依然集中在新兴产业，尤其是那些有政策支持或事件刺激的小盘题材股，这条主线务必不能偏离。当然，这并不意味着其他板块不会上涨，其他板块也有可能大涨，并出现一些牛股，只是新兴产业的总体涨幅会更大一些，出现牛股的概率也更高一些。然而，做股票交易不就是要抓大概率事件吗？

除了题材股普涨之外，券商、保险等主流板块也来助力，尤其是券商股集体涨停，颇有震撼力。大盘的量能明显放大，这种上涨是比较健康的，行情将维持震荡向上的态势，投资者需要好好把握。

2015年11月9日

星期一

受证监会宣布IPO重启的影响，早盘两市低开，随后券商、银行、煤炭、石油行业等权重板块轮流发力，两市探底回升，沪指高位震荡，创业板指翻红。受益于IPO重启的影响，证券、银行、创投等板块大涨，次新股板块带动个股走强，题材板块再度火爆，创业板指创下9月来的新高。截至收盘，沪指报3646.88点，涨1.58%，深证成指报12453.24点，涨1.47%，创业板指报2724.62点，涨2.37%。

按照以往的思维，IPO重启后，新抽血导致行情下跌，应该是利空。然而，此次证监会宣布IPO重启，市场反而大涨，为何市场反应与以往不同？原因有两点：第一，当初暂停IPO是为了救市，而监管层在此时宣布重启IPO，说明监管层认为现在行情的修复已经较为充分，能够抵抗系统性风险；第二，为了响应“大众创业，万众创新”的号召，应该重启IPO，恢复股市融资功能，为实体经济输血。所以，证监会此次宣布IPO重启，应解读为利好。

一、加仓：方直科技（300235）

方直科技交易示意如表1-20所示。

表1-20　方直科技交易示意

10月16日	10月19日	10月20日	11月5日	11月9日
建仓	加仓	加仓	减仓	加仓

今日，方直科技早盘冲高，之后股价一直保持在分时均线上方，成交量

配合良好。分时均线总体缓慢上升，说明市场平均成本逐步上移，根据经验来看，这种分时盘口比较容易在下午盘中爆发。

下午开盘不久，方直科技放量拉升，突破横盘走势，然后缩量回调，在颈线处站稳后，继续放量上攻。同时，K 线形态突破了颈线，这时我果断买入，顺利将昨日的筹码加回，见图 1-58、图 1-59。

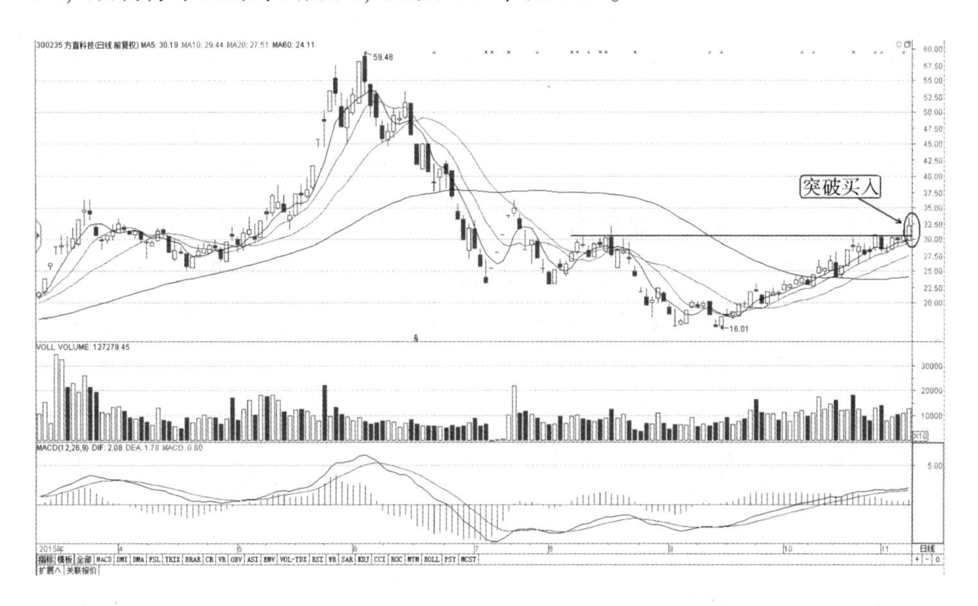

图 1-58　方直科技 K 线图

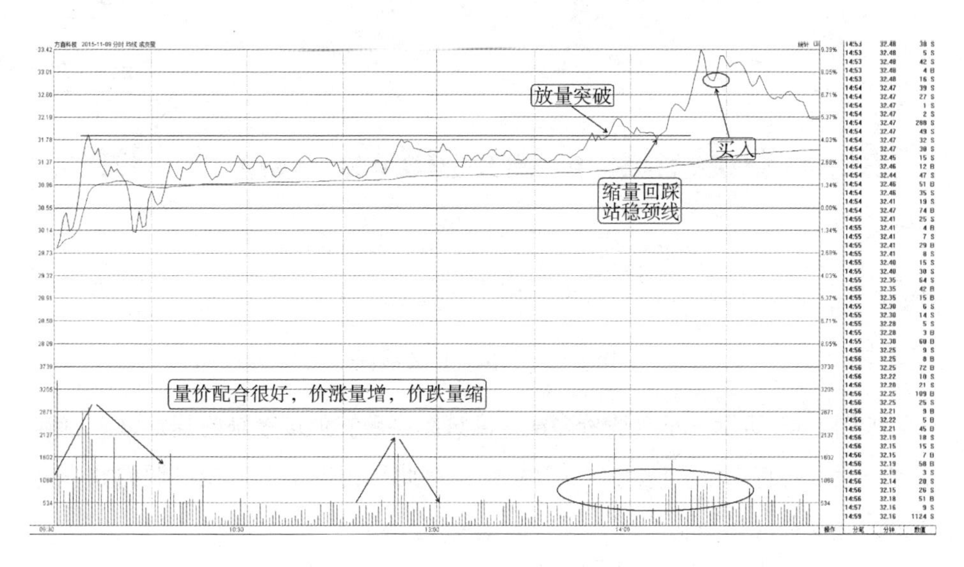

图 1-59　方直科技分时走势图

二、平仓：佳创视讯（300264）

佳创视讯交易示意如表 1-21 所示。

表 1-21 佳创视讯技交易示意

11 月 3 日	11 月 5 日	11 月 9 日
建仓	加仓	平仓

如图 1-60 所示，佳创视讯走出了头肩底形态，当前股价位于颈线附近，且距离最近的一个高点是放巨量的，短线压力不容小觑。近几日成交量虽有所放大，但想要突破压力还需把量补上来，否则股价遇压回调的概率很大。

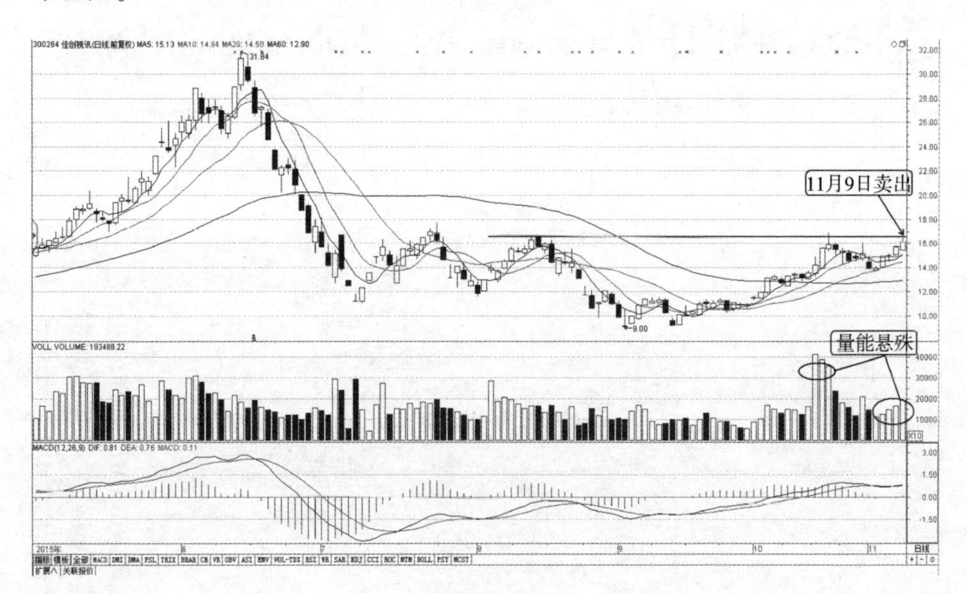

图 1-60 佳创视讯 K 线图

如图 1-61 所示，早盘股价多次冲高试图突破，但屡屡被打压回来。直到下午，股价一直围绕分时均线反复拉锯。在此种情况下，短线回调的概率仍较大，所以我选择平仓。

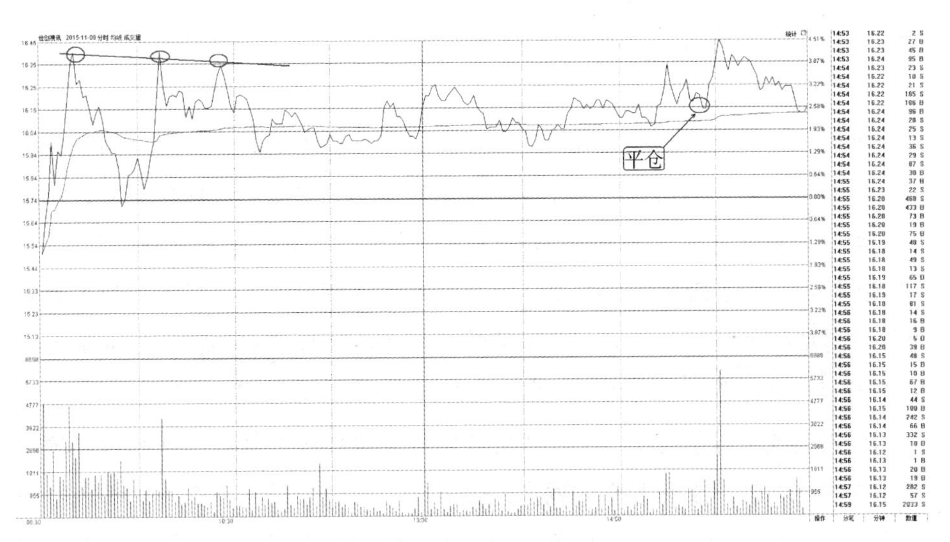

图 1-61　佳创视讯分时走势图

三、常见强势市场的主要特征

（1）市场每天涨停个股的数量较多，热点板块明显且具有持续性，板块之间呈现有效的良性轮动。

（2）蓝筹股和小盘股、各板块之间没有明显的跷跷板效应，但并非每天齐涨齐跌。

（3）股指对外围走势不敏感，常表现为独立行情。

（4）主要指数技术指标良好，均线呈现多头排列，即使是在强势的平衡市里也有明显的有效支撑。

（5）市场对一些非实质性利空多表现为低开高走，即通常说的利空出尽，对利好则反映为积极向上的走势。

（6）市场外无政策性救市的护盘措施，有时甚至会出现打压政策，但往往难以真正打压。

（7）市场正常功能均有效运行中，股指期货正常运行，IPO 正常发行，对市场没有明显的负面效应。

四、顺势而为，关注新兴产业和高送转

2015 年 11 月 9 日，股指期货冲高后有所回落，收一根带上影线的小阳

线。股指连续大涨之后，投资者该如何应对？

在IPO重启的冲击之下，股指今日依然强势上涨，足以说明当前做多能量是非常充沛的。不少投资者提出疑问：股指连续大涨，市场是不是要调整了？刚突破年线是不是有回踩年线的要求？其实，只要趋势保持良好，短期的波动不必太过在意，我的策略是在趋势没有改变之前，积极把握个股。

近期券商股表现出色，而IPO重启又利好券商，很多投资者提出了是否能介入券商股的疑问。我的观点很明确，短期内市场会有动荡，中期随着行情的发展还有机会，但最大的机会不在传统行业，而是在新兴产业。

今天表现最出色的依然是以“互联网+”为代表的新兴产业个股，这依然是大方向所在，投资者不应偏离这个方向。除此之外，还有一个理由：新股发行在即，而新股大部分是创业板、中小板中的新兴产业个股，很多机构和散户要持有充足的创业板、中小板个股市值才能参与打新，这一点非常利于新兴产业个股。

与此同时，高送转板块也有出色的表现，正如我近期强调的：年底是高送转个股炒作的黄金时期，那些送转比例高，且属于新兴产业的个股，如果整体涨幅并不高，则需要高度关注。

总而言之，震荡或许会有，但趋势良好，个股会继续精彩。

夺冠感言

2015年11月27日，“爱投顾首届中国投顾大师赛”落下帷幕，我以97%的总收益力压群雄，夺得总冠军。

一、深度挖掘，进攻就是最好的防守

在这一阶段的比赛中，我之所以能获得较好的收益，关键是认真研究了政策的支持方向：教育是未来重点扶持的领域，如今二胎政策放开，教育将是重中之重。当然，我更看好的是在线教育，因此重点围绕在线教育领域挖掘个股。在这个细分领域里，显然，我挖掘到了黑马。

在交易的过程中，我崇尚的风格是“进攻是最好的防守”，我属于进攻型，只要市场不持续暴跌，就可以活得不错。以近期市场的反弹为例，2015年9月初至今，短短2个多月时间，我在实战中的成绩实现翻番。可以说，前期股市危机的损失不仅被挽回了不少，还准备再攀高峰。接下来，随着IPO重启和新股发行制度改革，我们完全有理由相信，未来2个月会有更多精彩。年底，市场最终站上4000点也是大概率事件，我争取实战成绩再实现一次翻倍。

选股思路上，当下状况怎样不是最关键的，我注重的是未来。未来其行业是否符合经济的发展思路？其本身是否在行业中具有做大、做强的机会？一旦未来的预期很精彩，我就敢于积极参与其中。

回到近期市场的博弈，很多人可能是踏空，甚至亏损的。在此环境下，我能取得这样的成绩，关键在于对市场的理解比较到位。虽然也会有失误的时候，但整体来看，我们对市场的前瞻性把握是不错的，这就是能力的一种体现。我是一个喜欢思考的人，也正是因为喜欢思考，作战前的准备工作做得比较充分。

对于散户，我想说的是，如果要成为市场的少数赢家，一是让自己成为市场的狼，成为机构，二是找到属于你的“菜”，跟随强者，别无其他。

二、提前、深度、坚持、大格局

我的投资诀窍可以用9个字概括：提前、深度、坚持、大格局。具体而言，提前指的是对市场未来的资金流向有清楚的思路；深度指的是对选择标的的上涨逻辑有深入的研究；坚持指的是坚持独立思考，并在指数波动的过程中该坚持的时候坚持，该止损的时候坚决止损；大格局指的是将中国的资本市场放到国际的大背景中去，从一个更综合、更全面的角度去思考应选择哪类标的。

在比赛中，这9个字得到了淋漓尽致的表现。以坚持为例，我选择的标的，如果是吃大波段，只要趋势没有发生大的改变，有利润的情况下，我们很擅长坚持。为何坚持？因为我们认为上涨的逻辑没有改变，阶段性动荡不会改变大趋势。

很多人很喜欢超短线，其实，我也积累了相当多交易超短线的经验。因此，我对市场的盘感很不错，比如对板块或大盘细微波动的研判。至于短线个股的引爆点，因为我们对短线市场包括个股的研究花了不少精力，所以对一些超短线的个股波动比较有把握。

在“九字真经”中，之所以把提前放在前面，可见其分量和关键性。在交易中，很多机会往往需要先知先觉才能做好，这就突出了提前。那么，怎样才能提前把握机会？这需要大量研究和对未来的大胆想象，比如对一些行业，包括在线教育、生物医药、军工等，都要大量研究和对未来大胆想象，结合最新的盘面，研究资金流向，找到提前的点。所以，思考一定要提前，做任何事情都要提前，这也是我长期养成的习惯。

对于当下的市场，注册制的推行让很多人比较担心，其实，有担心才好，有分歧才好，估价高低最终看的是上市公司本身是否具有足够的价值。注册制这张牌，要打得好，关键是要给市场一个明确的预期，而不是猜，明确的预期什么时候给，可以考虑在市场相对稳定的时候。推出时点更多要考虑试市场点位，放在3000点推和放在5000点推会是两个截然不同的效果。在越高的位置推市场消化能力越强，而且越容易变成利好推动。反之，在越低的点位推，则很容易形成利空影响。

现在，在市场不到4000点时试探性放风出来，也是对市场的一种测试，但不管如何，我们的态度依然很坚定，年底市场有机会站上4000点的大思路不变，我们力争在年底再翻倍的目标也不变。因为，我们认为现在的管理层有底牌、有底气，阶段性的市场趋势也在逐渐形成，并且不容易改变。不谦虚地说，这次市场反攻，虽然还没走出V型反转，但是我们的实战成绩已经实现了V型反转，这正是我们强进攻能力的很好体现。

自8月底反弹以来，市场的主线都是新兴产业个股，无论是9月的新能源汽车、10月的超跌股、11月的次新股，基本都属于新兴产业领域。正如我所说，最大的机会依然在新兴产业里，从创业板指数、中小板指数一马平川的走势就可以明显看出来。因此，接下来到11月底，我们都会遵循这样的思路，继续在新兴产业中掘金，把握属于自己的机会。机会非常多，把握好自己的“菜”非常重要。

在交易中，我的目标是成为资本市场的火影，所以要一步步不断向前，过去的已经过去，等待我们的是全新的未来，现在只是开始……我们充满信心！

三、如何养成大格局

金融界：是什么原因促使你高二就进入股市？

吴国平：在高二时进入股市其实是一个偶然，因为一张报纸。以前的报纸会刊登每日股价的波动情况，我发现股市内容占报纸版面的比重很大，结合之前集邮的经验，我发现邮票在报纸版面里占据的分量远不如股市，这让我觉得股市才是大市场。另外，我观察到某只股票前一天的价格是4元，后一天变成了4．4元，一天变化10个点，让我感觉到这其中有很大的机会。当时我曾幼稚地想，如果用1万元炒股，每天10个点，一年以后的收益就会非常了不得。因为市场够大，机会也非常多，我就被吸引进去了。刚开始家人非常反对，他们认为股市的风险很大，曾经还看到过一些人因为炒股而跳楼的新闻。而且股市是一个虚拟的市场，不是实体经济，家人对此非常担心。但当我拿出3页纸的股市投资可行性计划和策略书时，家人感受到了我的热情和决心。虽然那时的想法非常幼稚，但他们觉得至少这是我能够投入热情的一件事，最终同意了我的想法。

金融界：驰骋股市多年，你掌握了哪些炒股诀窍？

吴国平：我的投资诀窍可以用9个字概括：提前、深度、坚持、大格局。提前，指的是对市场未来的资金流向有清楚的思路；深度，指的是对选择标的的上涨逻辑有深入的研究；坚持，指的是坚持独立思考，并在指数波动的过程中该坚持时坚持，该止损时也坚持；大格局，指的是将中国的资本市场放到国际市场的大背景中去，站在更综合、更全面的立场去思考应选择哪类标的。

金融界：你的“九字真经”里提到了坚持，认为该止损时也要坚持，这一点该如何理解？

吴国平：该止损也要坚持，这里的坚持指的是果断，一定要坚持止损，不能犹豫，而不是死扛着不止损。当然，止损的频率一定要降低，让自己盈利的频率加大，而且是赚大钱的机会。这样，综合下来我们的交易必然将是成功的。“九字真经”里最重要的是抓住机会的能力，只要保证了这一点，即使偶尔几单输了，也绝不会影响大局。

金融界：*是否有哪次投资经历对你形成了深刻影响？该经历让你对股市有了哪些新的认识？此后的投资是否发生了改变？*

吴国平：的确有一些投资经历对我形成了深刻影响。比如，在认购权证时代，我抓住了短短3个交易日实现翻倍的机会；在期货市场，经历过一天赚一倍的经历；在股票市场，我经历过不到2个月涨5倍的经历。这些都对我的投资理念形成了很大影响。其实，这也是我经常谈论的理念：要有大格局。对于普通散户也是如此，至少要有一次在个股上赚大钱的体验。例如。一只个股重仓赚1倍以上，即使没有1倍，至少也要盈利50%以上。当你真的经历了这样的体验时，你的格局会发生极大改变。

正因我拥有很多类似的体验，所以视野才会比普通散户更开阔，格局也更大，这给我的操作带来了很多益处。当然，也有一些不利之处，有时格局大了反而会忽略短期的差价博弈。这也是我一直在平衡的点，目前这种平衡在慢慢进入更高的层次。

金融界：*在股市打拼多年，你最深刻的体会是什么？*

吴国平：如果想在市场长期生存下去，一定要真正热爱这个市场，更要坚持。于我而言，投资已经是生命不可或缺的一部分，在投资中生活，在生活中投资。虽然有起有落，但总体而言，乐趣无穷。因为热爱、因为坚持，所以我一直在路上，也才能在市场上走到今天。对于投资者而言，应该问问自己：是否能做到长期坚持？是否真正热爱？是否能不断让自己成长？如果这些都能做到，就一定能在市场中生存下来。此外，在股市中保持积极的心态也必不可少。

金融界：*在以往的数次交易比赛中，你都表现不凡且取得了不错的名次，在投资中你如何选择有潜力的股票？比较看重个股的哪些方面？*

吴国平：对于选择有潜力的股票，问题的答案要回到我坚持的“九字真经”：提前、深度、坚持、大格局。我基本是按照这个思路来甄选个股的。

当下状况如何不是最关键的，我注重的是未来。比如，其行业是否符合未来经济的发展思路，个股本身在行业中是否具备做大、做强的机会。

金融界：你操作的相当一部分是创业板股票，而创业板的风险很大，普通散户投资创业板股票应注意哪些问题？

吴国平：风险大或小关键看你是否赚到了钱。我所操作的更多是新兴产业股票，只是阶段性有一些在创业板而已，也不乏中小板，主板也有相当数量。个股选择的关键在于行业，我所关注的是该股是否符合我的狙击思路。普通投资者把握创业板股票的要点在于是否能看到它 3 年后的情况，届时公司的表现是否会比现在好很多？如果看得到，才是可以考虑把握的标的，无论短线还是中线都是如此。

金融界：股市遍布机遇但也处处隐藏着风险，对于规避风险，你有哪些好的建议？

吴国平：规避风险最好的办法是你充分把握住了机会。当机会来临时，你能赚得足够多；当风险到来时，你输得比较少。简单来说，一定要有“赢大输小”的能力，而赢大的能力是关键中的关键。最好的防守就是进攻，想让自己最大程度地规避风险就需要你最大程度地把握机会。

金融界：想要在资本市场取得成功，散户应该怎么做？

吴国平：一方面，要加强武装自己，比如平时多看书，多研究市场，保证作战前自己的思路是清晰的。很多时候，只要你思路清晰，并保持到最后，心态就会趋于稳定。另外，还要不断使自己变得强大，例如从散户成长到机构，即使不能成长为机构，至少也要成长为牛散，这需要你付出相当多的心血，而且是全身心地热爱和投入。

另一方面，跟随高手。一旦认可一个高手，最好长期跟随，否则就像炒作股票一样，过于短线的操作反而吃不到大鱼。

四、未来寄语

将我们过去的经验进行总结和分享，是为了让大家更积极地转变思维，迎接未来的新时代。用几个关键词寄语 2019 年开启的牛市新未来，我认为很有意义。

关键词：顺势！上！飞！

顺势，我们才能更好地前行；上，就会进入良性循环；飞，量变到质变，最终自然就能飞起来！

2019 年新牛市开启，温故知新，我们一起努力，把握未来的新机遇！

市场研判

一、美中波动数据揭示大机会就在前方

2016 年春节，我在家陪家人休息，静静地观察国际市场的动荡，这期间科技领域引力波的发现及小时候的偶像周星驰的新片《美人鱼》票房的疯狂让我难忘，触发了让我好好挥洒思想的想法。趁假期即将结束之际，透过 2016 年全球股市的状况我对春节后的股市走向做了梳理。

透过全球重要指数表现一览表（见表 1-22）发现，跌幅最大的是日本股市，跌幅达到 11 个百分点左右，跌幅最小的是美国股市道琼斯指数，仅 1 个多百分点跌幅，中国香港恒生指数跌幅居中，在 5 个百分点左右。有人认为，分析这些数据要加上 2016 年 2 月 5 日的全球市场，但我想说的是，这一天 A 股还没休市，截至收盘跌幅逼近 1 个百分点。当天全球市场下跌，美国道琼斯指数下跌基本也在 1 个百分点左右。另外，我们要真正统计的是春节期间的全球波动，也就是严格意义上 A 股也休市的这一阶段，所以没必要纳入此处来进行对比和思考。

表 1-22　2016 年 2 月 8—14 日全球重要指数表现

地区	指数	2016 年 2 月 14 日收盘指数	周涨跌幅（%）
美国	道琼斯工业平均	15973.84	-1.43
	美国标普 500	1864.78	-0.81
	纳斯达克综合	4337.51	-0.59

（续）

地区	指数	2016 年 2 月 14 日收盘指数	周涨跌幅（%）
欧洲	德国 DZX30	8967.51	-3.43
	英国富时 100	5707.60	-2.40
	法国 CAC40	3995.06	-4.89
亚洲	日经 225	14952.61	-11.10
	韩国 KOSPI	1835.28	-4.30
	中国香港恒生指数	18319.58	-5.02

重点谈谈美国市场：美国市场是全球关注的市场，它的博弈会给全球各个市场带来不同程度的影响。我们发现，道琼斯指数一直都处在牛市运行格局中，只是 2014—2016 年一直在区间波动运行，低点在 15000 点左右，高点在 18000 点左右。

道琼斯指数从 2015 年 5 月 19 日的高点 18351 点回调下来，我们可以清晰地看到几个低点：第一个低点是 2015 年 8 月 24 日的 15370 点；第二个低点是 2016 年 1 月 20 日的 15450 点；第三个低点是 2016 年 2 月 11 日的 15503 点。可以发现，其低点有逐步抬高之势，近期两个低点组成短期双底，加上前期第一个低点则组成阶段性三底的状态。最高到最低，最大调整幅度在 16% 左右，相信很多人都不敢相信才调整了不到 20%，但这就是事实。这本质上属于牛市的一种合理调整，综合来看，我们发现美国市场的走势是比较健康的。

从微观来看，2016 年春节最后的 2 个交易日，美国道琼斯指数是一个阳包阴的组合，2016 年 2 月 12 日是以 2 个百分点涨幅吃掉 2 月 11 日 1 个多百分点跌幅的走势，这样的组合结合短期形成的双底，是有利于接下来继续上攻的一种技术走势。

我们不妨做个猜测：如果接下来的上攻延续，双底形成，甚至三底也逐步形成，我们完全可以看到美国市场两年半左右的区间震荡将迎来结束。简单来说，低点一旦确定有效形成，未来再向上突破，这两年半的波动就是非常漂亮的上涨中继形态，从目前的态势来看，最终形成的概率很大。

很多人都在谈道琼斯指数如何崩盘，事实上，那都是没仔细研究，只看几天短期走势就发表的独断和夸张的表达，对比市场 2015 年 6 月 12 日 5178 的最高点，到 2016 年 1 月 27 日打出的 2638 低点，半年左右经历 3 波股市危机，跌幅接近50%（见图1-62），对比之下，根本没必要对道琼斯指数的波动大惊小怪。

图1-62　道琼斯指数日K线走势图

再看短期跌幅比道琼斯指数稍大的纳斯达克市场，它最近的高点是2015年7月20日，也是历史最高点，点位是5231点，与道琼斯指数达到高点的时间2015年5月19日相比，足足推迟了2个月。第一个低点是2015年8月24日的4292点；第二个低点是2016年1月20日的4313点；第三个低点与道琼斯指数的低点时间一致，是2月11日，低点是4209点，差异在于第三个低点比前面两个低点都低，见图1-63。

图1-63　纳斯达克综合指数日K线走势图

就最低点4209点来看，最高到最低的调整幅度是19.5%，比道琼斯指数下跌幅度要大。即使如此，对比A股市场的跌幅，这并不算什么。

这时，我们不妨看看创业板指数的跌幅，从2015年6月5日4037的最高点到2015年9月2日1779的最低点，跌幅达惊人的56%。3个月，回想过去，我们能在中国市场一路走到现在非常不容易。因此，纳斯达克指数下跌十几二十个点并不算什么。

不妨回顾一下纳斯达克市场，为什么比道琼斯指数开始下跌的时间晚，最终到低点的时间也比道琼斯指数晚？我认为，在真正的牛市格局中，纳斯达克代表的新兴产业就算调整也会慢一拍，所以出现调整的时间晚；而对于新兴产业的上市公司而言，在真正的牛市运行格局中，一旦调整，往往顶不住阶段性恐慌情绪的影响，容易出现突然暴跌的走势，突然的暴跌容易出现调整也慢一拍的结果。但无论怎样，两个市场都是大牛市格局中的正常调整，哪怕在国际金融危机中，也依然显示出旺盛的生命力。

以美国市场做个对比，数据一目了然，见表1-23。在我国，创业板指数这个代表新兴产业的指数，其在调整中没有呈现相对滞后的特征；相反，其扮演的是一种先行指标的角色，跌的时候它先跌，见底的时间也提前很多。这说明什么呢？很简单，这说明我国没有形成一个具有旺盛生命力的成熟市场，这一点与美国有本质区别。美国一直都运行在大牛市中，我国则是牛熊交替，且速度极快。所以，创业板指数这个代表新兴产业的指数波动就极其夸张了。当然，本质上还涉及制度、上市公司等问题。

表1-23　美国和中国市场波动对比

指数	最高点	最高点出现时间	最低点	最低点出现时间	最大调整幅度（%）
道琼斯指数	18351	2015-05-19	15503	2016-02-11	15.5
纳斯达克指数	5231	2015-07-20	4209	2016-02-11	19.5
上证指数	5178	2015-06-12	2638	2016-01-27	49
创业板指数	4037	2015-06-05	1779	2015-09-02	56

数据截至2016年2月14日。

当然，我们也必须看到世界资本市场的剧烈动荡，商品原油市场崩盘，不少上市公司演绎了一波波崩盘的走势，但就整体而言，世界因为危机和动荡而重生，整体依然向好。看过美国市场的波动数据，相信很多人没想到，原来如此动荡的世界经济其实本质依然繁荣，未来没有理由不持乐观态度。

2016年春节期间，科技领域引力波的重大发现，不就是一个世界经济将继续繁荣发展的信号吗？这是一个波澜，但完全可能会引发蝴蝶效应，最终掀起一个又一个大浪潮，推动世界经济向前发展。未来机会大还是风险大？我们的答案无疑是前者。

二、蝴蝶效应：引力波带来的股市“美人鱼”逼空风暴

2016年2月14日，我着重分析了美国市场，统计了2015年以来美国市场波动的数据，并与国内市场进行对比，分析我们可以把握的机会。其实，不仅美国市场，包括日本、韩国以及欧洲的英国、德国市场，股市走势仍然处于上升途中的一种调整或蓄势，远没有一些人描述得那么恐怖。

回到国内，2015年至今，股市从高点到低点的最大调整幅度，A股对比上述国家而言肯定是排在前列的。整体来看，这背后是由许多因素共同作用的，有管理层的问题、市场的问题、投资者的问题等。但走到现在，我们客观去看，其实，风险远没有很多人想象得那么大。当然，国内的资金有时也会呈现非理性的状态，跌幅过头也是正常的，而且国内政策存在一定的不确定性，这也是给到空方可以发挥的地方。然而，正所谓物极必反，任何事情达到极致都会有相反的力量产生，现在的位置虽然不一定是极致，但至少也接近极致，半年左右经历3次股市危机，股指拦腰斩半，再结合市场投资者普遍的恐慌情绪来看，这种看法完全能够成立。

其实，春节期间外盘的走势确实很关键，但就结果来看，美国股指走得不算太差，大格局还不错。这点我在前文已有阐述，结论就是美国市场大概率地要结束长达两年半的区间震荡，上涨中继形态有望实现突破，延续美国市场的大牛市行情。

回到微观层面，我们最需要留意的是引力波带来的发酵效应，这将是科技界实现再加速突破的导火索，对资本市场而言，则是非常好的兴奋剂。可别小看这股力量，说小点，这必将引爆一波引力波衍生出来的科技炒作行情；

说大点，这会推动整个新兴科技产业的发展，是这一板块的极大推动力，最终引领市场向上。想必大家都听过蝴蝶效应，这个事件就好像一只蝴蝶，而且是一只很重要的蝴蝶，最终很容易引发一场大海啸。

从我对市场十几年的观察来看，国内市场的资金绝对不会放过这样的机会，因为这是全球层面都高度关注的事情，各国也将积极推动引力波的进一步发展。简单来说，这是难得的事件性机会，具有极大的短中期作战价值。有媒体报道，2009 年 LSC（LIGO 科学合作组织）接受清华大学为正式成员。据了解，研究团队着重采用先进计算技术提高引力波数据分析的速度和效率，参与了 LSC 引力波暴和数据分析软件等工作组相关研究。显然，国内、国外有完美炒作结合点。

另外，事件关注点是发现引力波之后，麻省理工学院校长 L. Rafael Reif 在一封致全校的长信中写道："如果没有基础科学，我们最好的猜想将不能得到任何改进，而'创新'也只能是在边缘修修补补。只有随着基础科学的进步，社会才能进步。"校长的话很有分量，科技界的里程碑离不开高校，也离不开基础科学，要不断学习提升离不开教育。所以，关键词就是"高校""基础科学""教育"，炒作资金必定会沿着这样的思路推进。

因此，科技、教育板块紧密结合，一旦形成板块效应，你可以想象那股浪潮的巨大力量。还有，有了明确的逐步传导路线，这是对中小板和创业板最大的利好，将极大地激发市场的炒作热情，再进一步衍生就产生了更多的面。所以，别小看引力波，它完全有机会变成市场突破向上或引领向上的关键力量，只要形成板块效应，有牛股崛起和形成财富效应，资金必然前仆后继。机会大不大？我认为，机会形成的概率基本没有太大悬念，只是最终怎么演绎，需要到时再及时跟进思考。简单来说，引力波就是节后市场一个不容忽视的崛起力量，高校板块可能随时被引爆，并且会有短期翻倍的个股涌现出来。

当然，事件性机会还有 2016 年春节期间外盘黄金的突出表现，很多人很容易就想到了黄金板块。对于这一板块，我觉得短期再向上脉冲后反倒需要警惕风险。因为，黄金之所以春节期间持续上攻，关键是避险资金的参与，一旦全球市场开始企稳向上，黄金的持续上攻就将告一段落，对于相关板块的炒作也就失去意义。当然，有人极度看空市场，极度看多黄金，但在我看来，短期再向上要小心动荡风险，最可能的情况是，等你能轻松买入的时候就是要开始动荡的时候。不过从黄金板块衍生开来的资源板块，倒是值得逐步留意了。再来看一看原油，是不是有双底的样子？跌多了自然会涨，黄金都可以阶段性走出涨幅逼近20个百分点的涨幅，短期更是出现过十连阳，转换下思维，包括原油在内的其他大宗商品难道就不能演绎类似的逼空行情吗？

另外一个细微的事件性机会，是需要观察“美人鱼”效应。我小时候的偶像是周星驰，这个春节期间我经常翻看《美人鱼》的最新票房数据，看着数据不断往上涨，每天的票房不但没有丝毫减退，而且还有增加的趋势，跟其他影片的距离越拉越大，油然而生一种自己的股票连续涨停的喜悦。按照这势头，最终票房突破30亿元指日可待，届时话题衍生出来的无数机会，将彻底奠定周星驰在演艺圈的地位，我由衷为偶像感到高兴。如果站在资本市场的角度，观察票房从情人节这天再创单日票房新高的态势来看，未来突破30亿元已经没什么悬念。当然，这对资本市场而言，会给相关影视公司带来刺激效应，关键要看市场能否借此引爆对文化产业的高度关注，这存在一定的不确定性，毕竟目前从票房数据来看，只有周星驰的电影一枝独秀。如果从资本运作的角度来看，此刻深度与周星驰合作创造更大的资本运作一定是最好的暴利机会。现在看来，那些国内合作的影视公司应该不会放过这样的机会，关键就看周星驰对资本市场是否如对房地产行业那么熟悉了，值得期待。一部现象级影片，最终会带动整个文化产业的想象，这其中一定存在机会，当然相较于引力波还是逊色一些。

外围市场的动荡让人以为国内市场必须暴跌，比如有人会用春节期间日本股市的大幅下跌来类比，也有人会拿韩国创业板的熔断来吓唬人，但懂得博弈的人都知道，春节期间美元指数、人民币汇率仍然上涨，“资本外流论”“美元最牛论”都失去了市场。2016年11月，美国联邦储备委员会主席耶伦指出，美国央行正研究在需要给予经济额外刺激的时候实行负利率的可行性。其实，国内已经开始布局，外资机构进入国内的配额已经悄然放开，一旦机会来临，资金流入的速度和强度绝对超越我们的想象。未来，这盘棋完全可以下得很大，就看我们的市场接下来争不争气。

回到节后国内市场，我们不妨看看和A股市场关系比较紧密的一些指标，比如美国最大的中国A股ETF——德银X-trackers嘉实沪深300中国A股ETF（ASHR）在节日第一个A股休市日开盘报21.39，虽然该基金周内最低报 20.90，跌幅达到 2.29%，但在此前一周最后一个交易日却直线拉升，收复周内全部跌幅。从这只基金的表现来看，很多预期暴跌的人想必会失望；而从资金博弈的角度，反倒有可能迎来一次漂亮的反攻战。

其实，退一万步来说，就算暴跌，我们经历过很多次千股跌停，这种情况还需要担心吗？反倒需要当心踏空才是，因为一定会有不少资金因为跌多了或引力波的缘故，对当下的不少个股产生兴趣。

个股行情肯定是有的，关键看这个点能否带动起面，结合国外的 ETF、引力波、游资及散户羊群效应看，最终节后会来个漂亮的大逆转。要知道，2638 点附近再出现一个低点然后上攻，那可是一个非常漂亮的小双底。

最后回到引力波。爱因斯坦认为，引力是因质量对于时空造成变形所致，如同将石头丢进水里产生的波纹一样，而非质量之间的吸引。假如，将时空看成一张橡胶膜，用小球代替天体，当球被放在橡胶膜上时，球的质量会把橡胶膜往下压。这时，如果在旁边再放一个球，两个球分别造成的时空弯曲会让它们逐渐滚向对方。当它们互相加速运动时，产生的涟漪就是引力波。宇宙中大质量天体的加速、碰撞和合并等事件都会形成强大的引力波。由此，在物理学上，引力波被赋予如诗般的名字——宇宙中泛起的时空涟漪。马克斯普朗克引力物理研究所博士生明镜曾写道："不少亲朋好友问过我，你在研究些什么。我是这样回答的：我们在找另一种光，一旦找到，意味着人类从此有了第六感，就像有了超能力，用一双天眼饱览神秘宇宙中无尽的奥妙。现在，我们找到了。"

结合股市，引力波蝴蝶效应会引爆开来，而这将会带给股市一个局部逼空风暴，类似《美人鱼》票房那样，气势如虹，创造新气象。别小看这个点，结合本来具有的其他点，一旦带动起来，最终将形成一个漂亮的面。我认为，宇宙中泛起的时空涟漪也将会是股市的"时空涟漪"，我们拭目以待。

温馨总结

之所以记录交易过程，并对其进行总结，是希望大家能更深刻地感受其中的博弈和思路，这些将在很多时候对实战形成启发。

该快则快，该慢则慢，快慢结合，其实也就是所谓的短、中线结合。

在实战中，我们必将涉及很多战法，也包括很多系统的思考，这些内容只是其中的一部分。无论如何，要获取好的战绩，一定要不断总结，这样才能不断成长。

在实战中，形态是基础也是重点。第二章将为大家梳理关于形态的一些内容。

我们将这部分内容定义为：八大牌——形态盘感训练营。

来吧，我们一起进入下一个章节的世界。

第二章

八大牌——形态盘感训练营

第一节　三重顶

一、三重顶的特点

三重顶（Triple Top）又称为三尊头。它是以3个在高位形成的顶部组成的形态组合，通常出现在上升市况中。典型的三重顶通常出现在一个较短的时期内，穿破支撑线而形成。另一种确认三重顶的信号，可从整体的成交量中找到。在图形形成过程中，成交量随即减少，直至价格再次上升到第三个高位时，成交量便开始增加，形成一个确认三重顶的信号。最低点的形成，投资者通常以它作为主要支撑线，当价格出现双顶后回落至接近颈线（支撑线），然后再次反弹至原先双顶的位置，并遭遇阻力后回落。若价格跌破颈线，便会大幅滑落，三重顶图形已被确认，见图2-1。

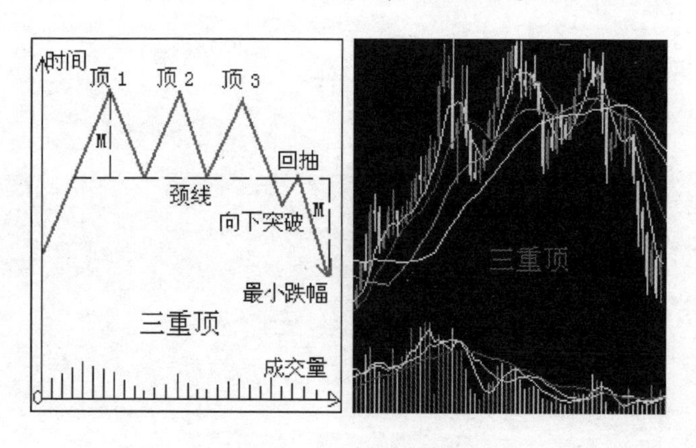

图2-1　三重顶经典图

二、三重顶的市场原理

股价上涨一段时间后投资者开始获利回吐，股价在他们的抛售下从第一个峰顶开始回落，形成第1个顶。

当股价落至某一区域，将吸引一些看好后市的投资者。另外，之前在高位卖出的投资者亦可能逢低回补，于是行情再度回升，但市场买入情绪不是十分高涨，在股价回升至前一高位附近时，在一些减仓盘的抛售下，股价将再度走软。由此形成第 2 个顶。

在接近前一低点时，错过前一次回档低点买进机会的投资者会及时买进，再加上其他短线投资者的买盘拉起，于是行情再度回升，但由于高点二次都受阻而回，令投资者在股价接近前两次高点时都纷纷减仓，由此形成第 3 个顶。

股价逐步下滑至前两次低点时，一些短线买盘开始止损，此时若越来越多的投资者意识到大势已去并纷纷卖出，令股价跌破上两次回落的低点（即颈线位置），于是整个三重顶形态便最终形成。

三、三重顶的要点分析

图形要标准。做股票就是如此，只有做标准的形态，才能保证高成功率。

（1）图形要标准的含义包含两方面：一方面，3 个顶部结构要清晰可见；另一方面，量能也要符合三重顶的要求。

（2）3 个顶不一定在同一水平线上，3 个顶之间可以高一点，也可以低一点，但差别不能太大。

（3）量能的表现非常关键。第一个顶的量能最大，而且是放量滞涨；第二顶的量能小一点，第三个顶的量能更小。量能的逐步萎缩，预示着内在做多能量的逐步衰竭。

（4）整个形态的形成，时间跨度应不少于一个月。时间越长，级别就越大，威力就更强。如果时间太短，它的级别就比较小，其作用自然也就没那么明显。

四、行情研判一：哈高科

图 2-2 画圈的位置所示，股价冲击 3 次都未能形成有效突破，形成了 3 个峰。那么，接下来该股会怎么走？

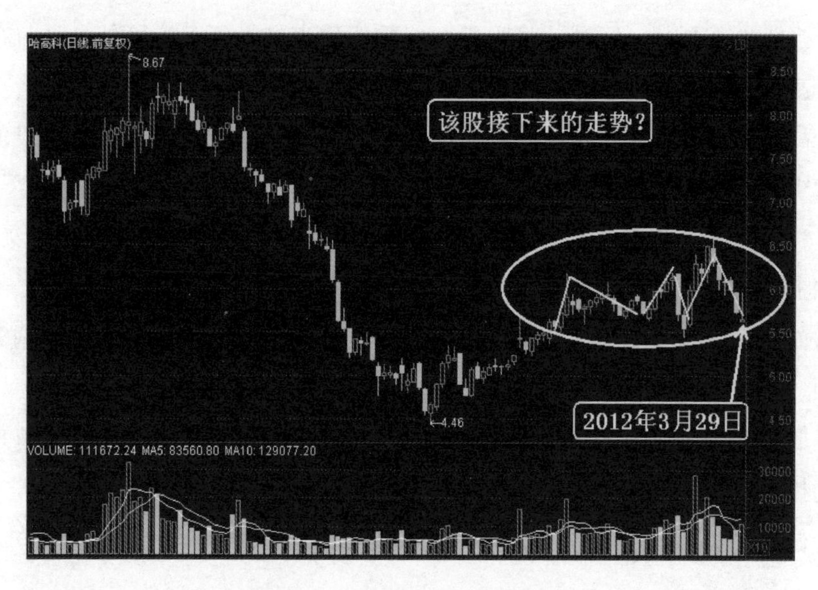

图 2-2　哈高科日 K 线图

点睛

把该股放在更大周期的走势图中，可以直观感受一下股价所处的大概位置以及运行状态，见图 2-3。

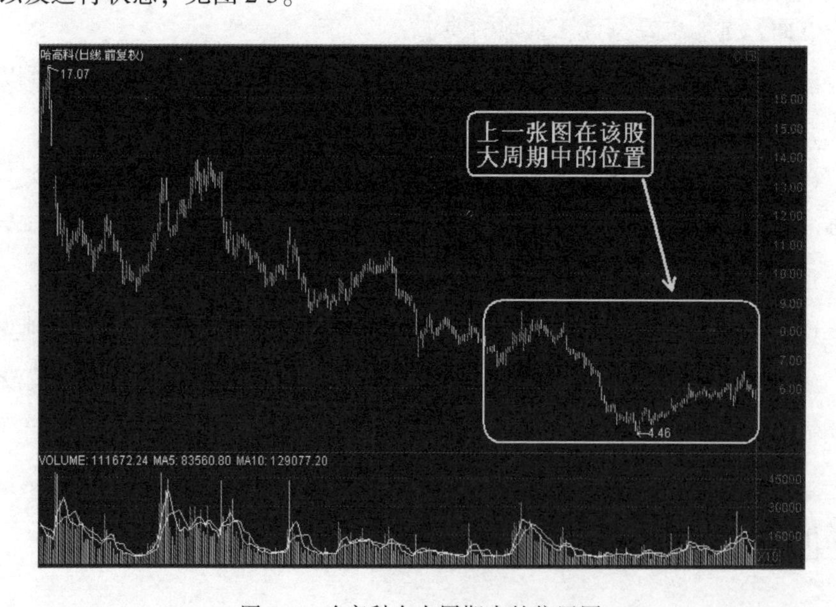

图 2-3　哈高科在大周期中的位置图

点睛

大盘对个股走势的影响举足轻重。对比同期的大盘波动，我们做出的交易决策会更全面、更准确。个股形成3个顶之后的日期是2012年3月29日，大盘的走势图也截至同一天，见图2-4。

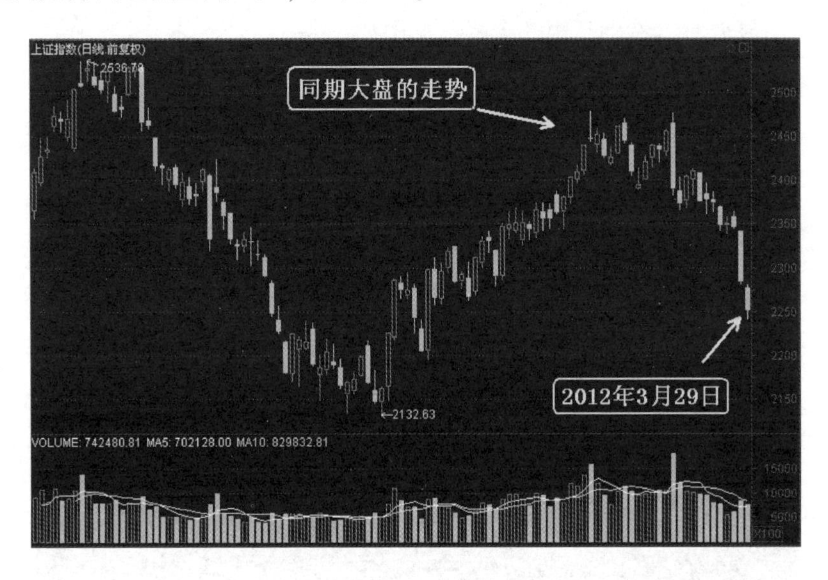

图2-4　同期大盘走势图

谜底揭晓，股价接下来大幅上涨，见图2-5。

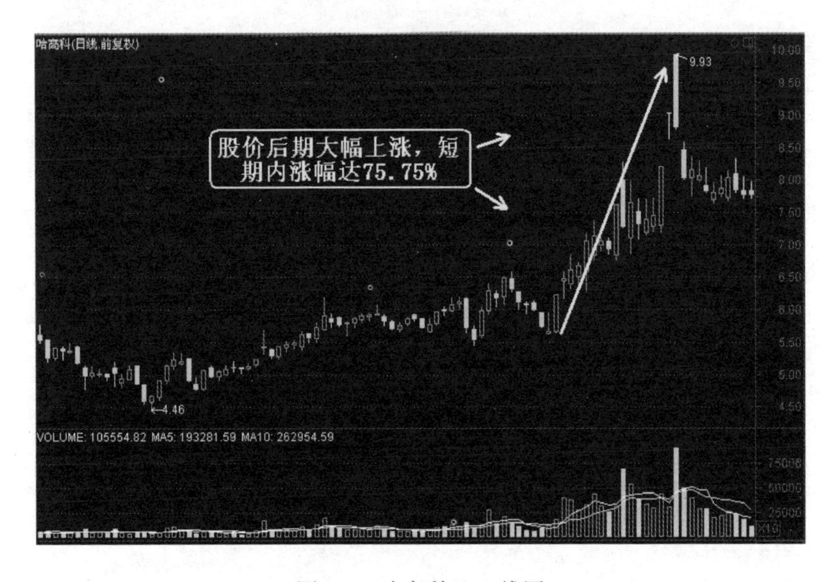

图2-5　哈高科日K线图

为什么形成3个峰后股价没有见顶，反而大幅上涨？

点睛

从量价关系来看，上涨放量、回调缩量，这是一种很健康的状态。而标准的三重顶形态，量能比较凌乱。哈高科的3个峰，量能并没有逐波萎缩，反而有明显放量，特别是第3个峰，见图2-6。

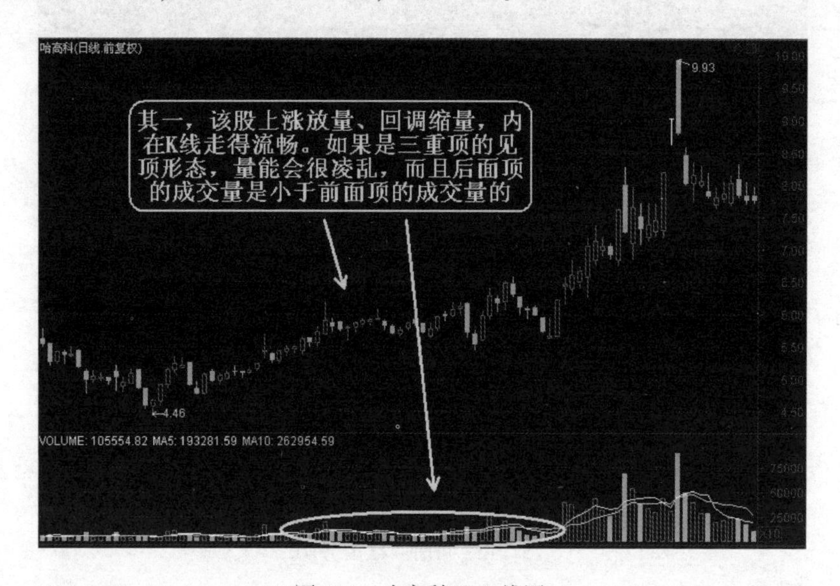

图2-6　哈高科日K线图

点睛

如图2-7所示，哈高科第3个峰，其实放量已经突破近期的整理平台，股价完全可以向上突进。只不过当时大盘开始暴跌，哈高科顺势进行回调而已。回调的过程中，量能明显萎缩，而且始终都没有跌破前期整理平台的低点，还是很强势，见图2-8。

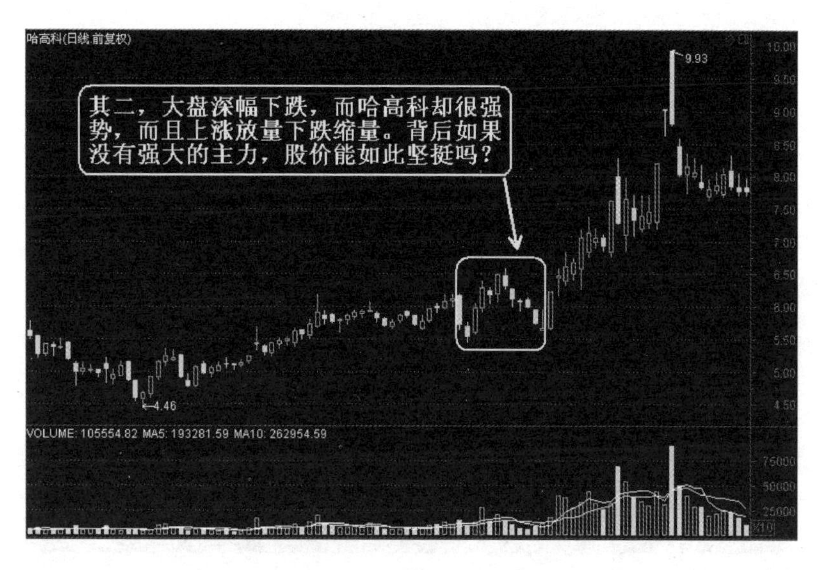

图 2-7　哈高科日 K 线图

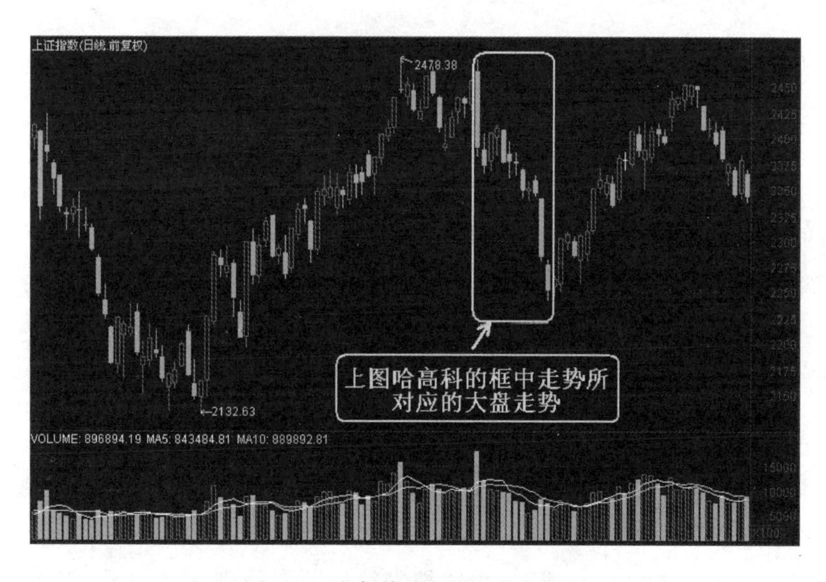

图 2-8　哈高科对应的大盘走势图

点睛

从图 2-9 的周 K 线中，我们很容易发现玄机，连续 12 根小 K 线缓慢地运行，中间只有一根阴十字星，其他的全是小阳 K 线，总体上是非常圆润、平滑、有规则的，这引发了我们的深思。

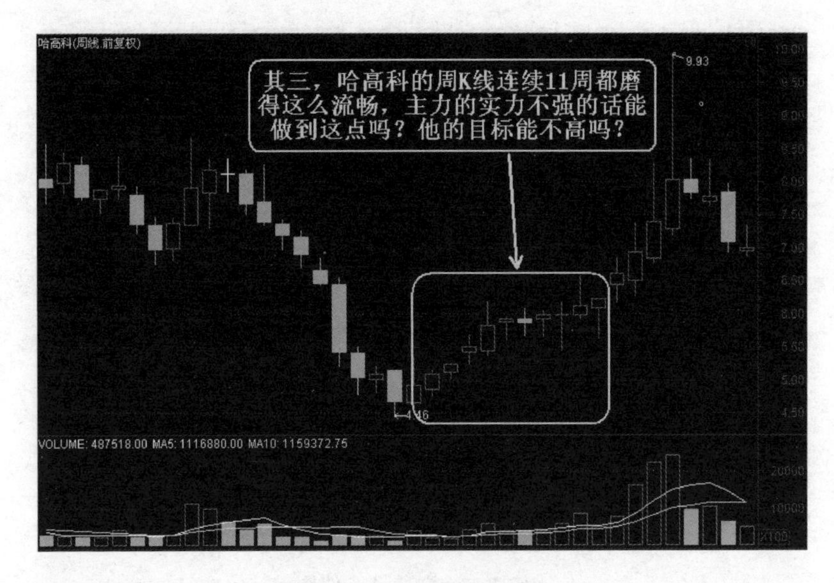

图 2-9　哈高科周 K 线图

点睛

这种 K 线，究竟是在谁的影响下形成的？

难道是散户吗？并不可能，因为散户总体上都是散兵，无组织、无纪律，持筹的意志很分散，不可能将连续 12 周的 K 线控制得如此完美。

难道是某个大户吗？也不可能，一般情况下，大户可以影响几天的 K 线走势，但哈高科连续 12 周都呈现如此规则的周 K 线，这需要雄厚的资金实力和高超的交易技巧，这不是一般大户所能做到的。

答案只有一个：是潜伏在哈高科里面的主力所为。

既然确定了是运作哈高科的主力机构所为，那么这么完美的周 K 线走势又能给我们提供哪些信息呢？

其一，能够连续把 12 根周 K 线控制得如此有规则、有美感，需要雄厚的资金实力和高超的交易技巧，说明这个主力的实力非常雄厚，绝非等闲之辈。

其二，长时间横盘蓄势，志存高远。哈高科从 2012 年 1 月 6 日见底至 2012 年 4 月初爆发，股价以很小的角度攀爬，蓄势时间将近 3 个月，这要花费相当的时间成本和资金成本。主力投入那么多成本，苦心布局了那么长时间，难道仅仅是为了赚几个点、十几个点吗？

很显然，该股主力野心甚大，股价不疯狂不会罢休。

五、行情研判二：东晶电子

东晶电子经过一段上涨之后，出现了 3 个峰，见图 2-10 ~ 图 2-12，这是三重顶吗？股价接下来会怎么走呢？

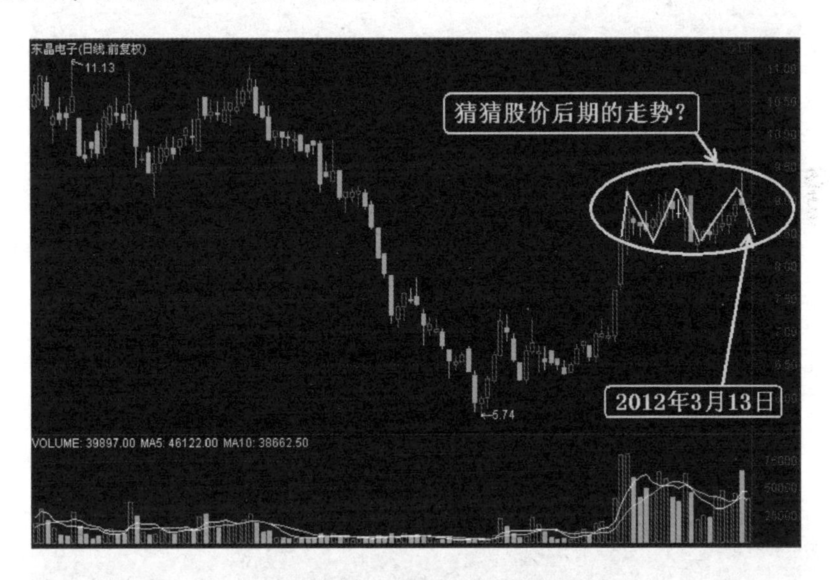

图 2-10　东晶电子日 K 线图

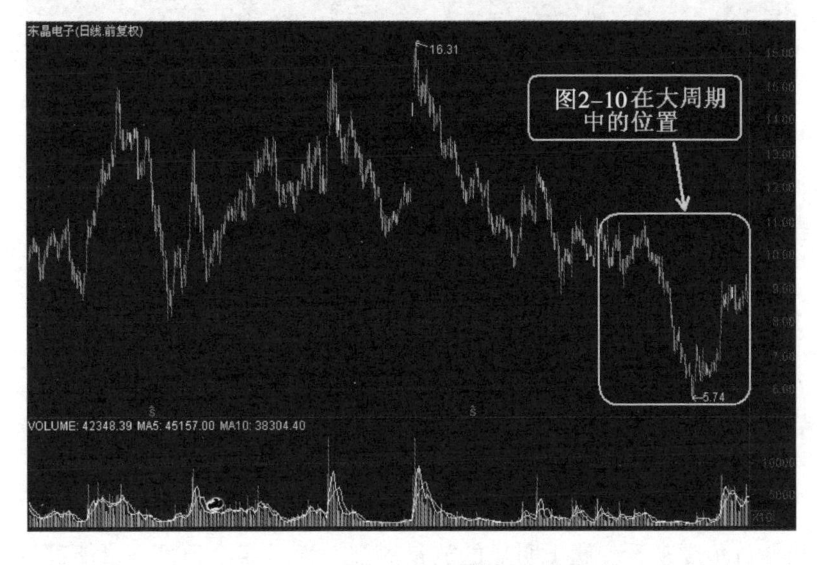

图 2-11　东晶电子在大周期中的位置图

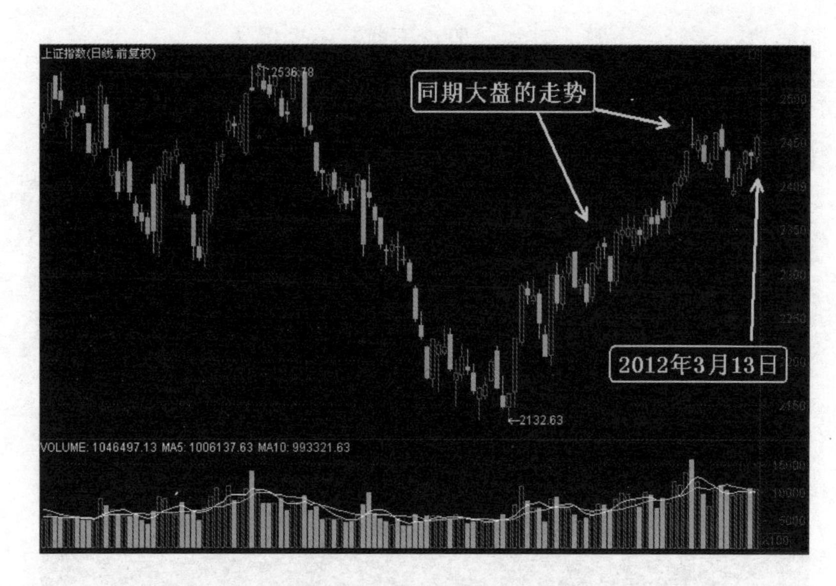

图 2-12　同期大盘的走势图

谜底：股价接下来连续下跌，见图 2-13。

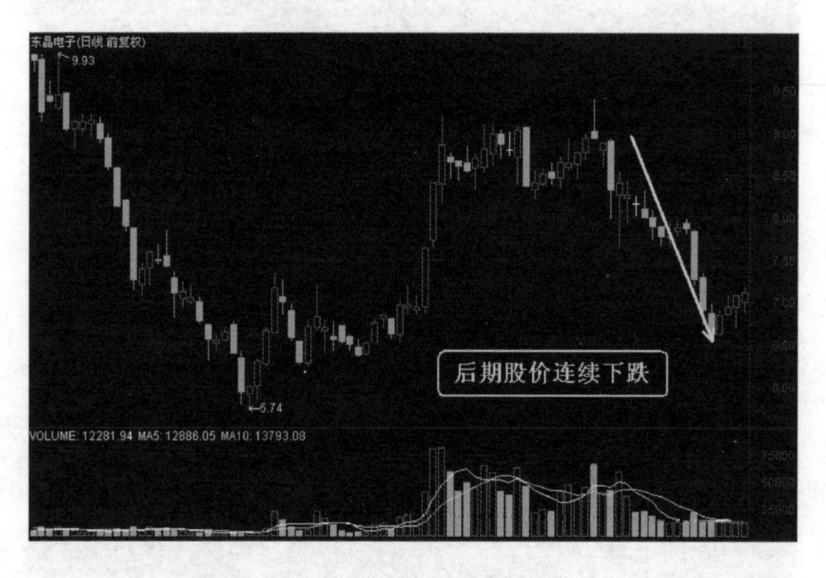

图 2-13　东晶电子日 K 线图

点睛

为什么会出现这样的走势？

从量价角度来看，属于明显的放量滞涨。而且 3 个顶部、量能都逐步萎缩，预示着做多能量的逐步衰竭。

前期上方的套牢盘，是股价的重要阻力位。股价一旦回升到这个位置，之前套牢的筹码好不容易得到解套的机会，抛盘会汹涌而出。所以，如果主力不是特别强大，是不会轻易挑战这些套牢盘的，见图 2-14 ~ 图 2-17。

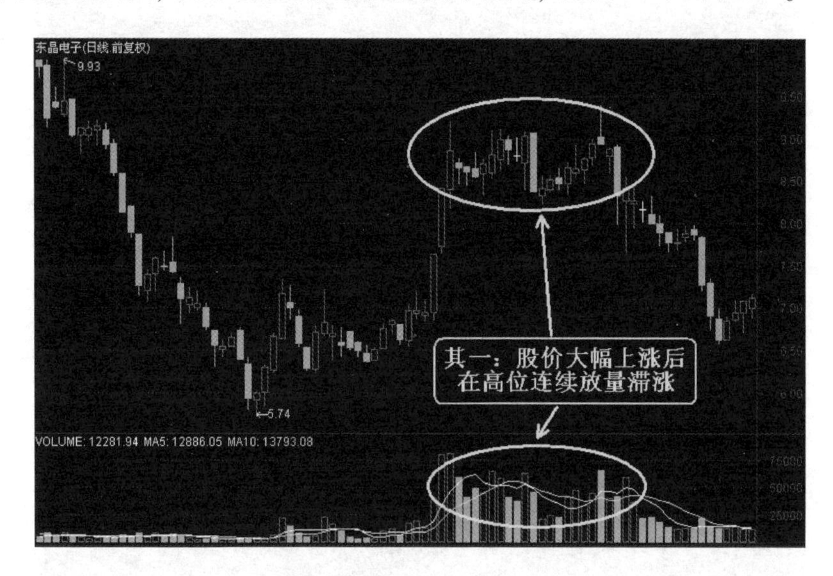

图 2-14　东晶电子日 K 线图

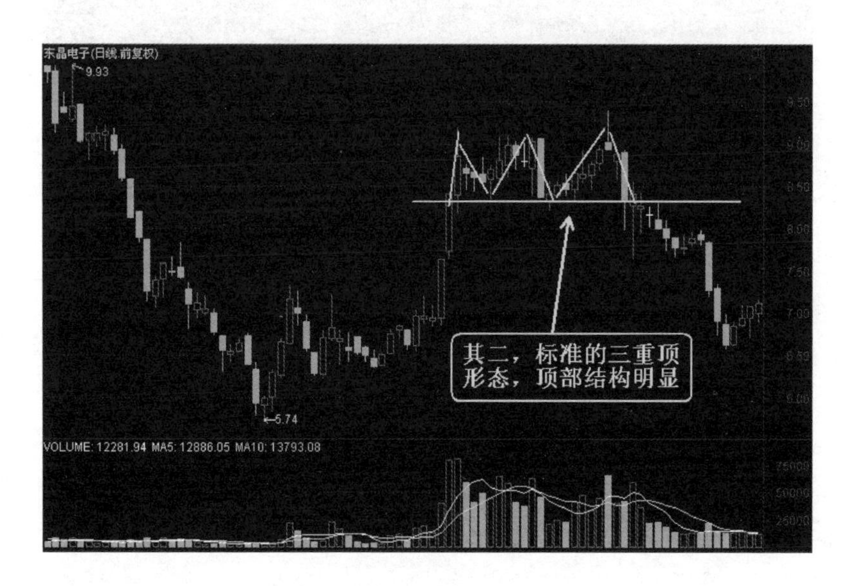

图 2-15　东晶电子日 K 线图

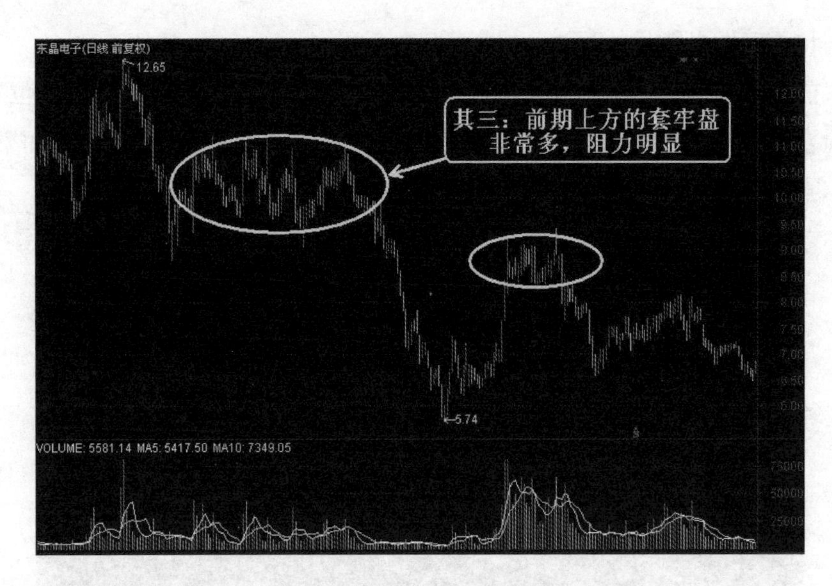

图 2-16　东晶电子日 K 线图

图 2-17　东晶电子日 K 线图

六、行情研判三：中国化学

中国化学经历一段上涨之后，出现了 3 个峰。接下来会怎么走？见图 2-18 ~ 图 2-19。

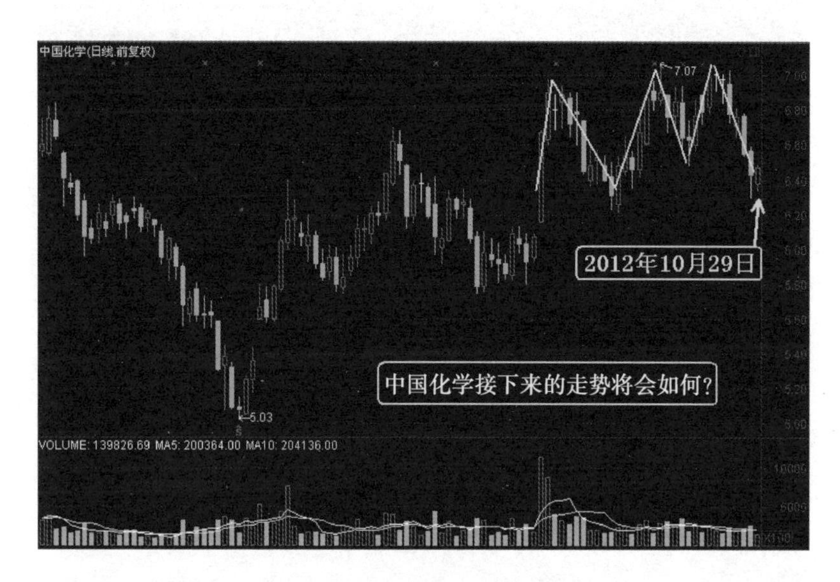

图 2-18 中国化学日 K 线图

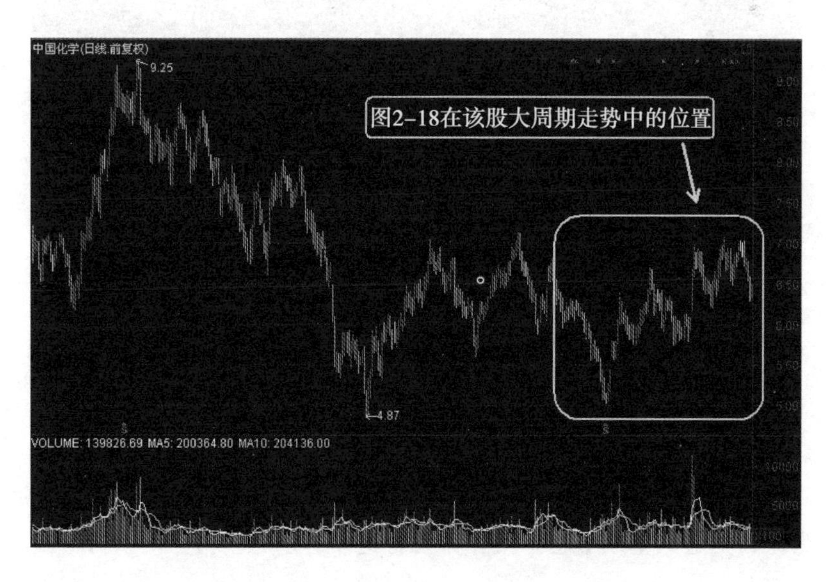

图 2-19 中国化学在大周期中的位置图

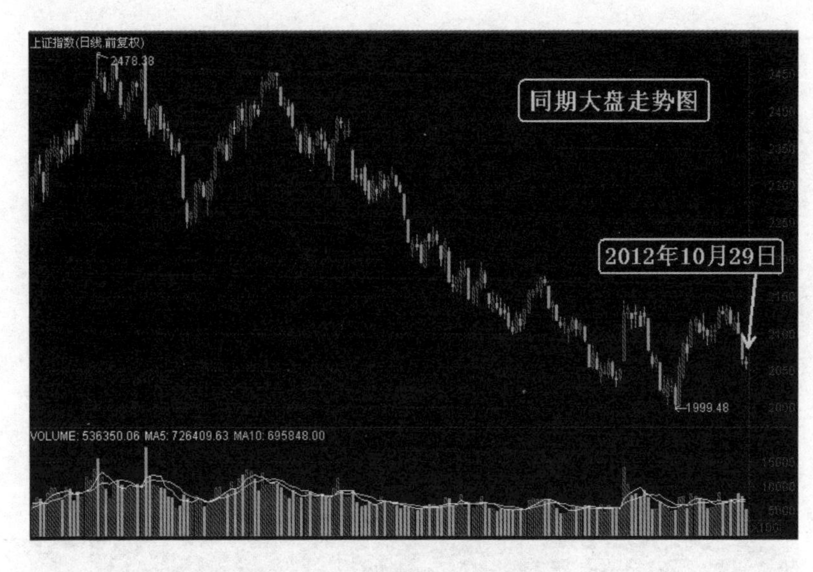

图 2-20　同期大盘走势图

谜底：股价随后连续上涨，见图 2-21。

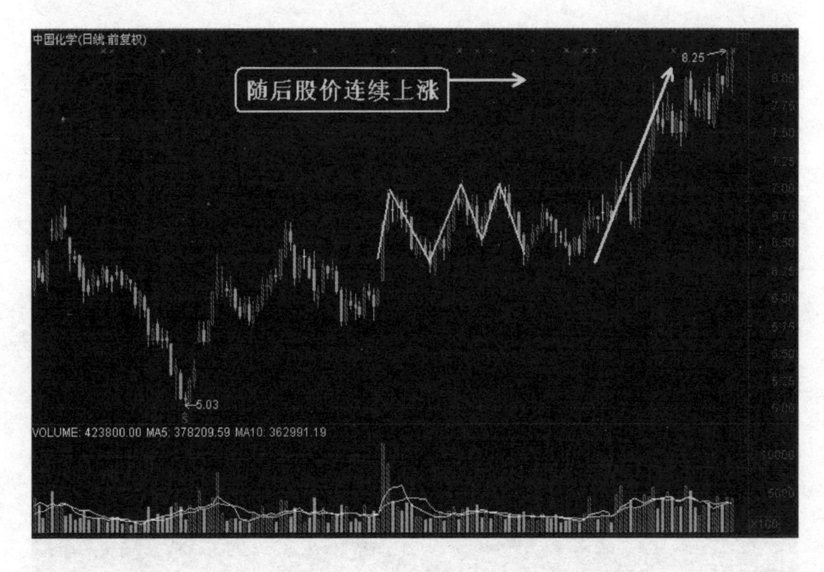

图 2-21　中国化学日 K 线图

为什么不是三重顶形态？为什么会有这样的走势？

点睛

三重顶的量能会比较凌乱，特别是第一个顶的时候，会有明显的放量滞涨。这说明筹码开始有巨大的分歧，在这个位置也会形成大量的套牢盘。当股价第二次、第三次做顶时，都会在这个位置受阻回落。

而中国化学并没有这种放量滞涨的表现，因此不是三重顶形态，见图2-22。

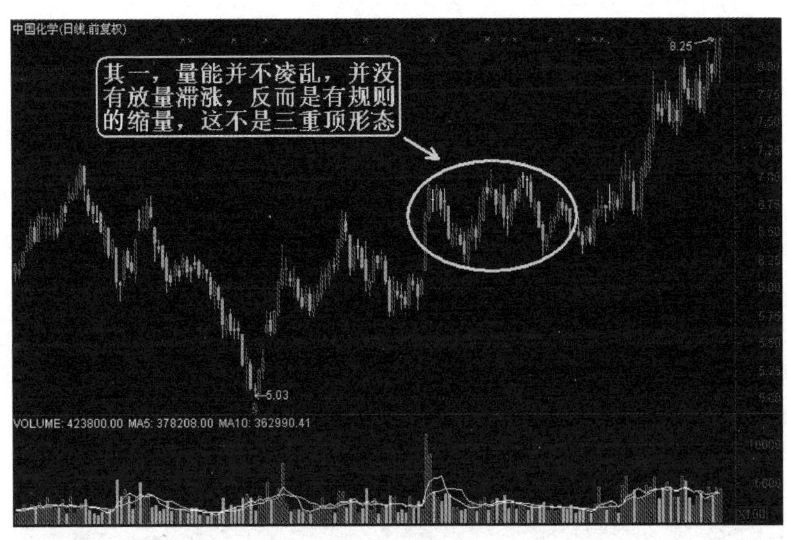

图2-22　中国化学日K线图

点睛

图2-23中，两根放量的大阳线，标志着股价进入一个新的阶段，主力也投入了重金在运作。随后股价出现震荡，但一直都没有跌破这两根大阳线的支撑，背后必有主力在积极维护。

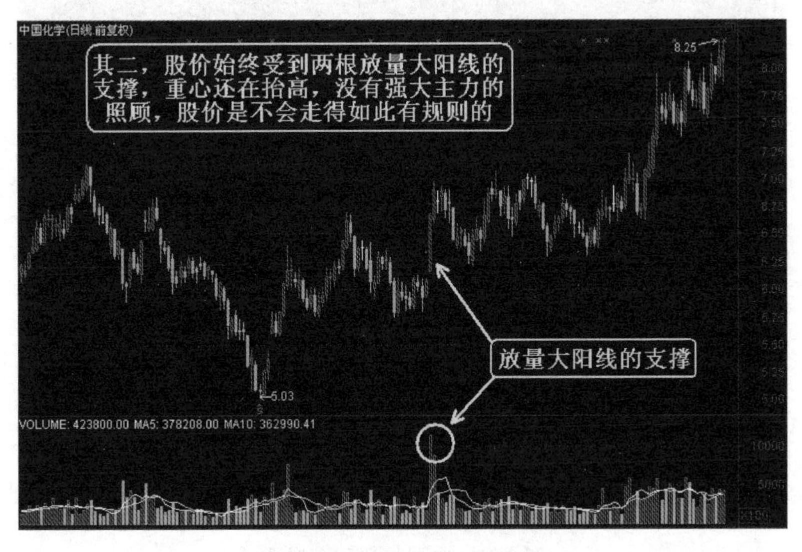

图2-23　中国化学日K线图

点睛

在大盘震荡下跌的过程中，股价不下跌已经不容易了。

要逆市创下阶段性新高，其难度可想而知。

其背后必有主力在积极运作，并且主力的实力相当强大。这样的个股是短中线的黄金品种，见图2-24、图2-25。

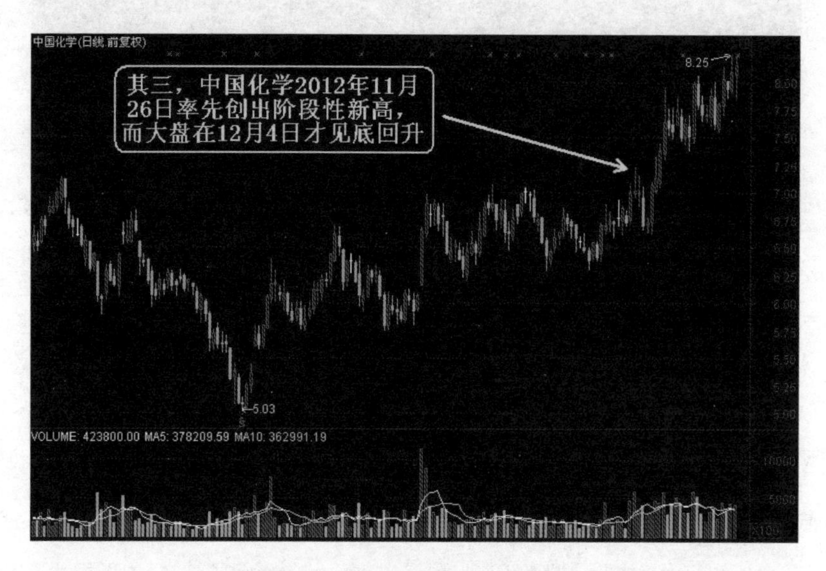

图2-24　中国化学日K线图

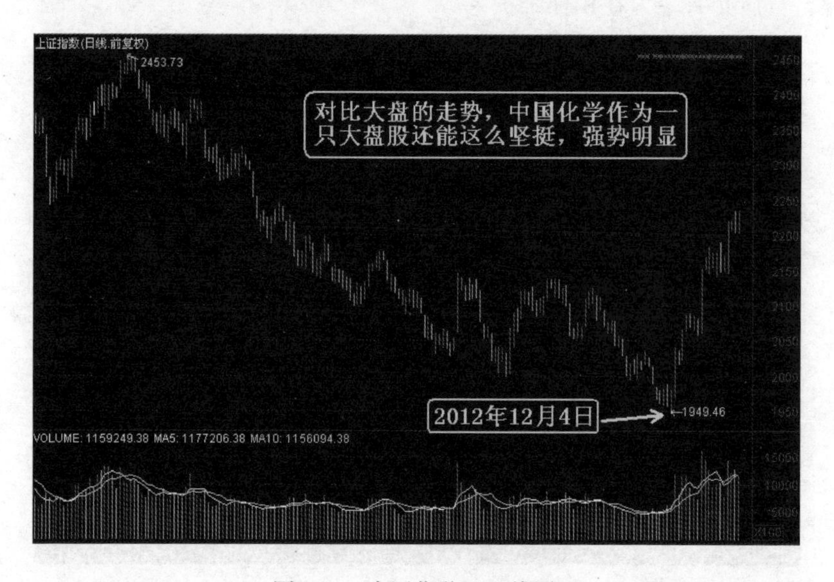

图2-25　中国化学日K线图

第二节　三重底

一、三重底的特点

三重底（Triple Bottom）是三重顶形态的倒影，在下跌市中由3个相邻的底部组合而形成，见图2-26。在价格向上摆动时，发出重大转向信号。与三重顶相比，三重底图形通常拖延数月时间，在穿破阻力线后才被确认为三重底的图形。另一种确认三重底的信号，可从成交量中找到。

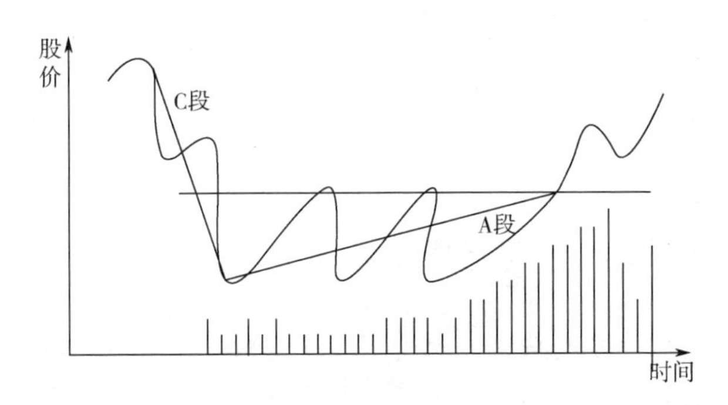

图2-26　三重底的经典图

二、三重底的内在原理

股价下跌一段时间后，投资者开始逢低吸纳，股价在他们的买进下从第一个峰底开始回升，由此形成第一个底。

当股价反弹至某一区域即遭到场内投资者的抛压。另外，之前在低位买进的投资者亦可能在这一位置获利回吐，行情再度回落。但由于市场总抛盘并不是十分旺盛，在股价涨至前一低点附近时，股价将在逢低买盘的影响下再度走强，由此形成第二个底。

在接近前一高点时，错过前一次反弹卖出机会的投资者会及时抛出筹码，再加上其他短线客的获利回吐，于是行情再度回落。由于前面两次低点都有买盘的积极跟进，令投资者在股价接近前两次低点时都纷纷加码买进，由此形成第三个底。

股价逐步走强，突破前两次高点（即颈线位）时，越来越多的投资者意识到大势已经明显走强，纷纷抢进筹码，于是三重底形态最终形成。

三、三重底的核心要求

（1）确认三重底的信号，可从成交量中找到。在图形形成的过程中，成交量会减少。特别是第二个底，量能极度萎缩，预示着做空动能的衰竭。直至价格再次从第三个低位起涨时，成交量便开始增加，形成一个确认三重底的信号。

（2）形态要标准，准确率才有保证。

（3）整个形态的形成，时间跨度应不少于 1 个月。时间越长，级别就越大，威力就更强。如果时间太短，它的级别就比较小，其作用自然也就没那么明显。

四、研判技巧一：东湖高新

东湖高新经过一段上涨后，出现了 3 个底峰，见图 2-27 ~ 图 2-29，这是三重底吗？股价接下来会如何演绎？

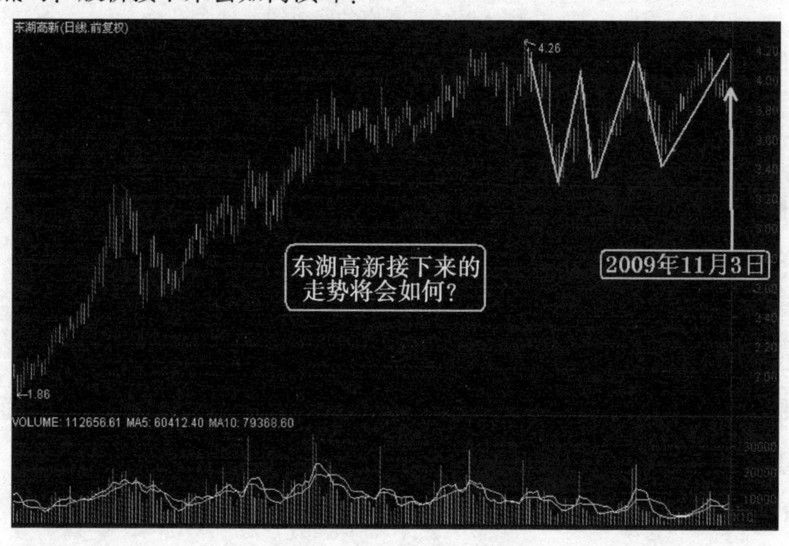

图 2-27　东湖高新日 K 线图

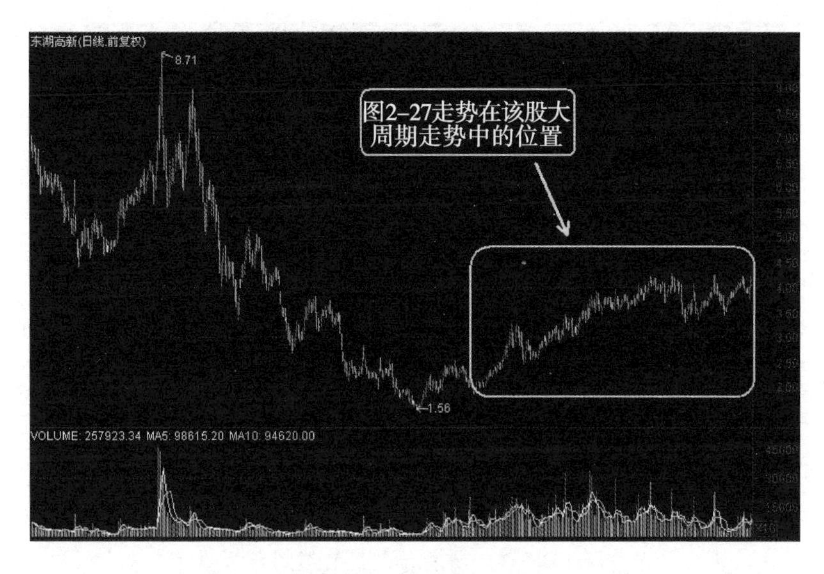

图 2-28　东湖高新在大周期走势中的位置图

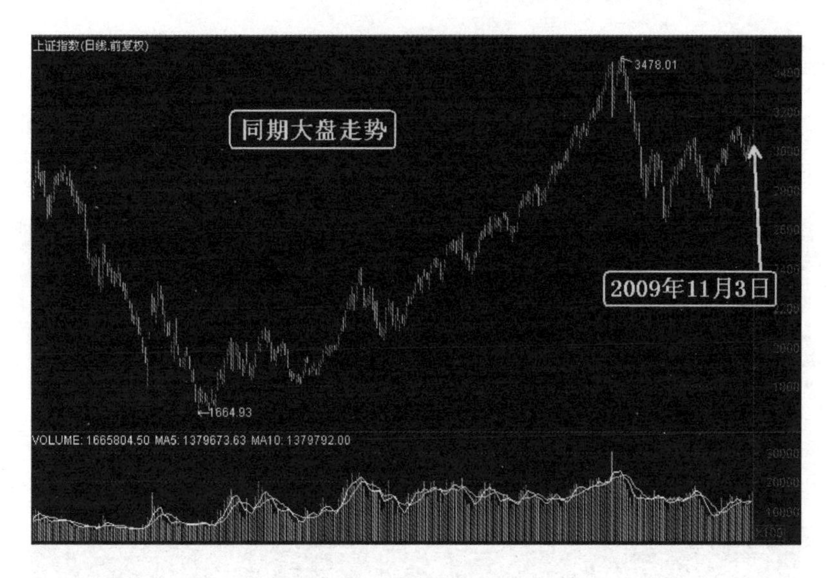

图 2-29　同期大盘走势图

谜底：股价随后大幅走牛，见图 2-30。

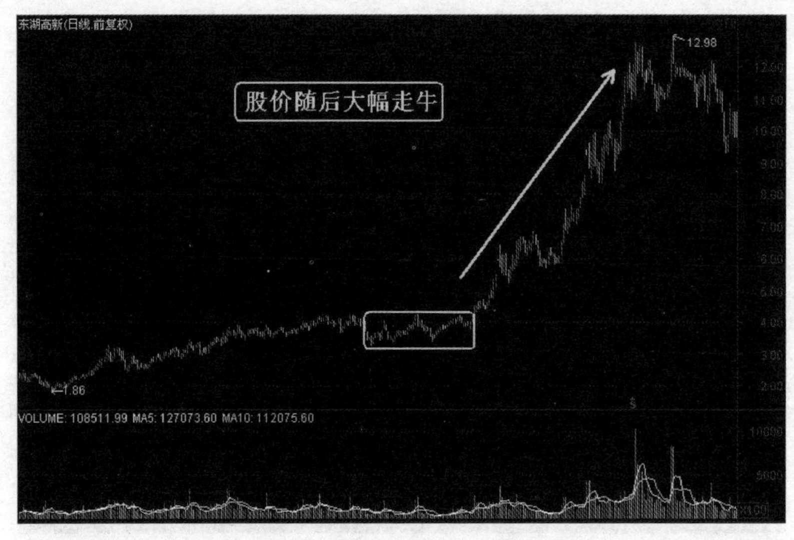

图 2-30　东湖高新日 K 线图

为什么会有这样的走势？

点睛

基本面没什么问题的个股，如果在牛市中涨幅很小，这本身就是很大的优势。

更何况它的周 K 线磨得那么有规律，如果主力的实力不强，根本不可能出现这种走势。而且，主力花了那么长的时间蓄势整理，上涨目标必然高远，见图 2-31。

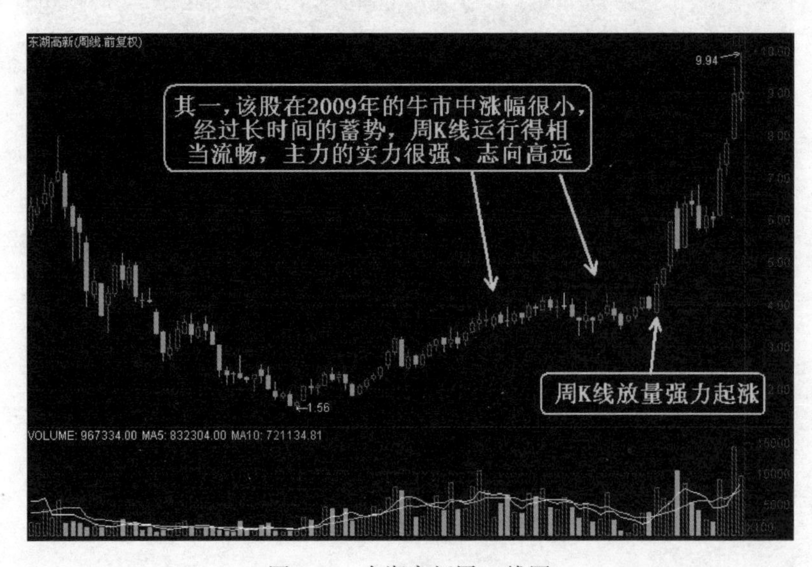

图 2-31　东湖高新周 K 线图

点睛

量能缩到地量级别，意味着筹码意志已经非常集中，基本没什么分歧了，见图 2-32。在这种情况下，一旦放量起涨，爆发力将相当强，上涨是很有诚意的，见图 2-33，这是最健康的量价配合。

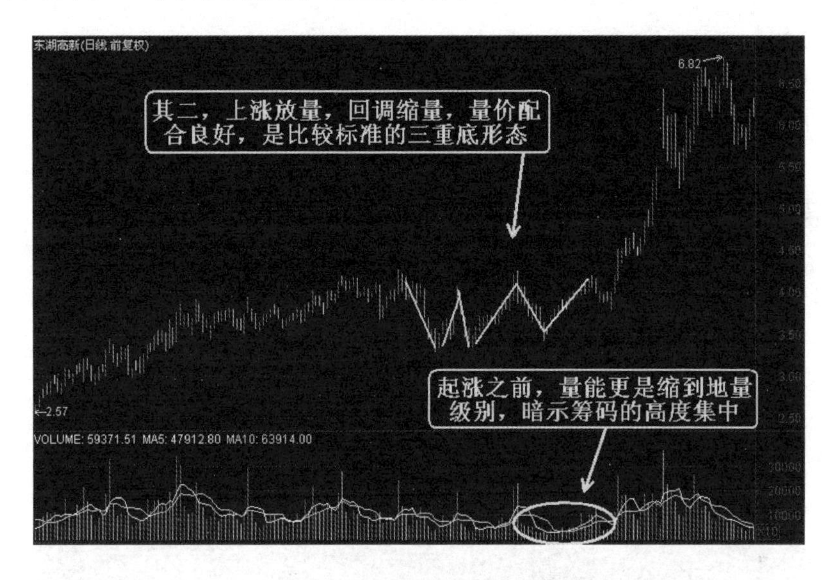

图 2-32　东湖高新日 K 线图

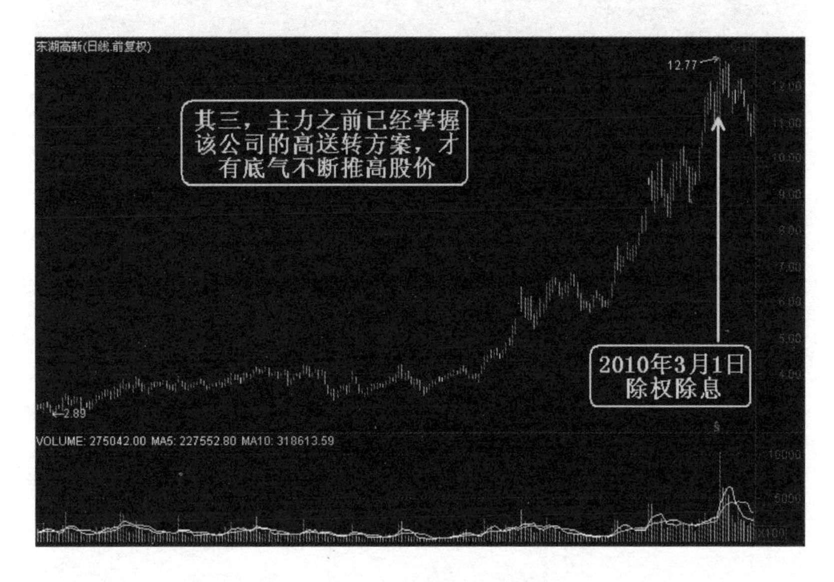

图 2-33　东湖高新日 K 线图

点睛

不可否认，相比绝大部分投资者而言，主力在信息方面具有绝对优势。他们更容易接触上市公司高层，甚至很多公告就是主力一手炮制出来的。

比如东湖高新，在股价大幅上涨后，立刻推出高送转方案，股价马上见顶，这种默契让人不由得遐想。

五、研判技巧二：深圳惠程

深圳惠程经历一波下跌后，形成了3个底峰，见图2-34～图2-36，量能也有一定的配合，接下来会怎么走？

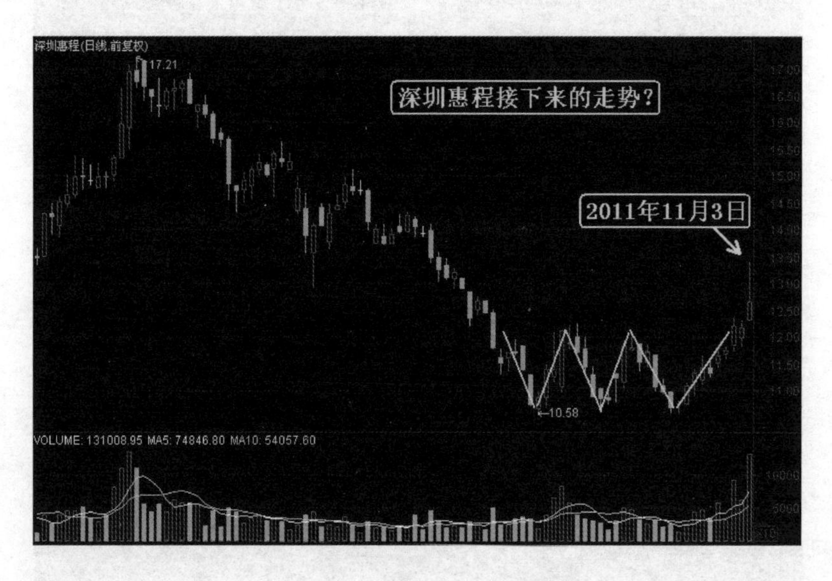

图2-34　深圳惠程日K线图

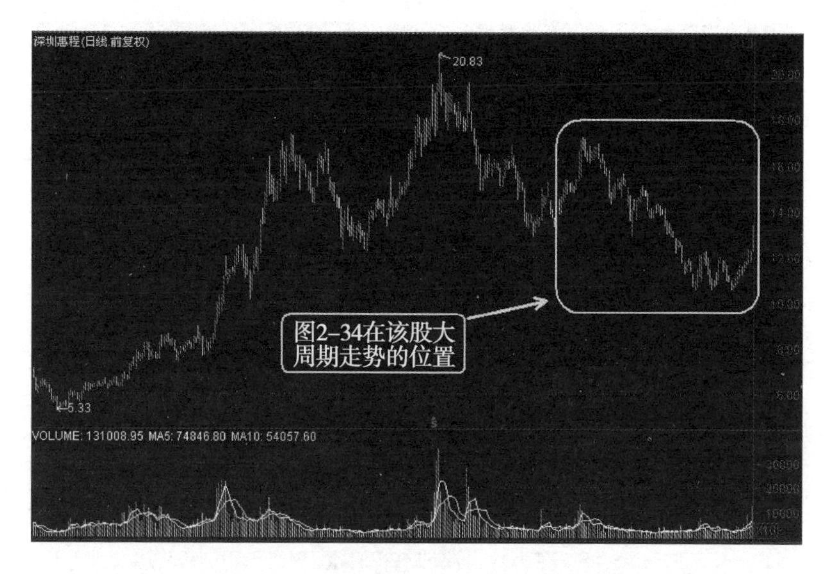

图 2-35　深圳惠程在大周期走势的位置图

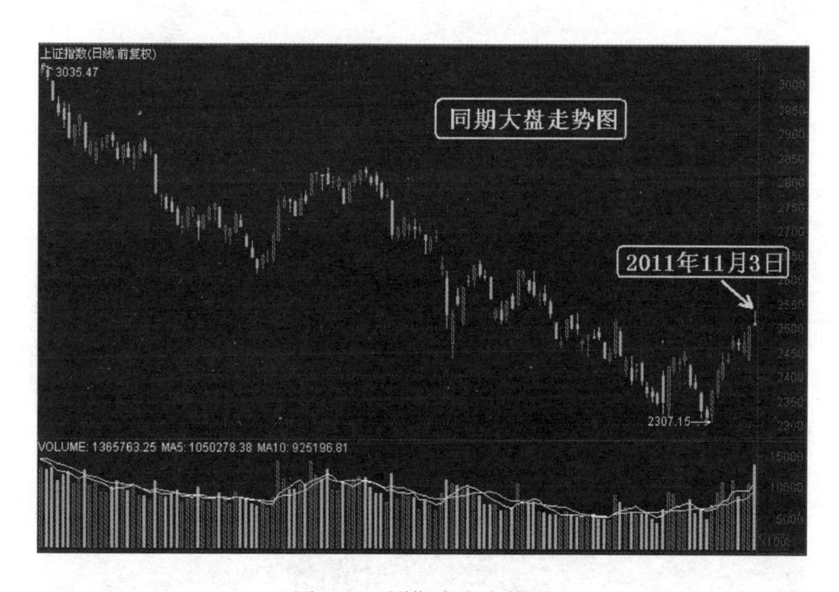

图 2-36　同期大盘走势图

谜底：随后股价大幅杀跌，见图 2-37。

图 2-37 深圳惠程日 K 线图

为何失败？

点睛

将个股的周期放大，我们发现股价仍然处在高位，并没有下跌多少，见图 2-38。

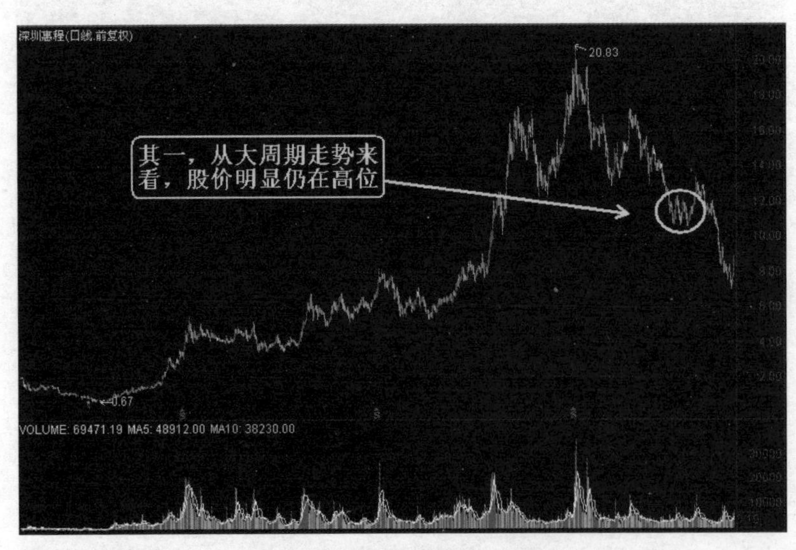

图 2-38 深圳惠程日 K 线图

股价还没有跌透，一方面获利盘太丰厚，随时会涌出；另一方面即使涨起来，很快就到达前期高点，空间比较有限，见图 2-39。

在这种情况下，主力会急着在这个位置展开新的拉升吗？

很明显不会。

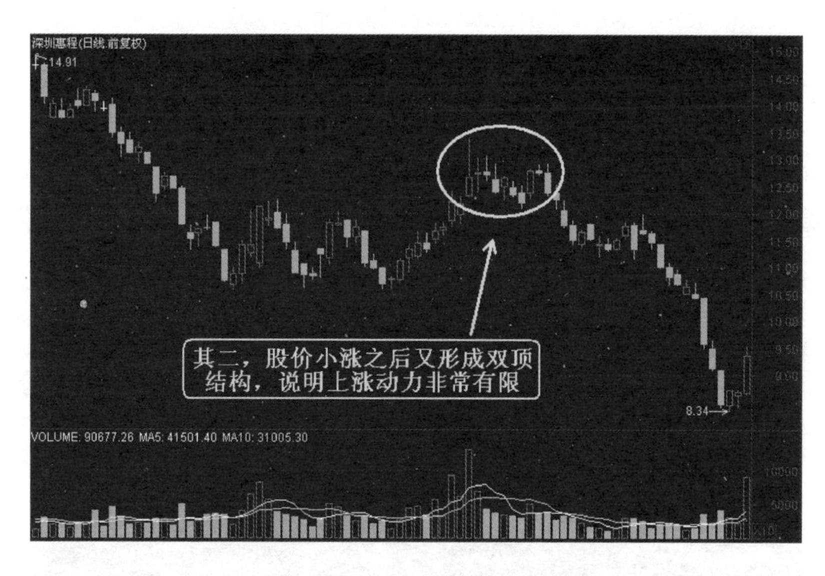

图 2-39　深圳惠程日 K 线图

点睛

股价好不容易积累了一点反弹的动能，结果没涨多少又形成了小双顶的结构。股价的运行是很有章法的，上涨、下跌都有迹可循，见图 2-40。

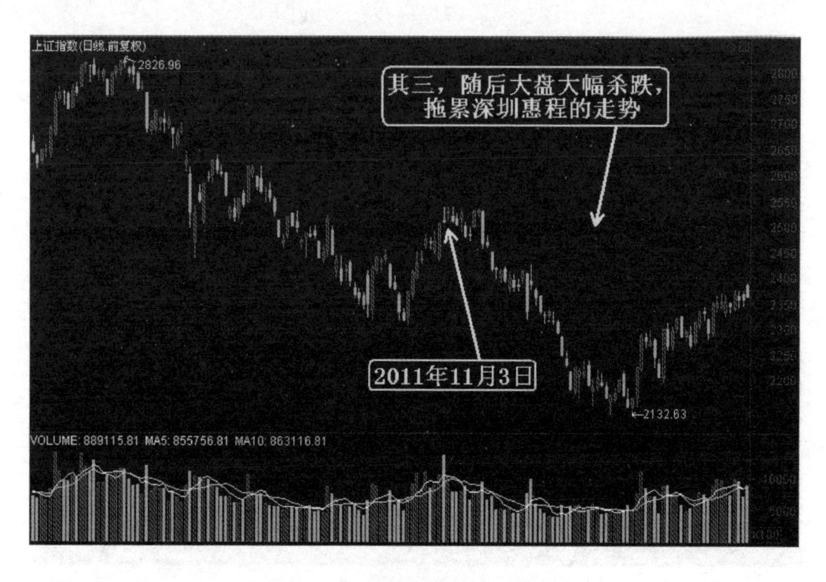

图 2-40　深圳惠程日 K 线图

即使之前误认为是三重底而进场，如果能够及时辨别双顶结构，还是可以全身而退的。

六、研判技巧三：辉煌科技

辉煌科技经历一段下跌后，形成3个底峰，见图2-41～图2-43，然后开始放量起涨。这是三重底形态吗？

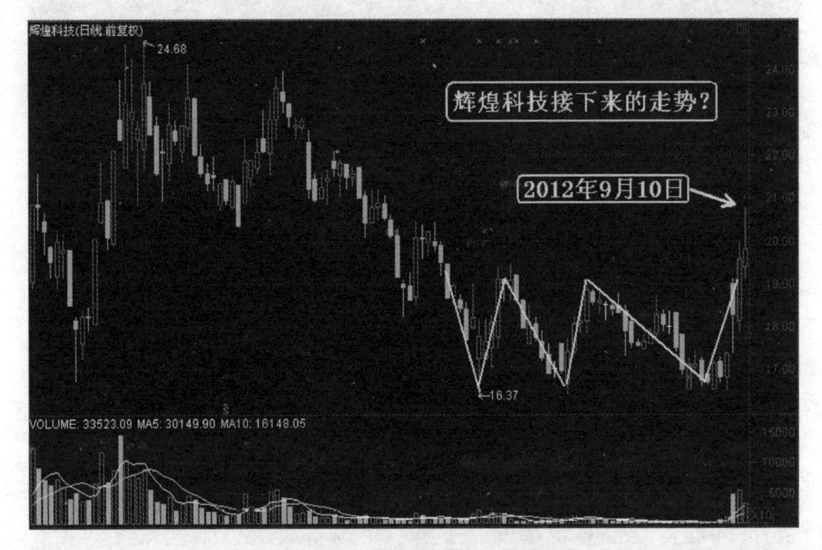

图2-41 辉煌科技日K线图

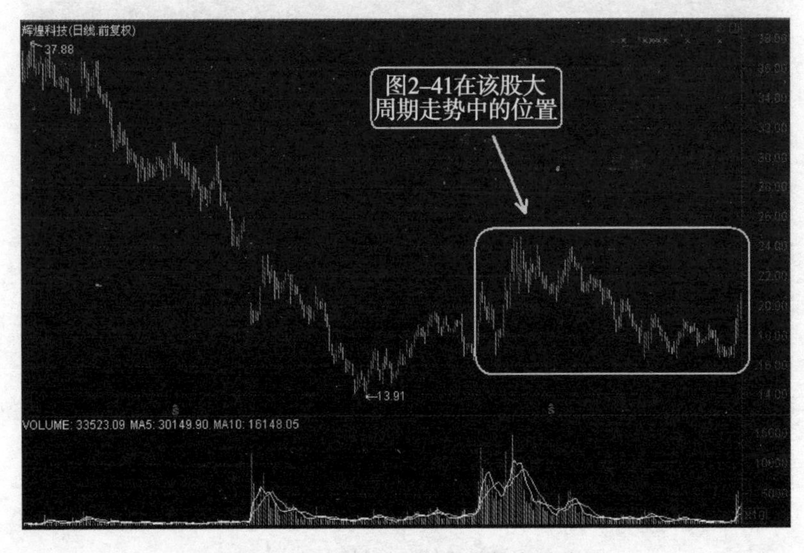

图2-42 辉煌科技在周期走势中的位置

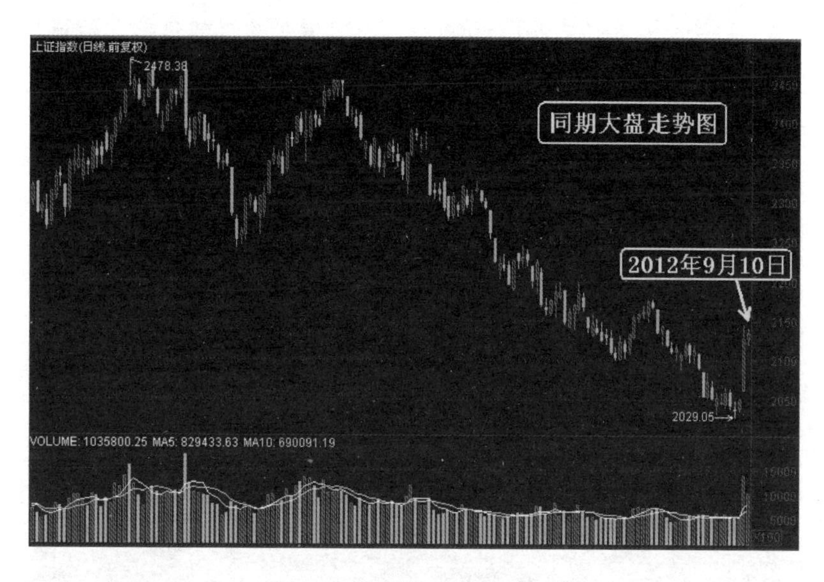

图 2-43　同期大盘走势图

谜底：股价随后大幅杀跌，见图 2-44。

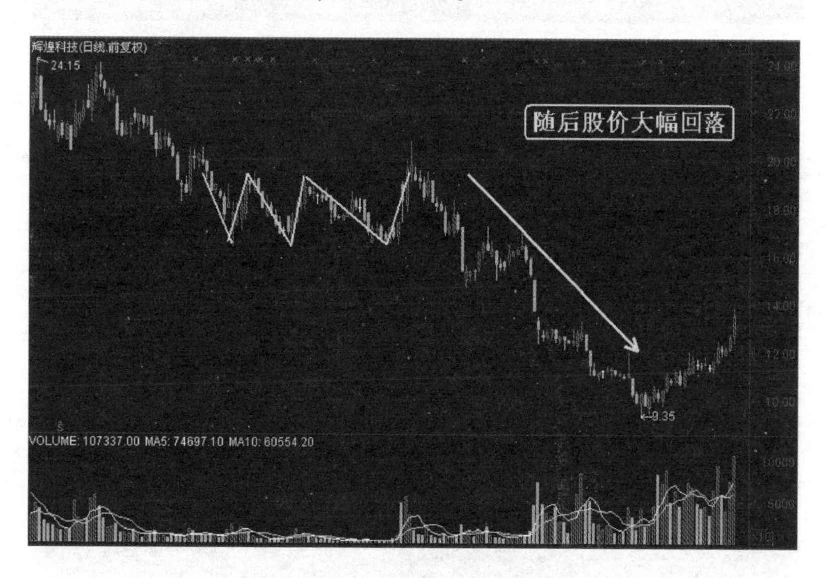

图 2-44　辉煌科技日 K 线图

为何三重底会失败？

点睛

其原因见图 2-45 ~ 图 2-47。限售股解禁，意味着股票的供应突然之间大幅增加了，自然会对股价有很大的冲击。而限售股的解禁日期和数量是可以在 F10 里明确查到的。这给我们一个启示：做股票要尽可能多地掌握信息，及时排除“地雷”。

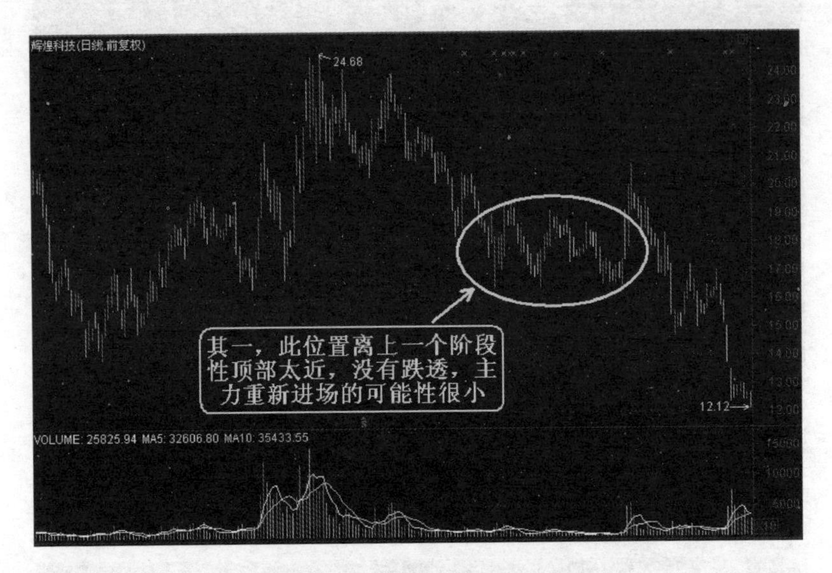

图 2-45　辉煌科技日 K 线图

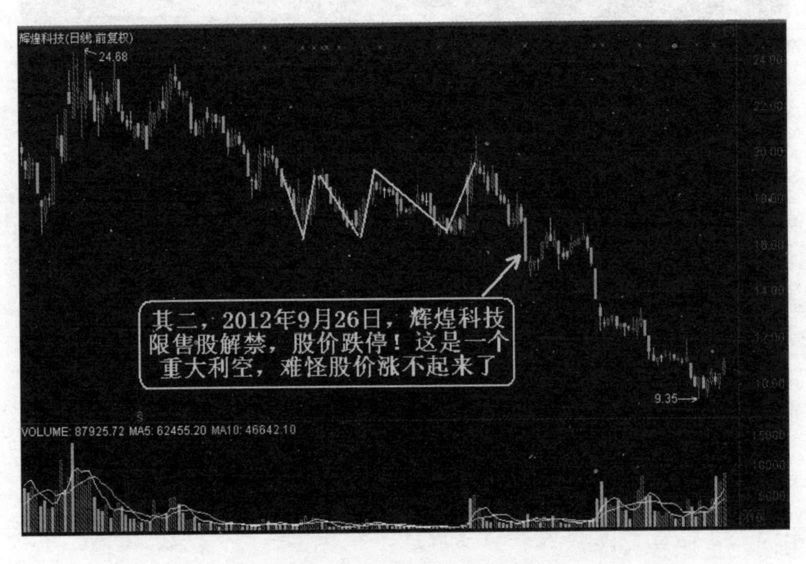

图 2-46　辉煌科技日 K 线图

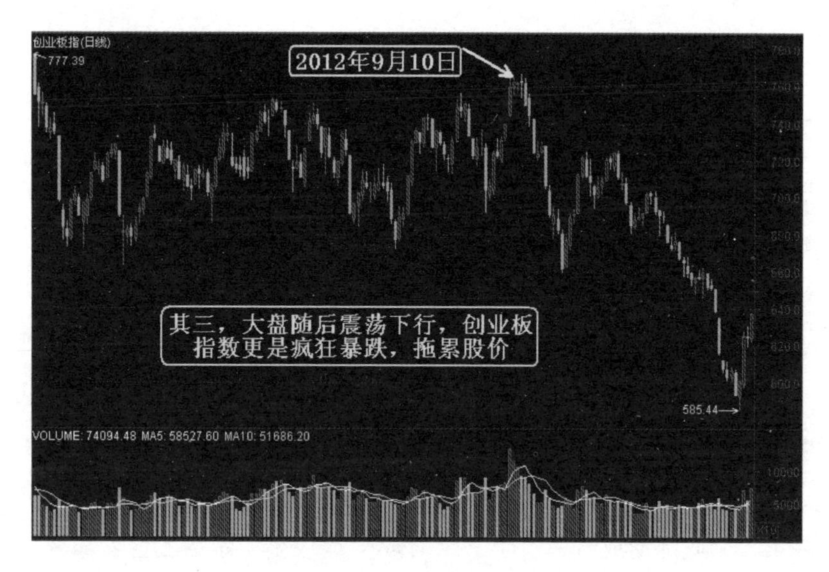

图 2-47　辉煌科技日 K 线图

第三节　双　底

一、双底的特点

双底（Double Bottoms）俗称 W 底，它是当价格在某时段内连续两次下跌至低点时而形成的组合形态，见图 2-48。当出现双重底时，通常是反映在向下移动的市况由熊市转为牛市。一旦形成双重底图形，必须注意图形是否穿破阻力线，若穿破阻力线，示意有强烈的需求。成交量通常因回调而大幅增加。双重底亦可利用技术分析指标中的资金流向指数及成交量平衡指数（OBV）作分析买卖强势之用。若价格穿破阻力线，阻力线因此而变为支撑线。

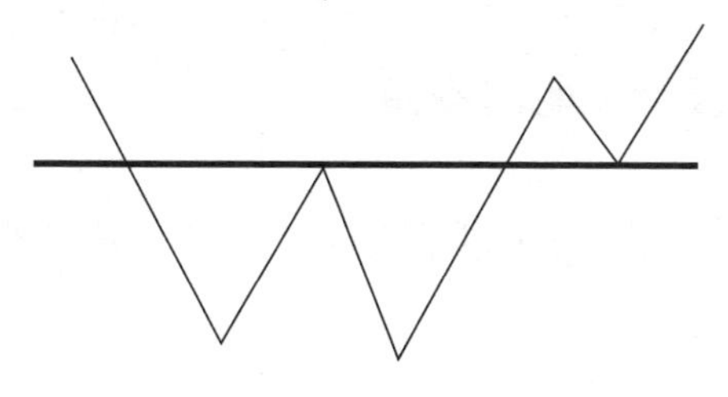

图 2-48　双底经典图形

二、双底的市场含义

股价下跌一段时间后，投资者开始逢低吸纳，股价在他们的买进下从第一个峰底开始回升，由此形成第一个底。

当股价反弹至某一区域即遭到场内投资者的抛压，而之前在低位买进的投资者亦可能在这一位置获利回吐，于是行情再度回落。但由于市场抛压非常之少，量能极度萎缩。在股价恢复至前一低点附近时，股价将在逢低买盘的影响下再度走强，伴随着量能的明显放大，说明多方开始展开进攻了，由此形成第二个底。

在第二个底部形成时，由于下跌时成交量很小，做空能量衰竭，因此很容易出现圆形的形态。

三、双底的形态分析

（1）第二个低点一般比第一个低点高，但也有可能比第一个低点更低，因为对主力而言，探底必须要彻底，必须要跌到令多头因害怕而不敢持股，这样才能达到低位建仓的目的。

（2）第一个低点与第二个低点之间，时间跨度应不少于1个月。如果时间太短，形成的双底触底回升的信号就不太可靠，反弹之后要随时注意它什么时候回落，因为主力常用这种手法来诱骗投资者，对此大家要引起警觉。

（3）判断双底是否形成，不光要从结构走势判断，交易量也非常关键，尤其是右底上升之后，往往需要交易量配合放大才可以突破颈线。如果右底缩量是难以成立的，很容易变成M头。

四、交易手法一：北斗星通

股价经历了一波下跌，形成了两个峰底，然后放量起涨（见图2-49～图2-51），这是双底形态吗？

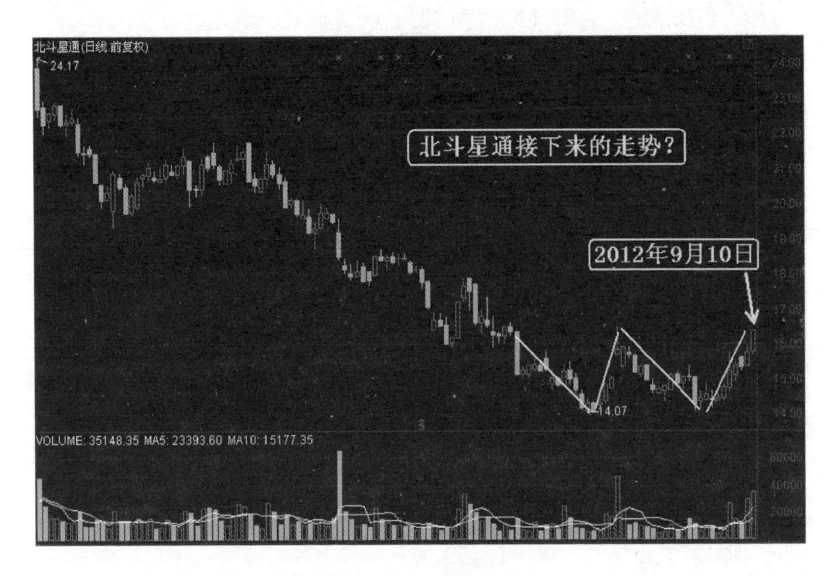

图 2-49　北斗星通日 K 线

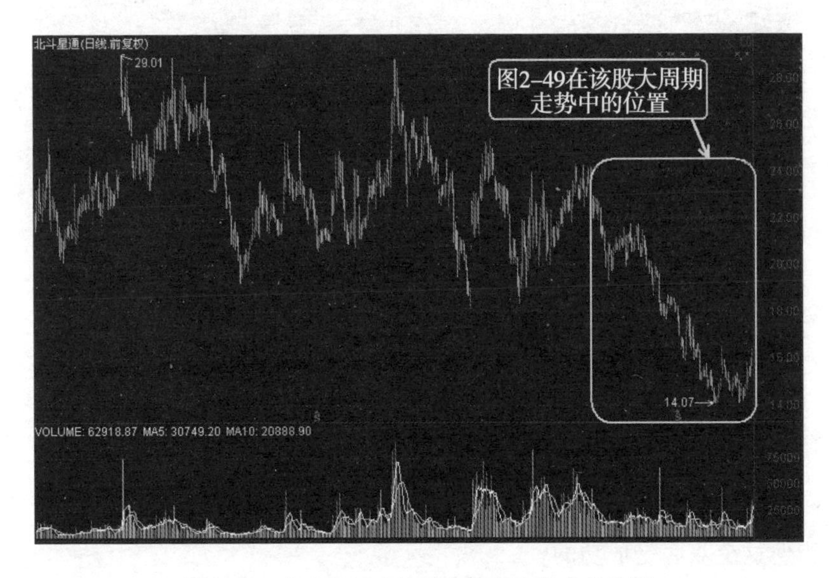

图 2-50　北斗星通在该股大周期走势中的位置

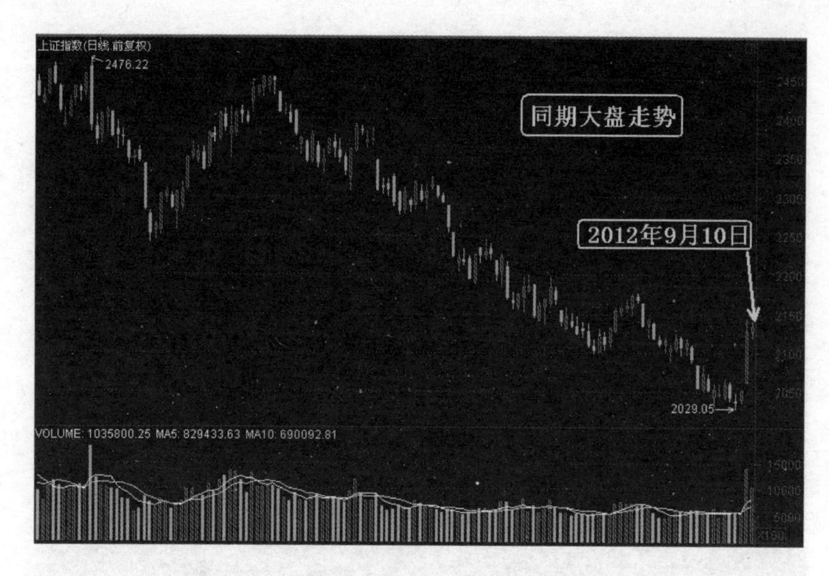

图 2-51　同期大盘走势

谜底：随后股价大涨，见图 2-52。

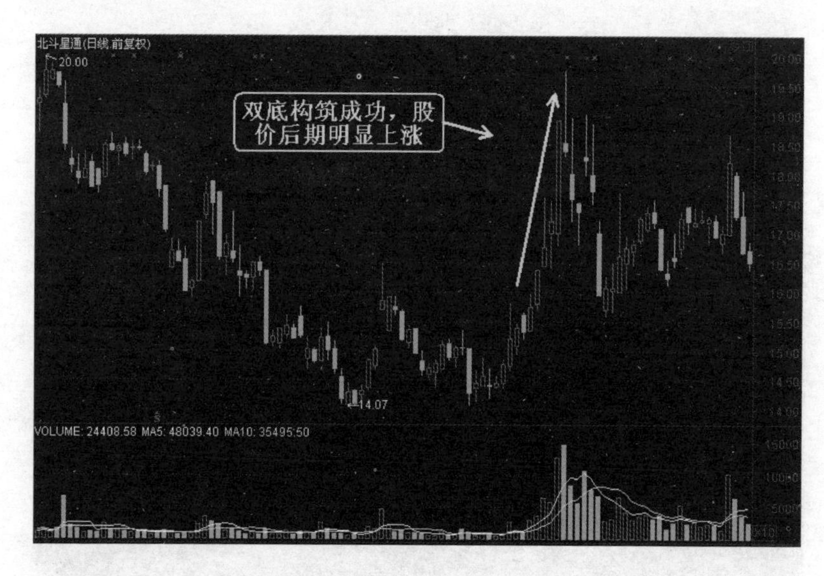

图 2-52　北斗星通日 K 线 1

为何这个双底是成功的？

点睛

受到相关事件的影响，整个军工板块连续大涨。这种集体上涨，不是游资行为，而是集团资金运作的结果。

板块内的个股相互呼应，实战交易中安全系数会更高，股价的上涨幅度也会更大，见图 2-53 ~ 图 2-56。

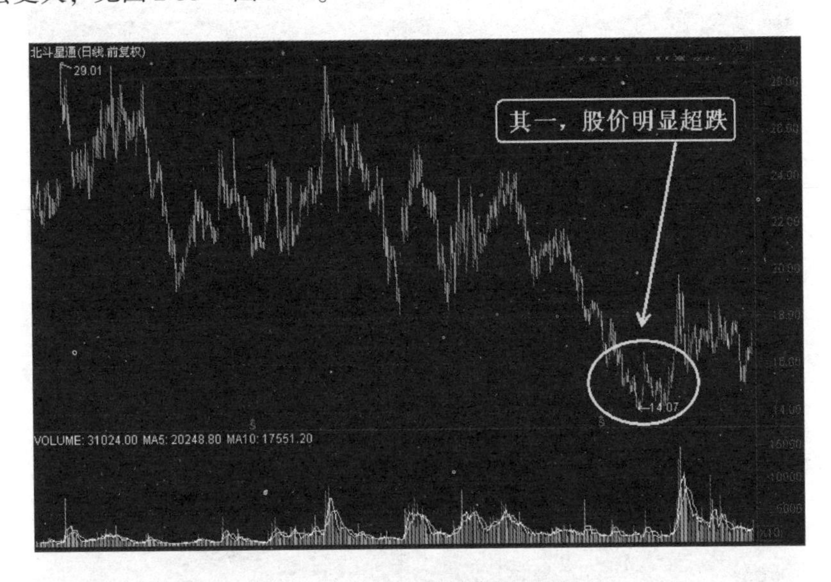

图 2-53　北斗星通日 K 线 2

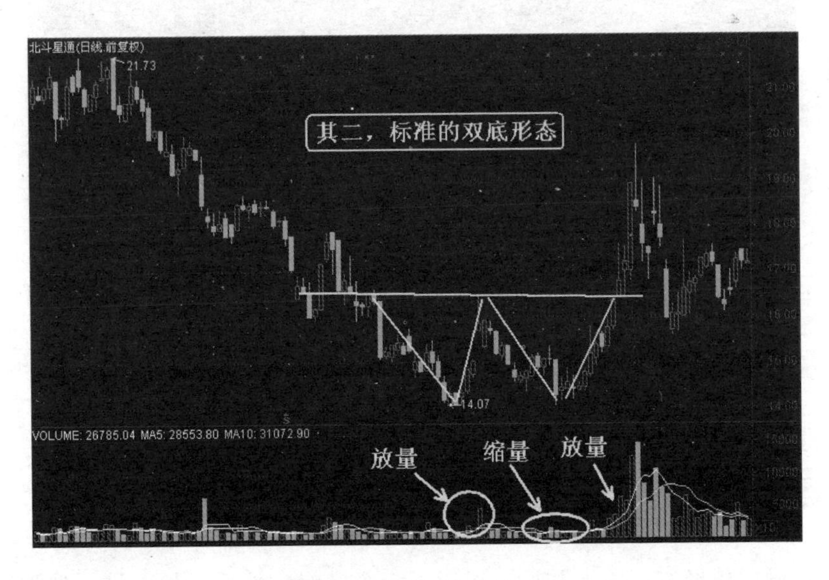

图 2-54　北斗星通日 K 线 3

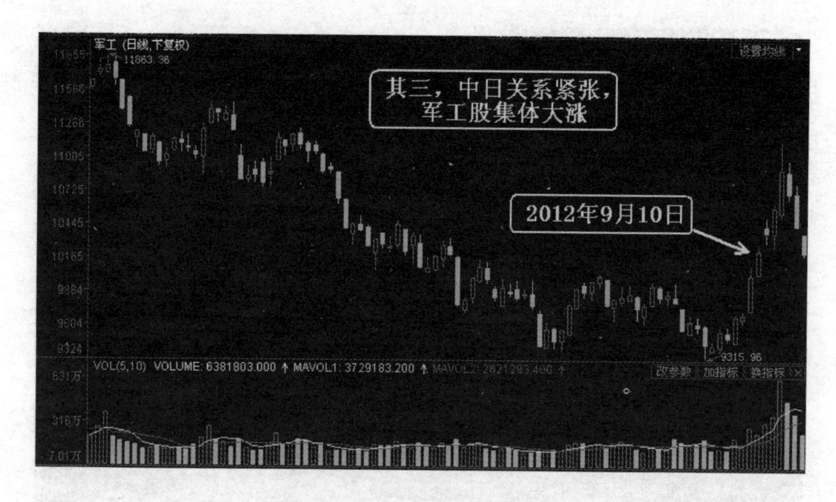

图 2-55 北斗星通日 K 线 4

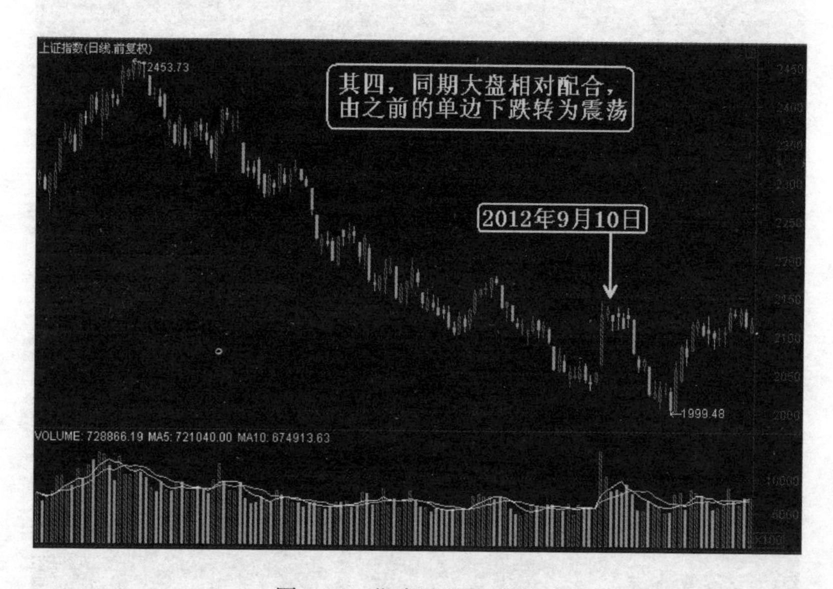

图 2-56 北斗星通日 K 线 5

五、交易手法二：奥维通信

奥维通信经过一段下跌后，形成了 2 个底峰。然后股价上涨，伴随着较大的成交量，见图 2-57 ~ 图 2-59。股价接下来会怎么走？

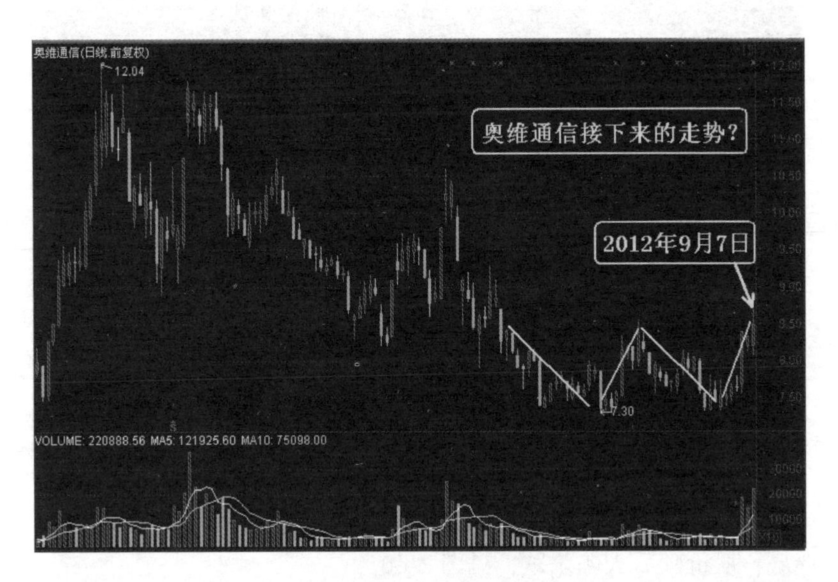

图 2-57　奥维通信日 K 线

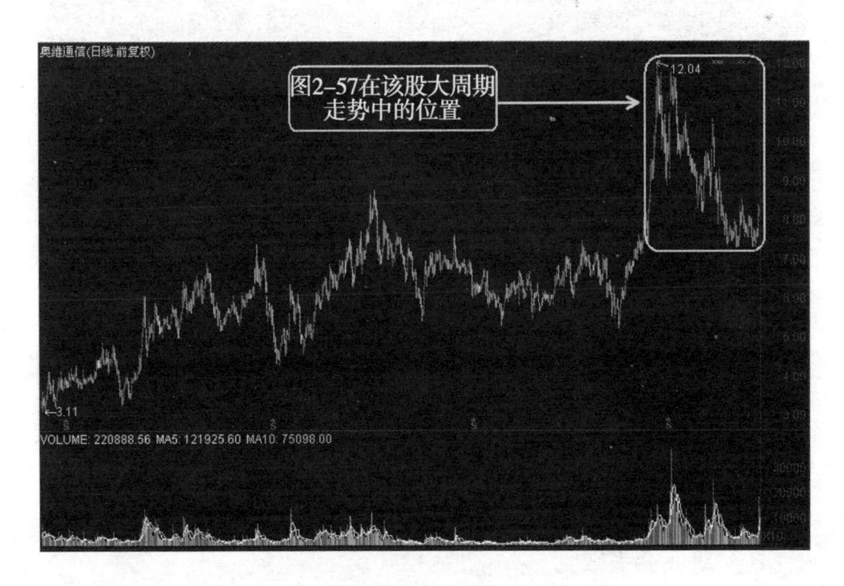

图 2-58　奥维通信在大周期走势中的位置图

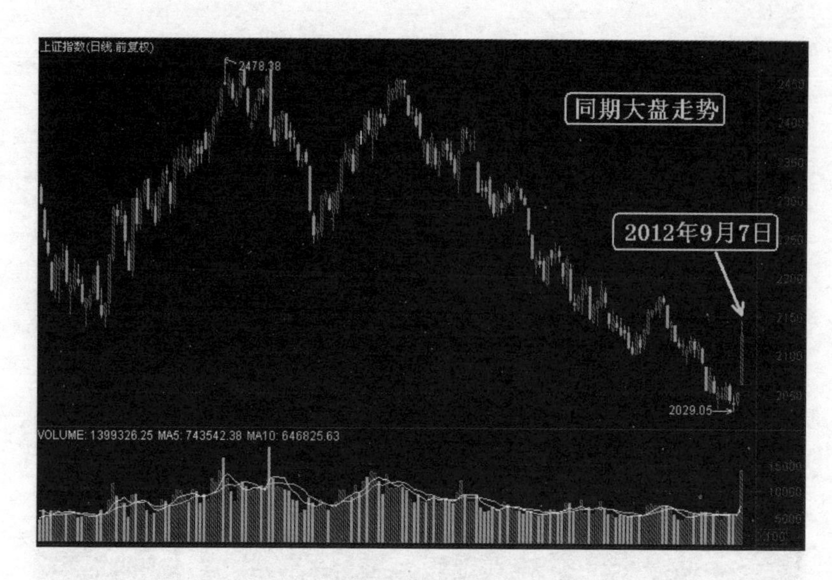

图 2-59　同期大盘走势图

谜底：股价随后大幅杀跌，见图 2-60。

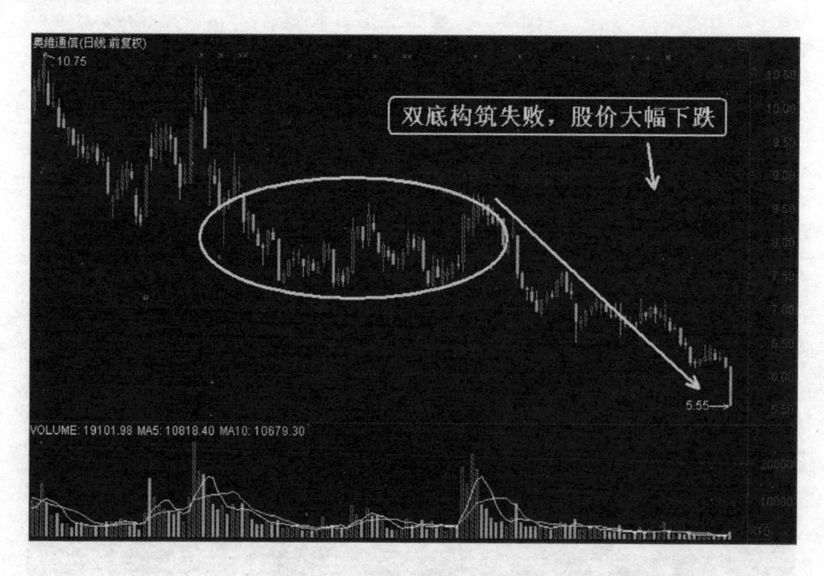

图 2-60　奥维通信日 K 线 1

为何这个双底会失败？

点睛

最了解公司的莫过于公司的大股东。因此，如果大股东都大幅减持公司的股份，这很值得警惕。

真正筹码集中的股票，它的分时走势会比较轻松。也就是说，上涨有量能的配合，横盘时明显的缩量。

如果股价在震荡、横盘时仍非常活跃地成交，那很明显：该股的抛压比较沉重，见图 2-61 ~ 图 2-63。

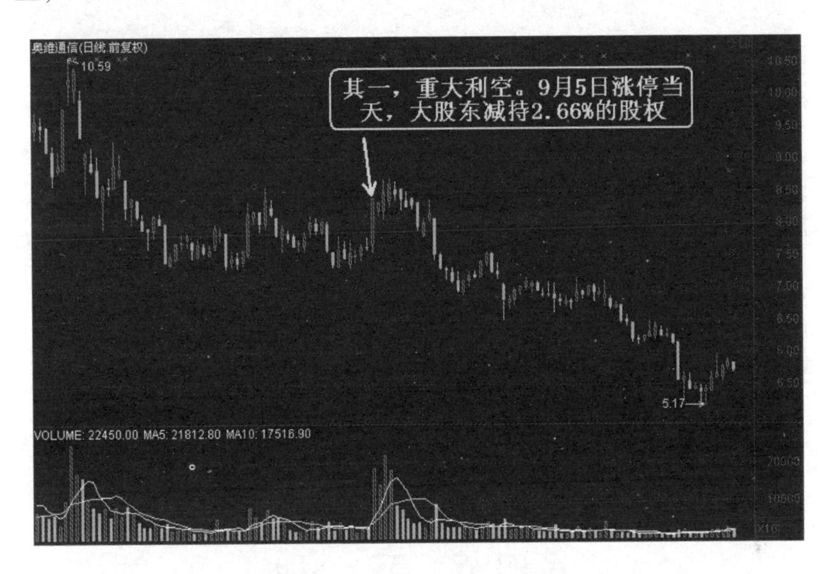

图 2-61　奥维通信日 K 线 2

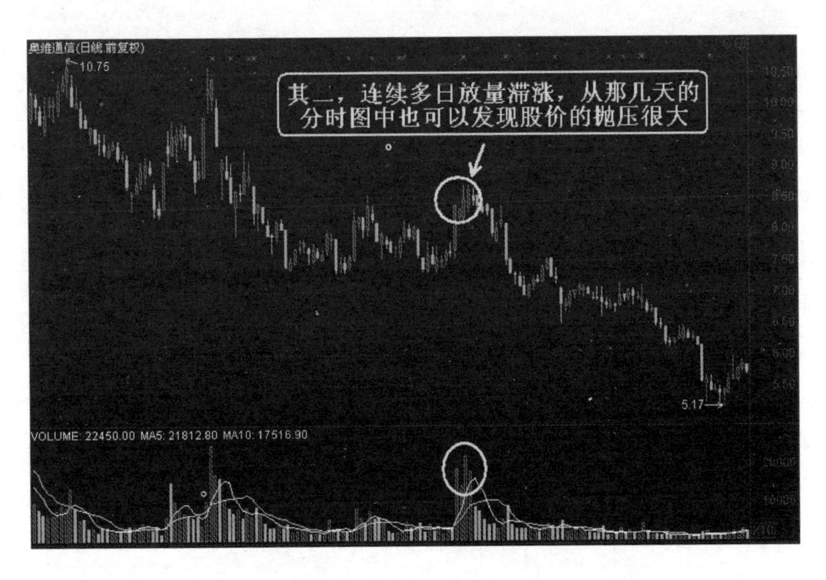

图 2-62　奥维通信日 K 线 2

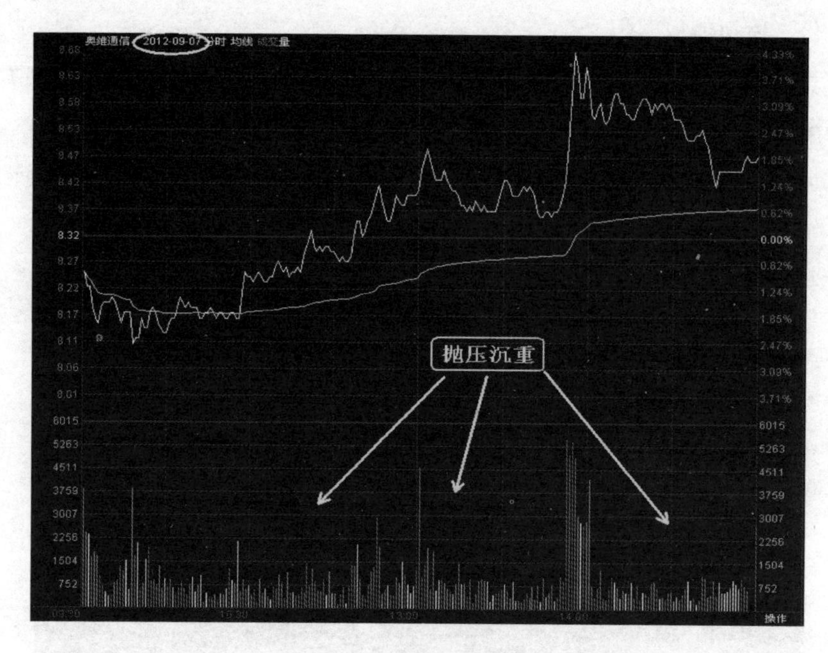

图 2-63　奥维通信日 K 线 3

第四节　双　顶

一、双顶的特点

双顶，又称“双重顶”或“M 头”，是 K 线图中较为常见的反转形态之一，由两个较为相近的高点构成，其形状类似于英文字母“M”，因而得名，其图形见图 2-64。

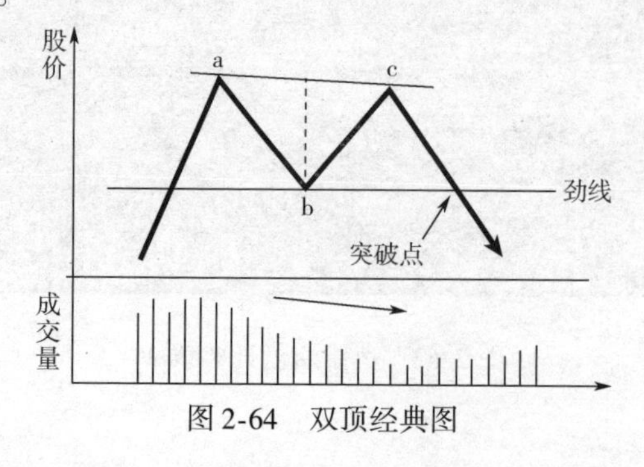

图 2-64　双顶经典图

二、双顶的内在原理

股价经过一段时间的上涨，整体筹码获利非常丰厚。当股价上涨至某一价格水平，获利盘汹涌抛出，成交量显著放大，股价开始掉头回落。由此形成第一个顶。

下跌至某一位置时，股价再度反弹上行，但成交量较第一高峰略有收缩，反弹至前期高位附近之后第二次下跌，并跌破第一次回落的低点，股价移动轨迹像字母“M”，双重顶形成。

三、双顶的形态分析

（1）双顶的两个顶部最高点不一定在同一高度，一般相差3%左右则处于可以接受的范围。通常来说，第二个头部可能比第一个头部稍微高一些，意味着在回落反弹的过程中有看好的资金试图进一步拓展上涨高度，但因成交量不配合，主力无法使股价上涨距离第一个顶峰3%以上的距离就掉头向下。

（2）量能要求：第一个顶部放量滞涨，预示着资金大幅流出；第二个顶部缩量，预示着内在做多能量衰竭。

（3）跌破颈线，双顶才算构筑完成。

（4）双顶形态最少跌幅的度量方法，是由颈线与双顶最高点之间的垂直距离。后市股价跌幅至少是这个理论跌幅。

四、研判案例一：包钢稀土

点睛

M头是一种转势信号，表明冲高失败，涨势已止。从第一个高点回落的低点所作的水平线就是M头的颈线，跌破颈线是一个可靠的卖出信号，跌势将持续一段时间；后期股价有可能回抽颈线，此时是又一次出局的机会。如

图2-65所示，包钢稀土在2012年6月前后形成M头形态，对应的成交量显著萎缩，出货迹象比较明显，见图2-66、图2-67。

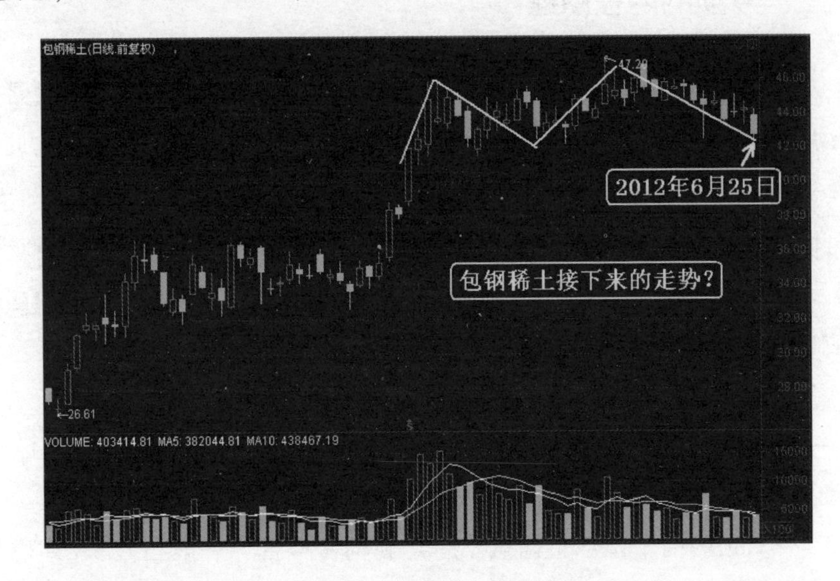

图2-65　包钢稀土日K线

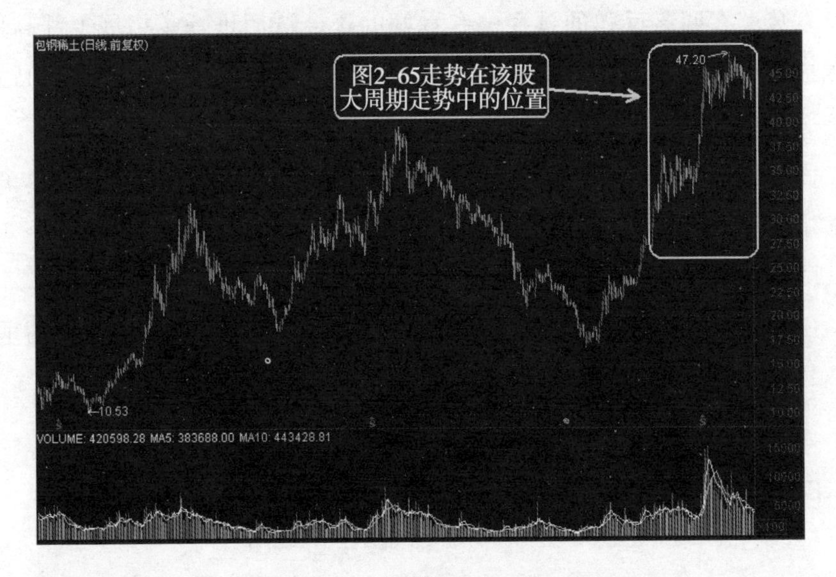

图2-66　包钢稀土日K线1

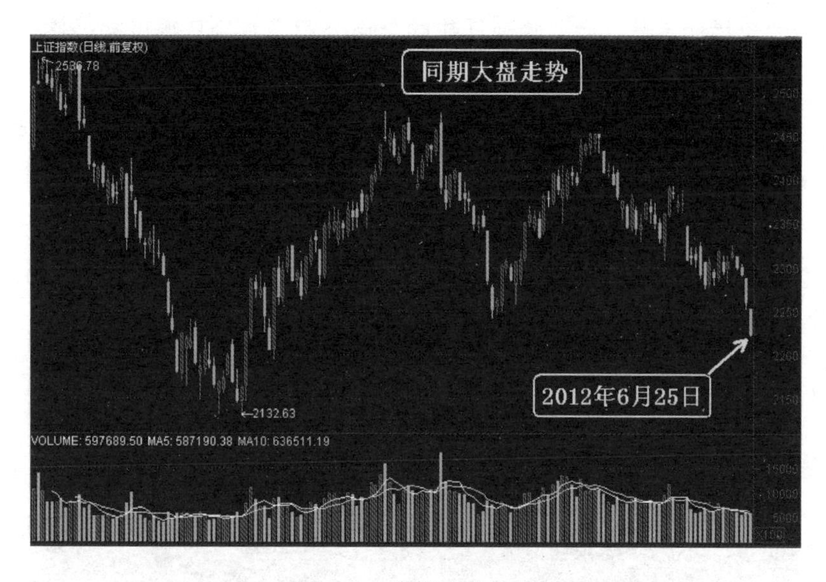

图 2-67　同期大盘走势

谜底：随后股价大幅回落，见图 2-68。

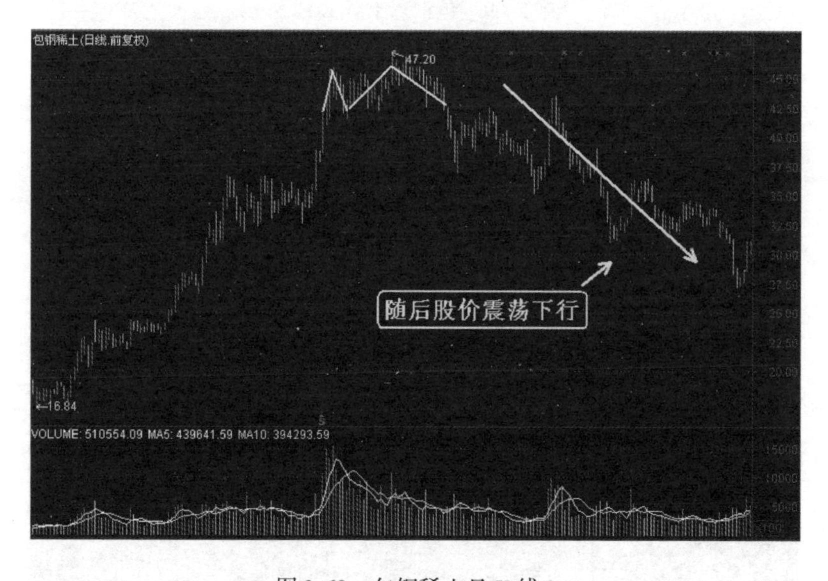

图 2-68　包钢稀土日 K 线 2

为什么双顶构筑成功？

点睛

再牛的股票，都有见顶之时。所不同的是，那些基本面优秀的公司，能够支撑股价横而不跌；而那些纯炒作的上市公司，股价从哪里来最终还是要回哪里去，见图 2-69、图 2-70。

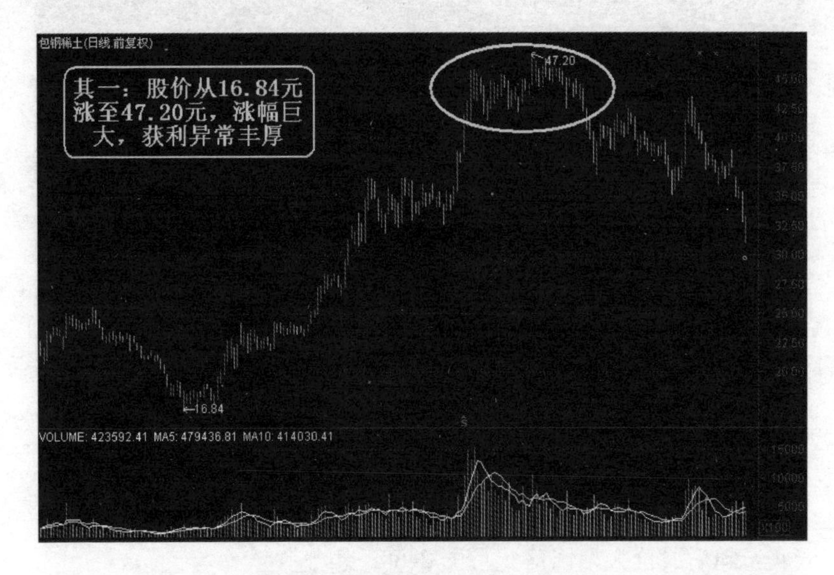

图 2-69　包钢稀土日 K 线 3

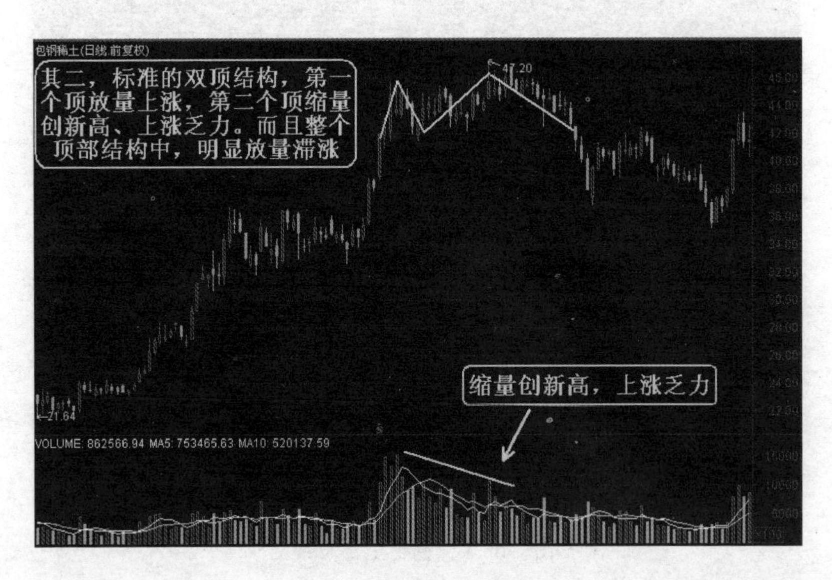

图 2-70　包钢稀土日 K 线 4

点睛

股价在第一个顶时，明显的放量滞涨；第二个顶略微创新高，量能明显小于第一波的量能，预示着内在做多能量的衰竭，见图 2-71。

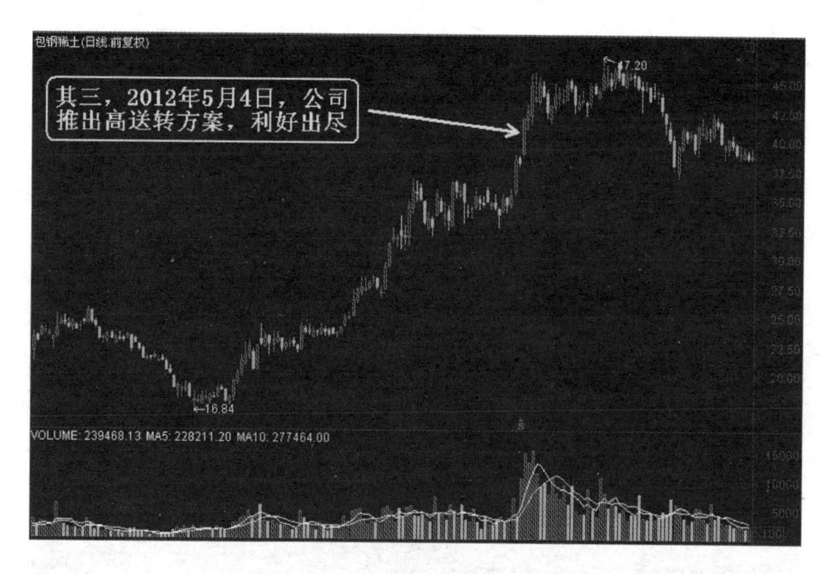

图 2-71 包钢稀土日 K 线 5

点睛

股价大幅上涨后，推出高送转方案，这种默契让人浮想联翩。

这一类个股，有些还能继续往上冲一下，比如包钢稀土的走势。有些直接当天就高开低走，见顶回落，见图 2-72。

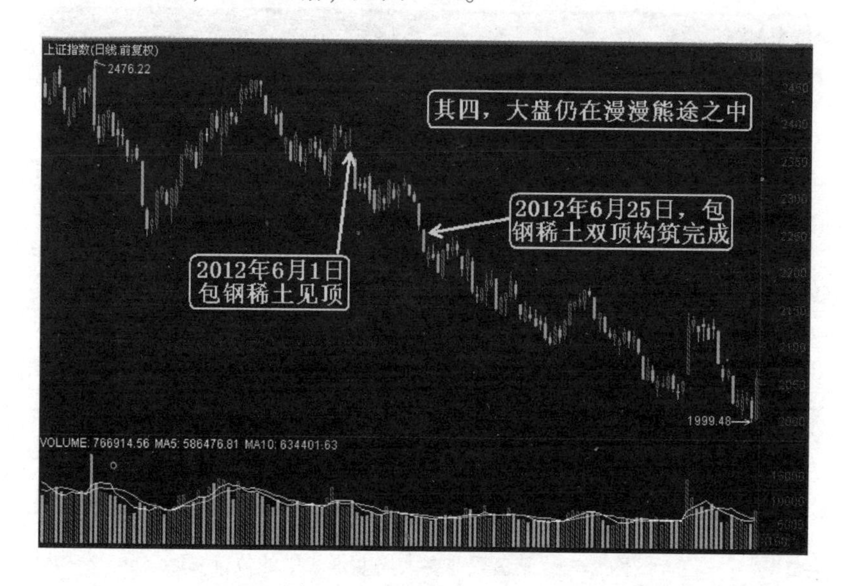

图 2-72 包钢稀土日 K 线 6

五、研判案例二：莱茵置业

股价经过一段上涨，形成了两个峰，然后一根放量大阴线跌破颈线（见图 2-73 ~ 图 2-75），这是双顶形态吗？

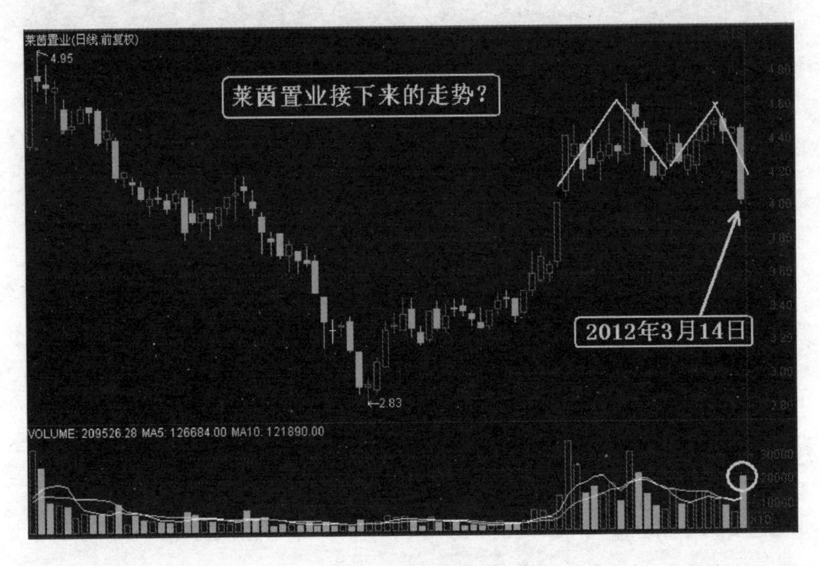

图 2-73　莱茵置业日 K 线

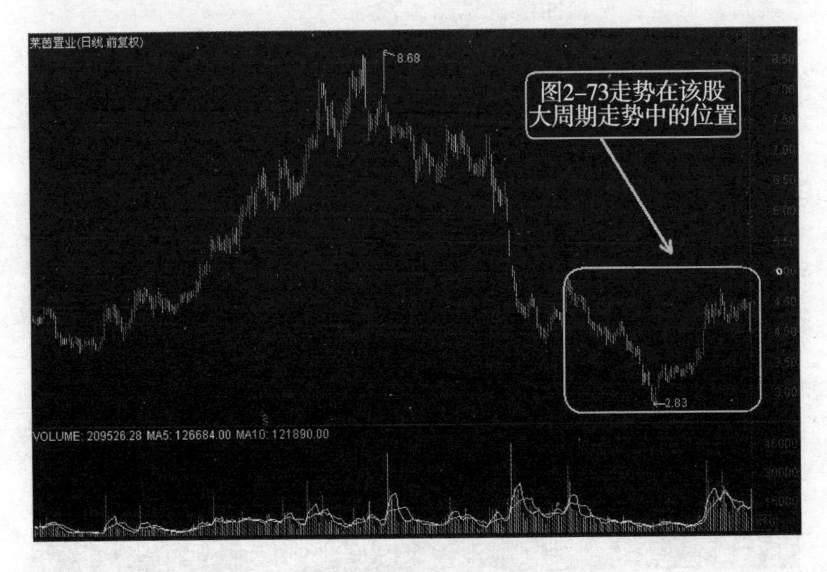

图 2-74　莱茵置业在大周期走势中的位置

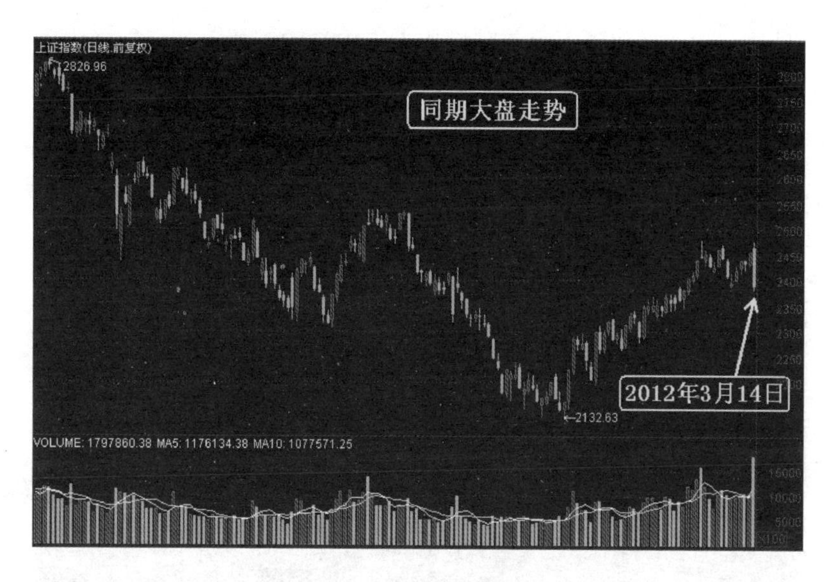

图 2-75　同期大盘走势

谜底：股价随后大幅上涨，见图 2-76。

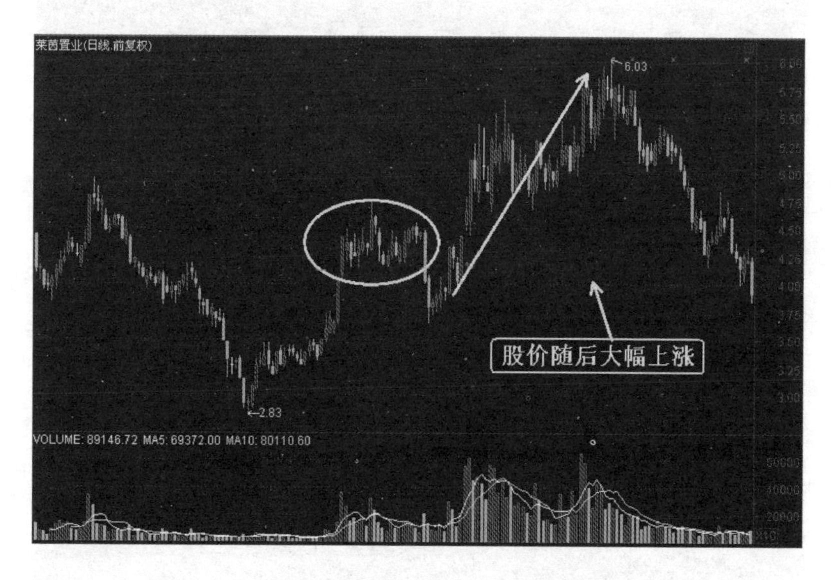

图 2-76　莱茵置业日 K 线 1

为何不是双顶结构？

点睛

双顶形态之所以会发挥威力，实质是大量筹码在兑换利润。如果主力并没有明显减仓，那么双顶很容易转换成上涨中途的调整。

2012年3月14日之前，莱茵置业的股价形态仍然保持良好。3月14日股价的大跌主要是受到大盘暴跌的影响，在这种情况下，主力跑路是跑不赢散户的。因此，当日的下跌，主要是散户的恐慌性抛盘所导致的，见图2-77、图2-78。

只要主力还在场内，迟早会让股价恢复至高位。

图2-77 莱茵置业日K线2

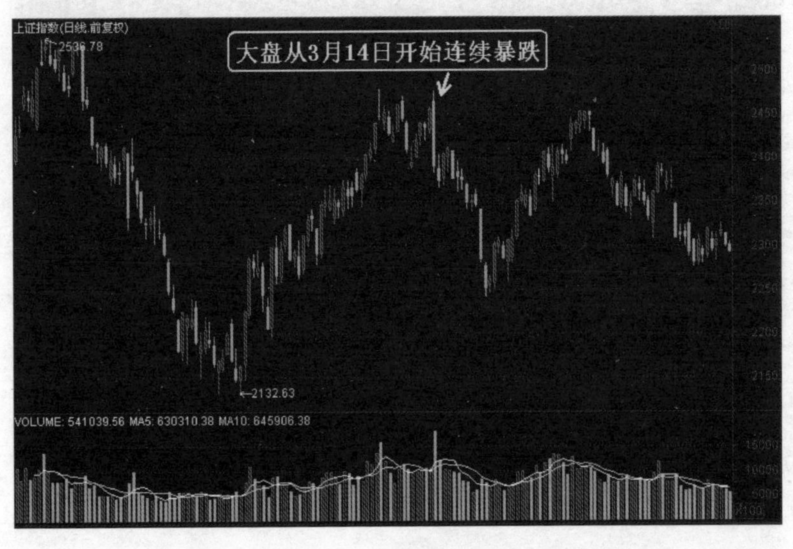

图2-78 莱茵置业日K线3

这是一种非常经典的K线组合，短期攻击性很强，见图2-79。

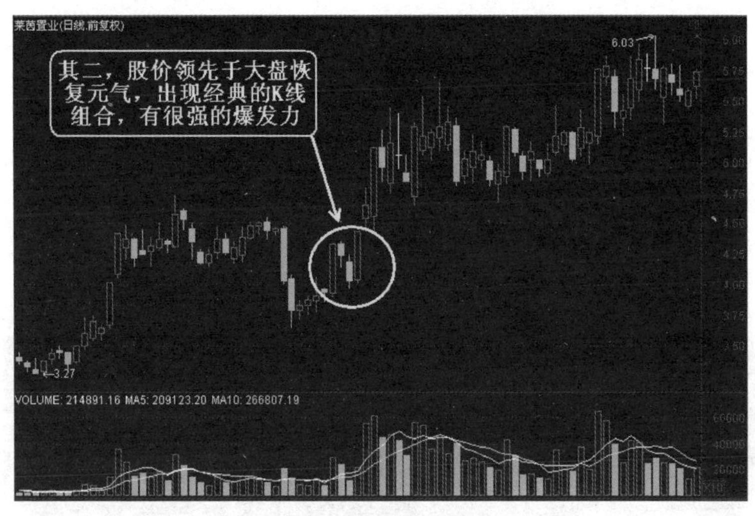

图 2-79　莱茵置业日 K 线 4

点睛

市场上有很多筹码掌握在其他投资者手中，主力只占其中一部分，虽然是较大的一部分。

制造概念，一方面可以让场内的投资者有更高的预期，不会轻易抛出筹码；另一方面可以让更多人进场，煽风点火，将股价彻底引爆，见图2-80。因此，游资主力会千方百计地制造概念、配合炒作。而涉矿概念是比较常用的概念之一。

图 2-80　莱茵置业日 K 线 5

概念加上良好的技术形态，配合起来成功率是很高的。

六、研判案例三：北新建材

北新建材经过波段上涨后，在相对高位出现两个峰，随后一根放量大阴线跌破颈线，见图 2-81 ~ 图 2-83，这是双顶形态吗？股价接下来会怎么走？

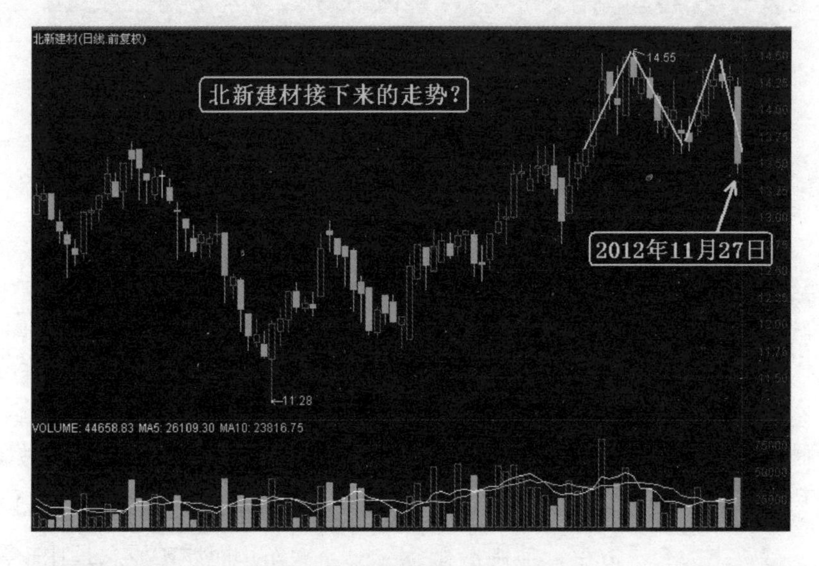

图 2-81　北新建材日 K 线

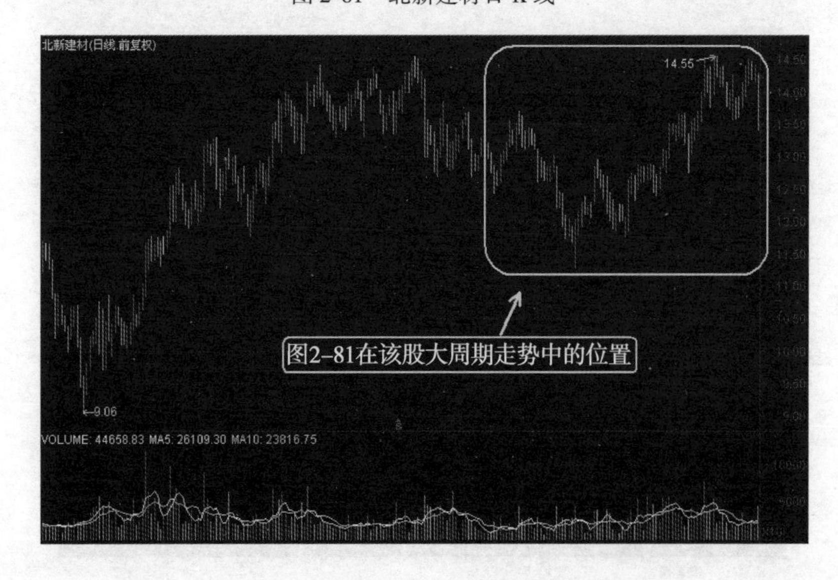

图 2-82　北新建材在大周期走势中的位置

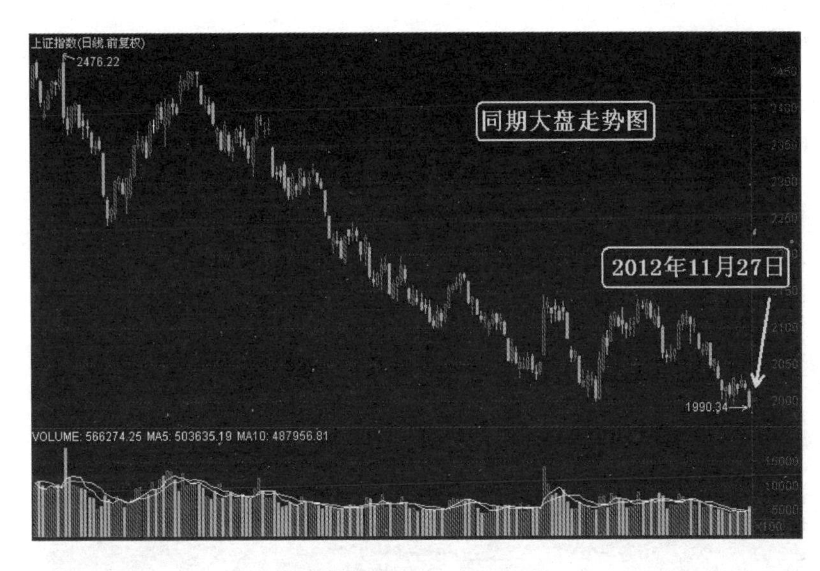

图 2-83　同期大盘走势

谜底：股价随后大幅上涨，见图 2-84。

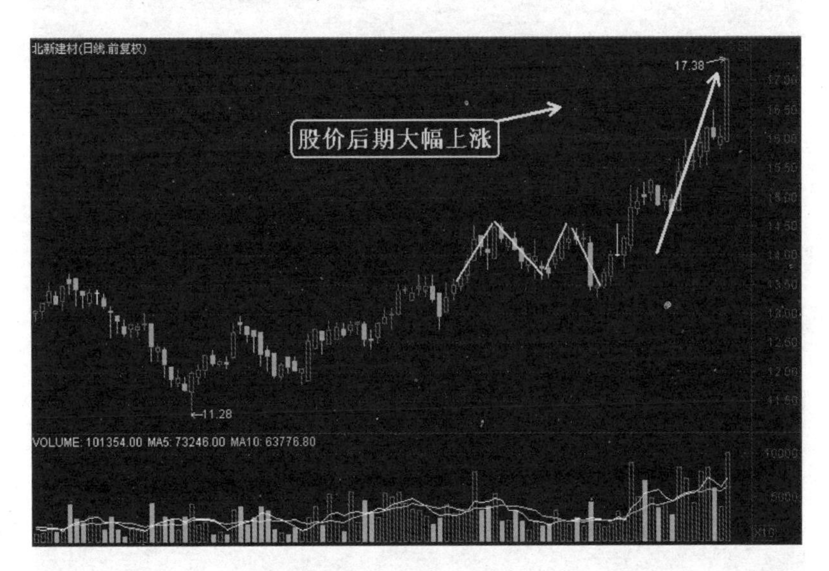

图 2-84　北新建材日 K 线

为什么不是双顶形态？

点睛

一只个股要想逆市上涨，并且不仅仅是上涨一两天的时间，而是持续 2 个月以上，这背后必定有主力在悉心照料。

更何况，北新建材在逆市上涨时，股价以连续多根小阳线的形式往上爬，走得相当有规则，见图2-85。这进一步说明主力对股价的控制能力是相当强的。

做股票，就要做这样的强庄股。

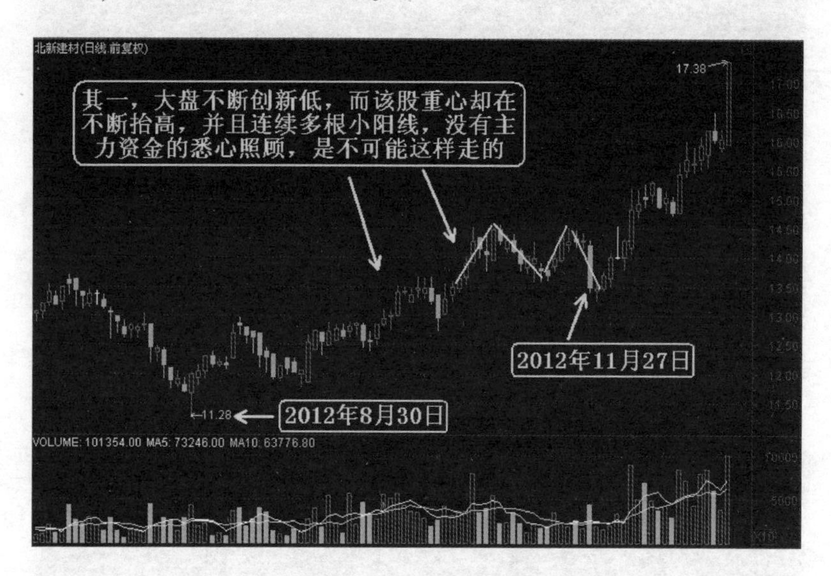

图2-85　北新建材日K线

同期大盘不断下探，直到2012年12月4日才见底回升，见图2-86～图2-89。在此期间，北新建材有规则地逆市上涨，难道不应该引起我们的高度关注吗？

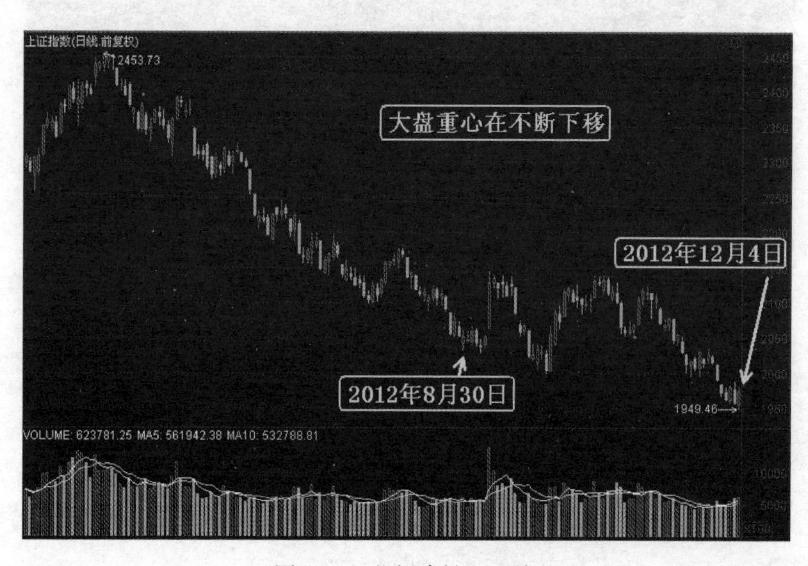

图2-86　北新建材日K线

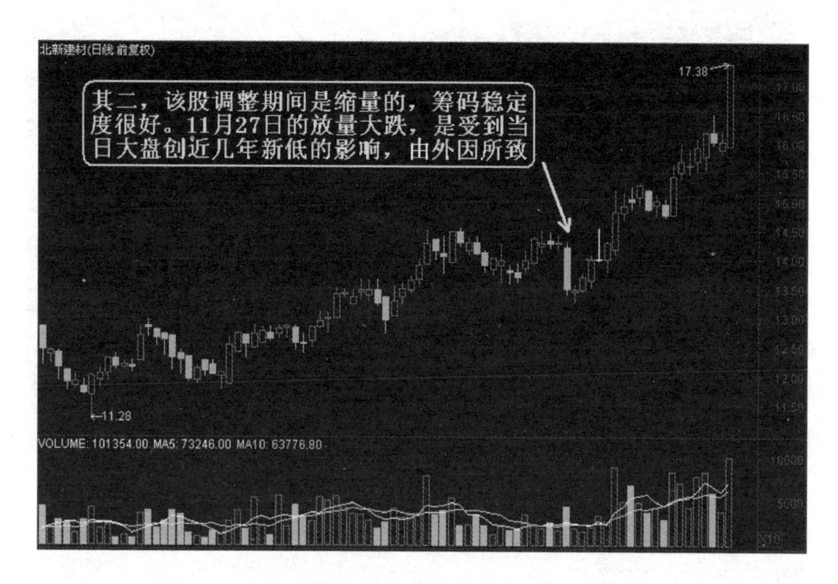

图 2-87　北新建材日 K 线

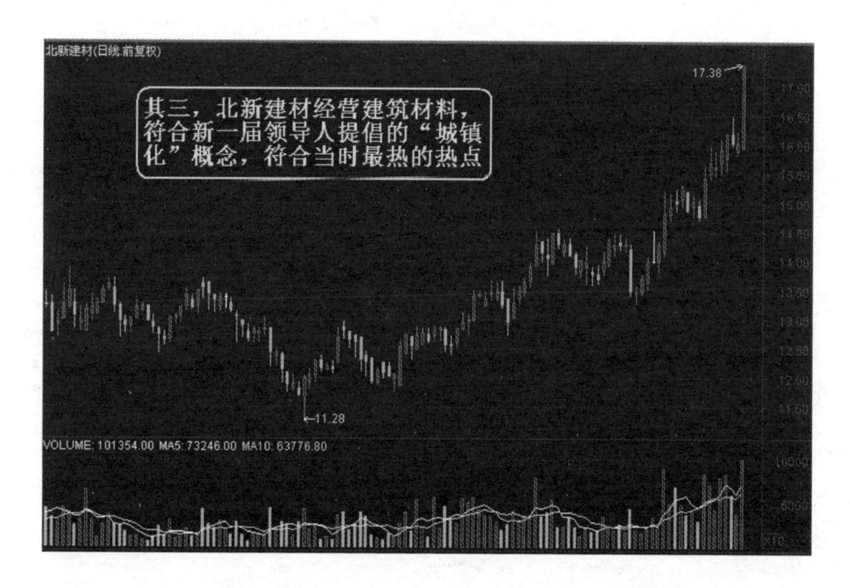

图 2-88　北新建材日 K 线

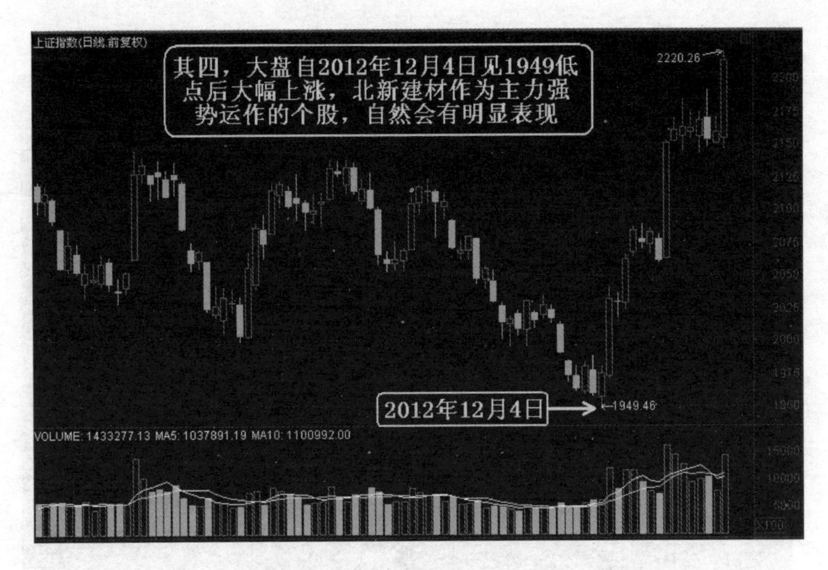

图 2-89　北新建材日 K 线

第五节　头肩底

一、头肩底的特点

头肩底（Head And Shoulders Bottom）是一种典型的趋势反转形态，是在行情下跌尾声出现的看涨形态，图形以左肩、底、右肩及颈线组成，其图形见图 2-90。3 个波谷成交量逐步放大，有效突破颈线阻力后，形态形成，股价反转高度一般大于颈线与最低点之间的垂直高度。在技术分析的各种工具中，头肩底是判断市场重要底部形成最常见的 K 线形态之一。

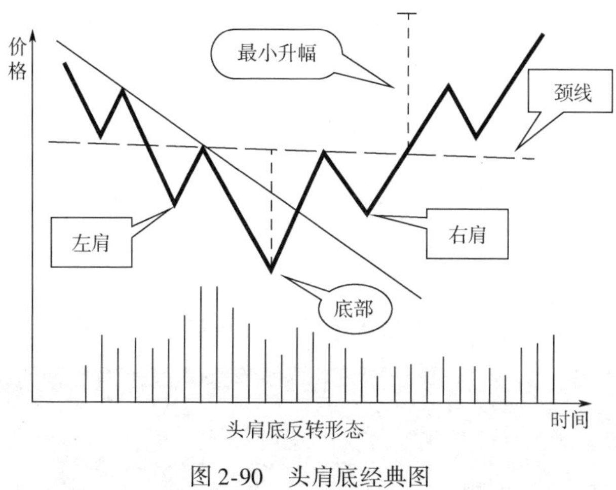

图 2-90　头肩底经典图

二、头肩底的内在原理

在空头市场中，看空、做空的力量不断下压，股价连创新低，出现一定递增成交量，由于已有一定的跌幅，股价出现短期的反弹，但反弹时成交量并未相应放大，主动性买盘不强，形式上受到下降趋势线的压制，形成了“左肩”。

接着股价再次增量下跌且跌破左肩的最低点，之后随着股价继续下挫，成交量和左肩相比有所减少，说明下跌动力有所减小，之后股价反弹，成交量比左肩反弹阶段时放大，冲破下降趋势线，形成“头部”。

当股价回升到左肩的反弹高点附近时，出现第三次回落，这时的成交量很明显少于左肩和头部，股价回跌至左肩的低点水平附近时，跌势便基本稳定下来并形成“右肩”。

最后，股价正式发动一次升势，伴随成交大量增加，有效突破颈线阻挡，成交更显著上升，整个形态完成。一波较大的涨势即将来临。

三、头肩底的形态分析

（1）当突破颈线时，必须有成交量的配合，否则这可能是一个错误的突破。

（2）一般来说，头肩底形态较为平坦，因此需要较长的时间来完成。

（3）头肩底是极具预测威力的形态之一，一旦获得确认，绝大多数个股的升幅会大于其最小升幅。

四、行情研判一：海兰信

海兰信经过暴跌之后，形成了 3 个底峰，并出现一根放量大阳线起涨，见图 2-91 ~ 图 2-93，这是头肩底形态吗？股价接下来会怎么走？

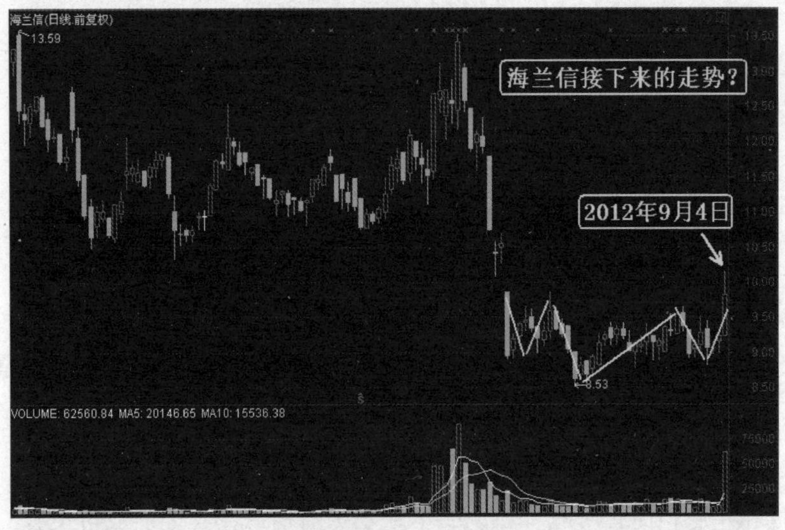

图 2-91　海兰信日 K 线

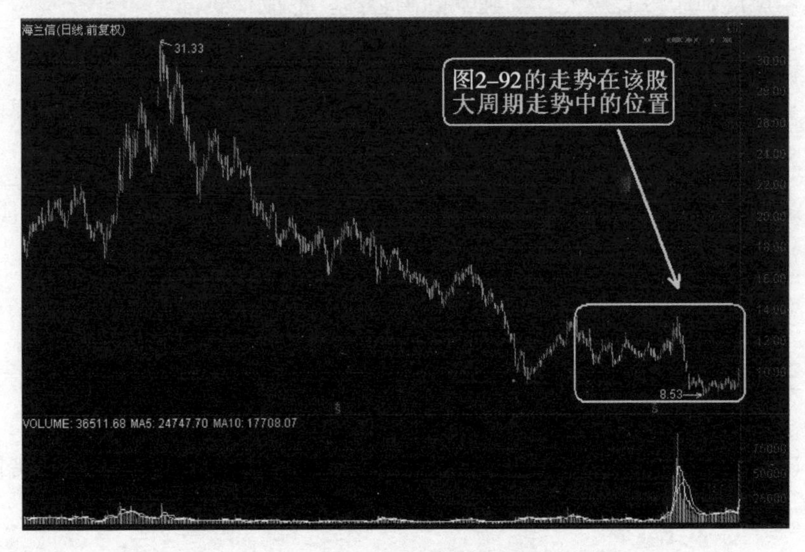

图 2-92　海兰信在该股大周期走势中的位置

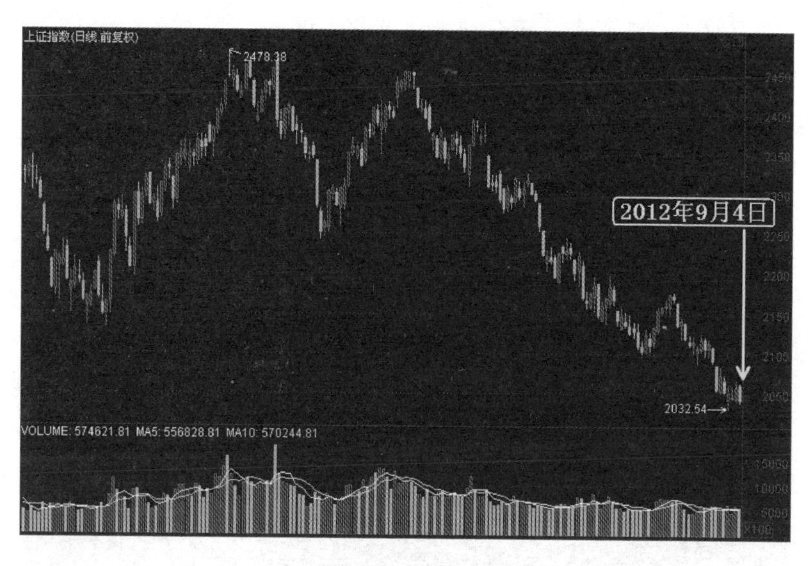

图 2-93 海兰信日 K 线

谜底：股价随后大幅上涨，见图 2-94。

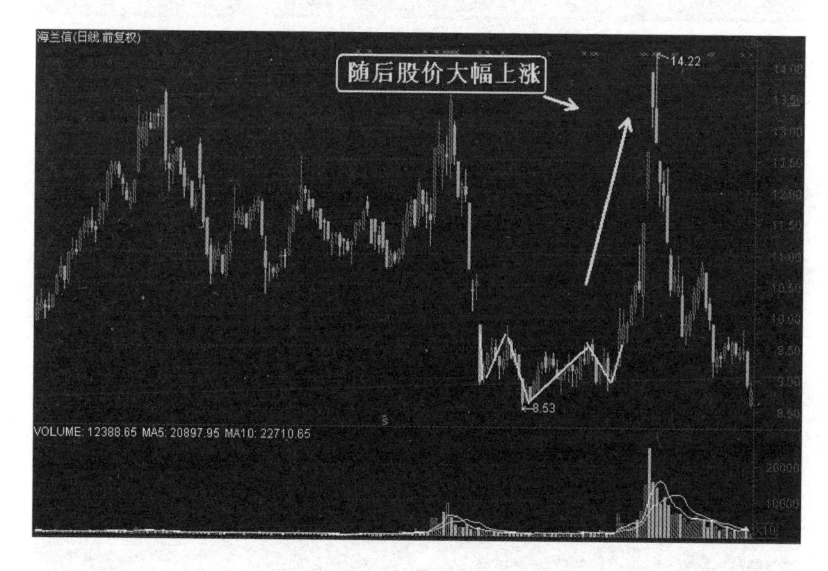

图 2-94 海兰信日 K 线

为何这是一个成功的头肩底形态？

点睛

股价超跌，一方面说明空方动能得以充分释放，见图 2-95；另一方面也容易被主力看中，涨起来比较有动力，见图2-96。

当然，超跌的个股并不一定都值得关注，比如中石油。关键要看上市公司的估值有没有优势，以及主力的强力介入。

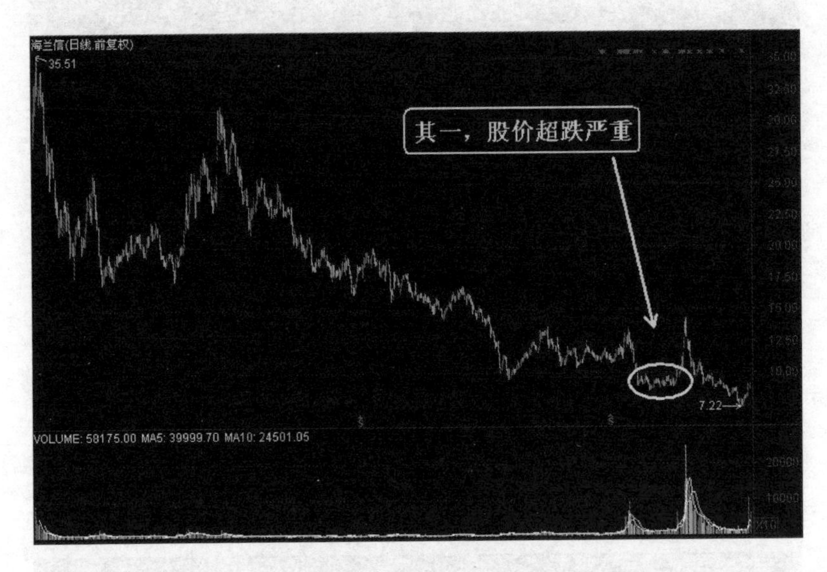

图2-95 海兰信日K线

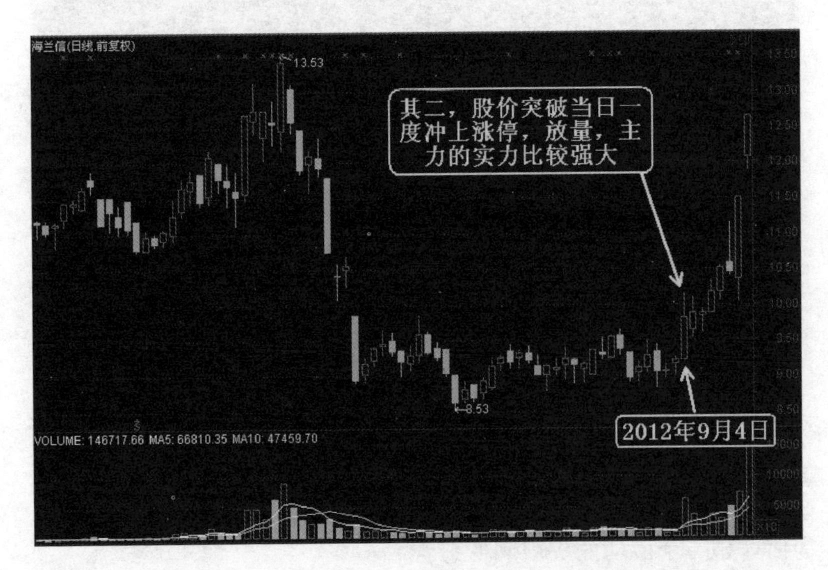

图2-96 海兰信日K线

点睛

标准的头肩底形态，要求突破颈线时明显放量。放量说明主力真正投入兵力去运作，说明突破是真实的，见图2-97。

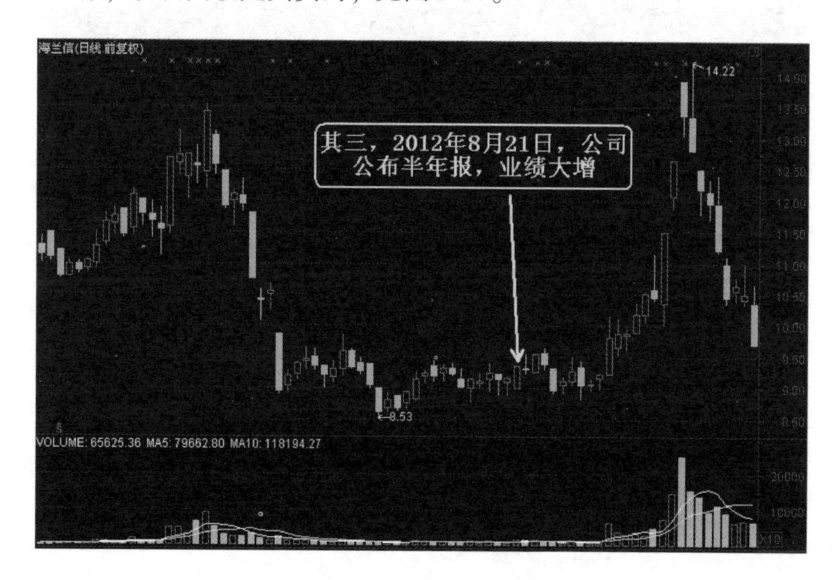

图2-97 海兰信日K线

点睛

在股市中，业绩为王是永恒的法则。

如果没有业绩的支撑，股价不可能长时间停留在高位，这样的个股只有投机价值。投机并非不可以，但这要求投资者具有深厚的功力和高超的技巧。

如果有业绩的支撑，再加上主力的介入，在实战交易时会相当踏实。

五、行情研判二：华英农业

华英农业大幅下跌后，形成3个底峰，见图2-98～图2-100，这是头肩底形态吗？

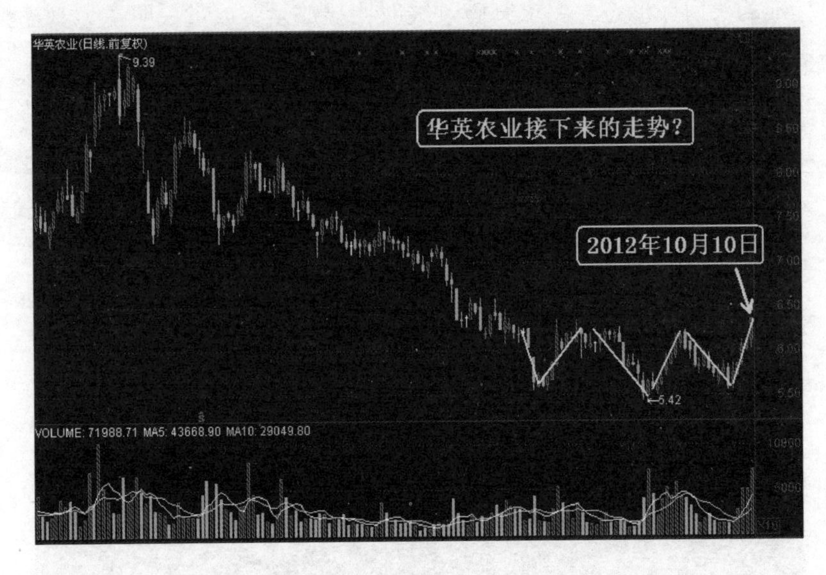

图 2-98　华英农业日 K 线

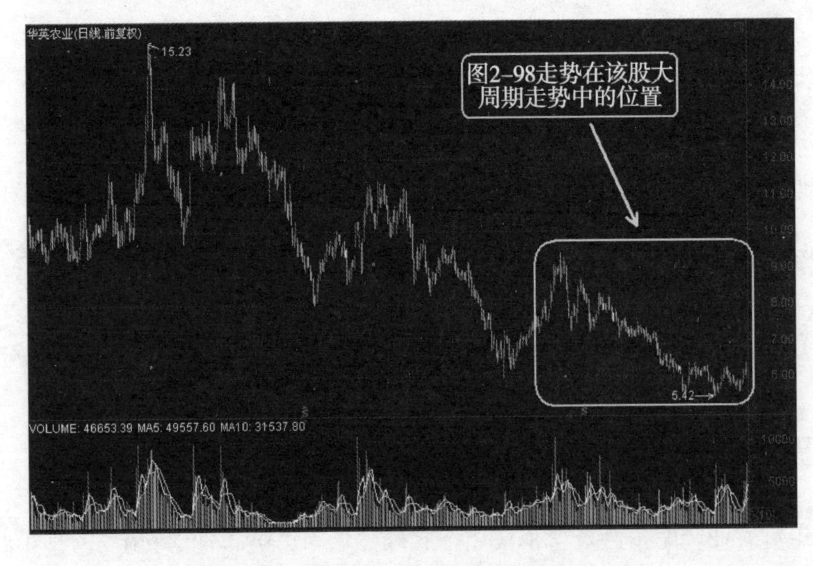

图 2-99　华英农业在大周期走势中的位置

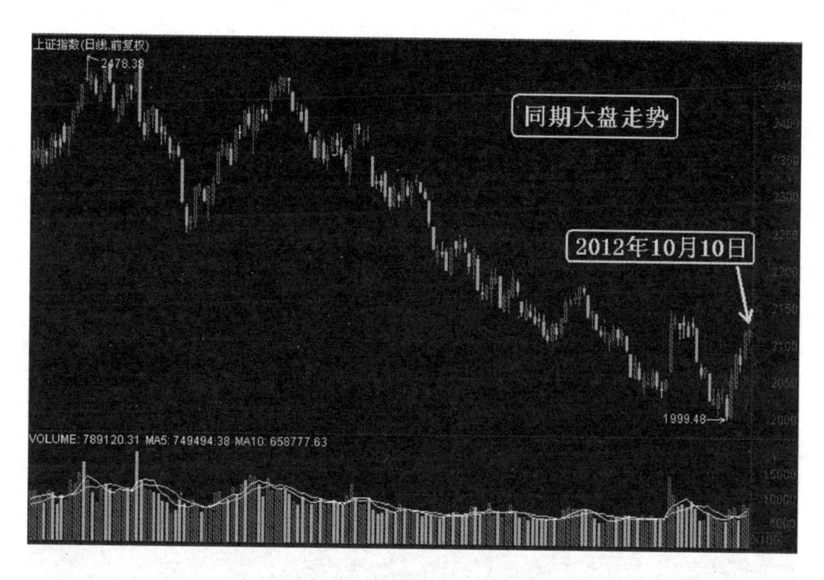

图 2-100　同期大盘走势图

谜底：股价随后大幅下杀，见图 2-101。

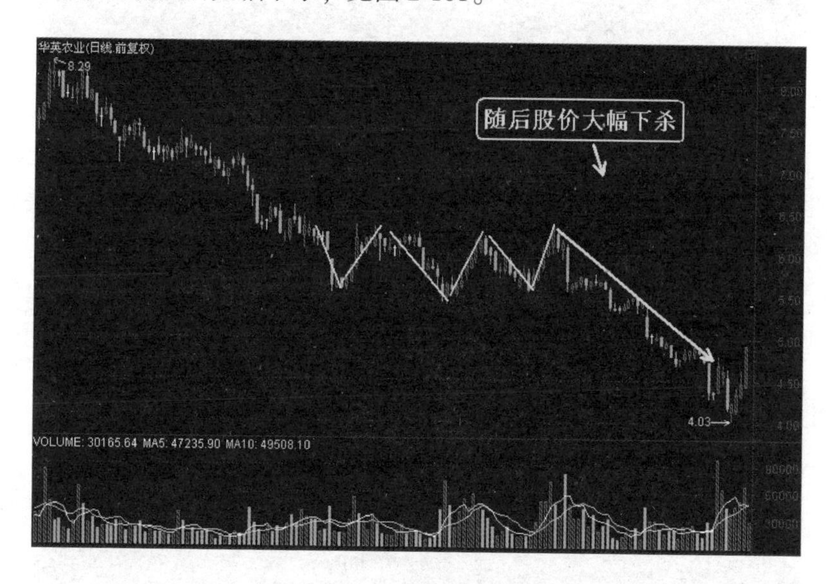

图 2-101　华英农业日 K 线

为何不是头肩底形态？

点睛

正如山峰有气势、人有气质一样，强庄股也有它的特征：K 线运行比较流畅，上涨放量、回调缩量等。

阴线放量在绝大部分时候都是资金流出的表现，这值得我们警惕。如果一段时间内频繁出现阴线放量，那更要回避。

因为频繁阴线放量只有两种可能性：

其一，有资金大幅流出。这样的个股当然要回避，见图 2-102。

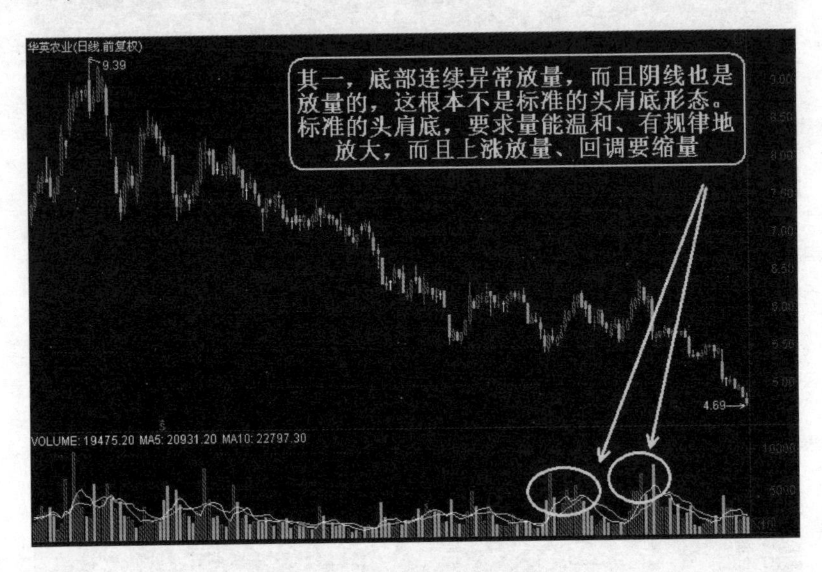

图 2-102　华英农业日 K 线

其二，主力很阴险，故意对敲放量。市场上那么多好股票，何必去跟阴险的主力玩呢？显然会吃力不讨好，见图 2-103。

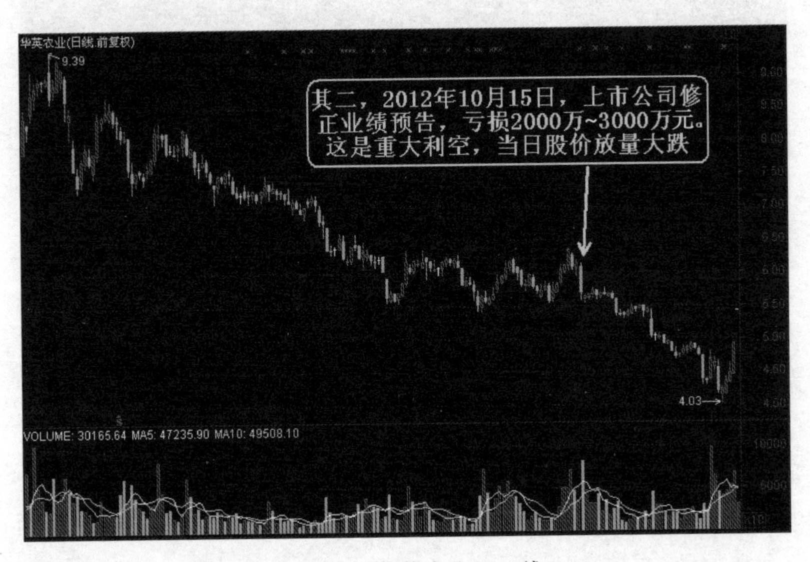

图 2-103　华英农业日 K 线

点睛

业绩对上市公司股价的影响很明显，因为上市公司的估值、股价的高低，最终要靠业绩来支撑。业绩下降的个股，其股价会明显承压，如图 2-104。

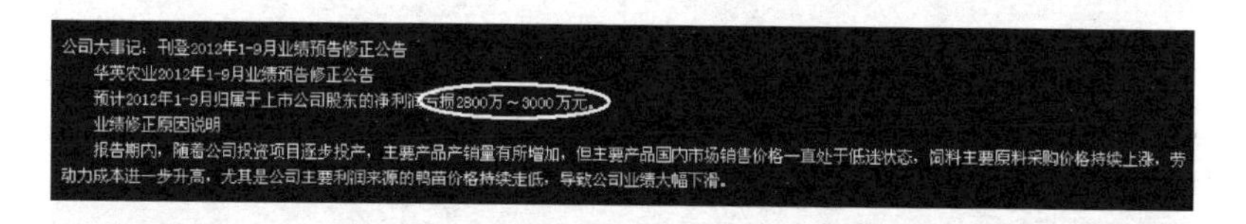

公司大事记：刊登2012年1-9月业绩预告修正公告

华英农业2012年1-9月业绩预告修正公告

预计2012年1-9月归属于上市公司股东的净利润亏损2800万～3000万元。

业绩修正原因说明

报告期内，随着公司投资项目逐步投产，主要产品产销量有所增加，但主要产品国内市场销售价格一直处于低迷状态，饲料主要原料采购价格持续上涨，劳动力成本进一步升高，尤其是公司主要利润来源的鸭苗价格持续走低，导致公司业绩大幅下滑。

图 2-104 华英农业 2012 年 1—9 月业绩预告修正公告（截图）

当然，业绩下降，也要具体分析是什么原因导致。如果是临时性因素（比如非主营业务的下降）导致业绩的下降，影响会比较有限。如果是市场竞争激烈、公司产品大幅滞销等因素导致业绩的下降，其影响会相当明显。

点睛

从交易手法上看，凡是尾盘才展开拉升的都值得警惕，见图 2-105、图 2-106，如果主力很强，完全可以在正常交易时间段拉升股价。

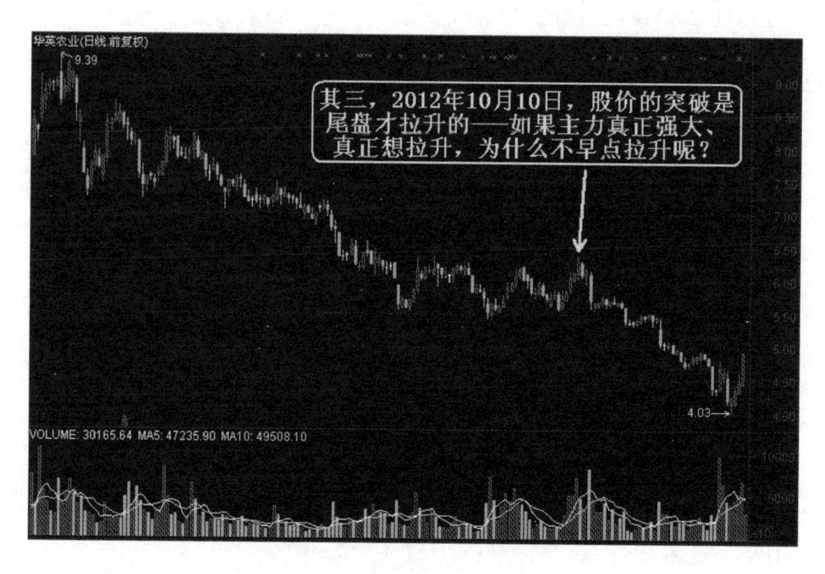

图 2-105 华英农业日 K 线

图 2-106　华英农业日 K 线

主力为什么会在尾盘拉升？

点睛

一方面，即将收盘时，大多数股民的心思已经不在盘面上，这时展开拉升主力所面临的抛压比较小，主力可以以小成本干大事。

另一方面，尾盘拉升可以将股价的 K 线做得更漂亮。如此一来，会受到很多晚上复盘的股民的高度关注，吸引他们进场接盘，

六、行情研判三：宜安科技

宜安科技上市之后，股价跌破发行价。与此同时，股价形成了 3 个底峰，见图 2-107、图 2-108，这是标准的头肩底形态吗？

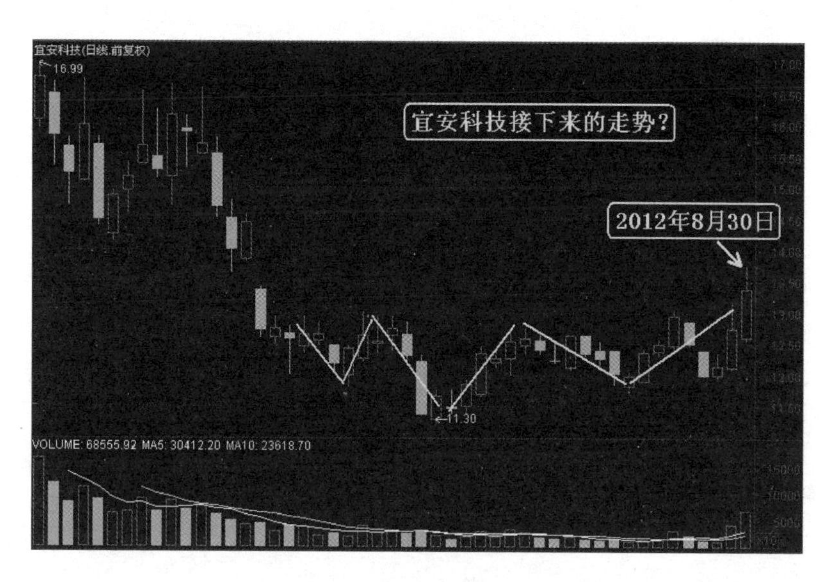

图 2-107　宜安科技日 K 线

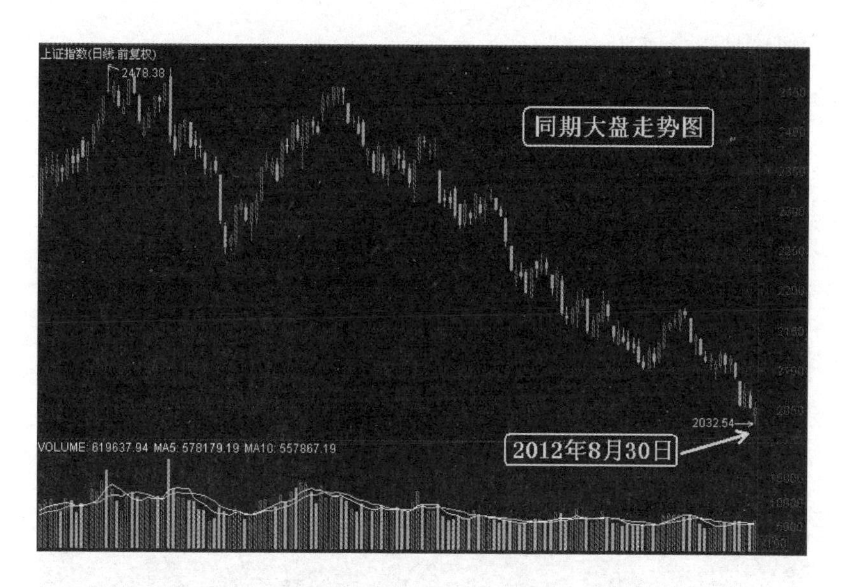

图 2-108　宜安科技在同期大盘中的走势

谜底：股价随后大幅上涨，见图 2-109。

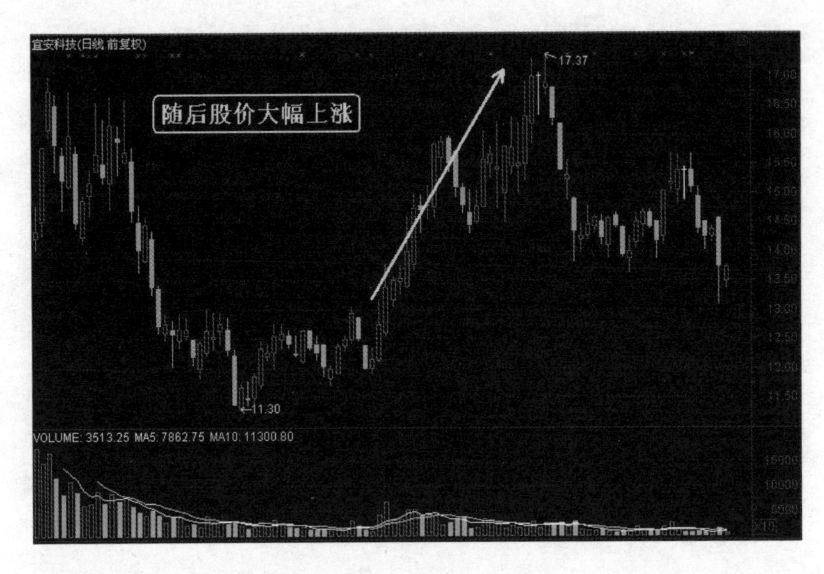

图 2-109　宜安科技日 K 线

为何这是一个成功的头肩底形态？

点睛

在右肩部分形成了小双底的形态，而且这个小双底的量能、K 线、形态等都非常符合标准，见图 2-110。

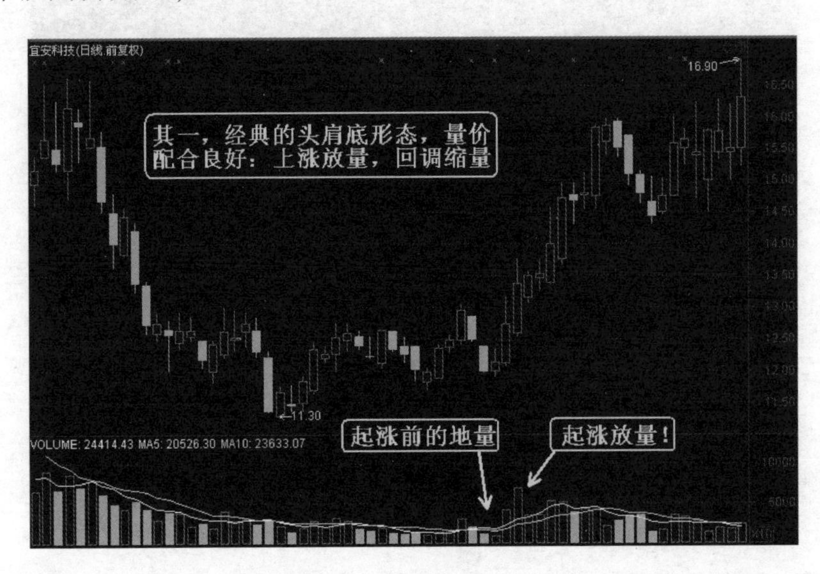

图 2-110　宜安科技日 K 线

点睛

本来就已经形成头肩底形态，再叠合小双底的形态，两个形态产生共振，其威力更为强大，见图 2-111。

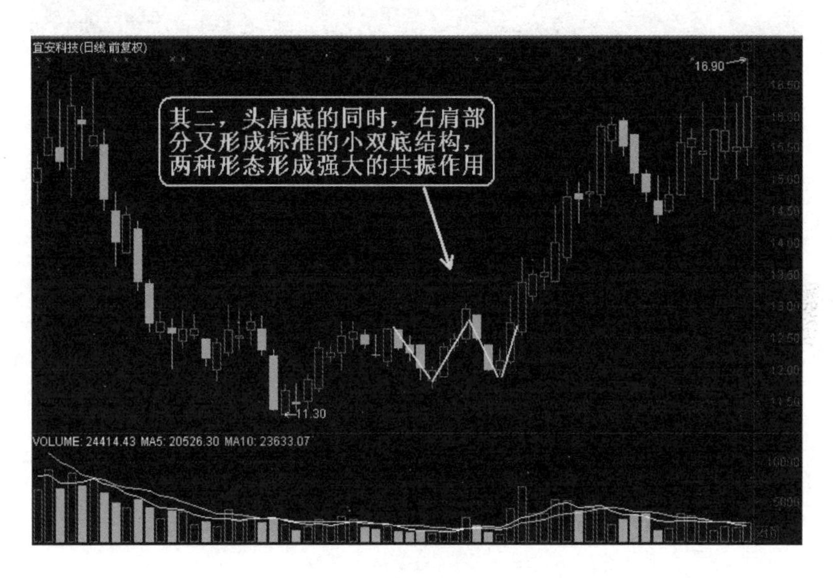

图 2-111　宜安科技日 K 线

点睛

股价跌破发行价至少意味着以下两点：

其一，风险得到一定程度的释放。

其二，场内绝大部分资金都被套，包括那些中签的机构和个人。出于自救的目的，这些资金完全有可能折腾一下。

因此，对于那些基本面不差，而股价破发的个股，一旦形成良好的底部形态，完全可以狙击一把，见图 2-112、图 2-113。

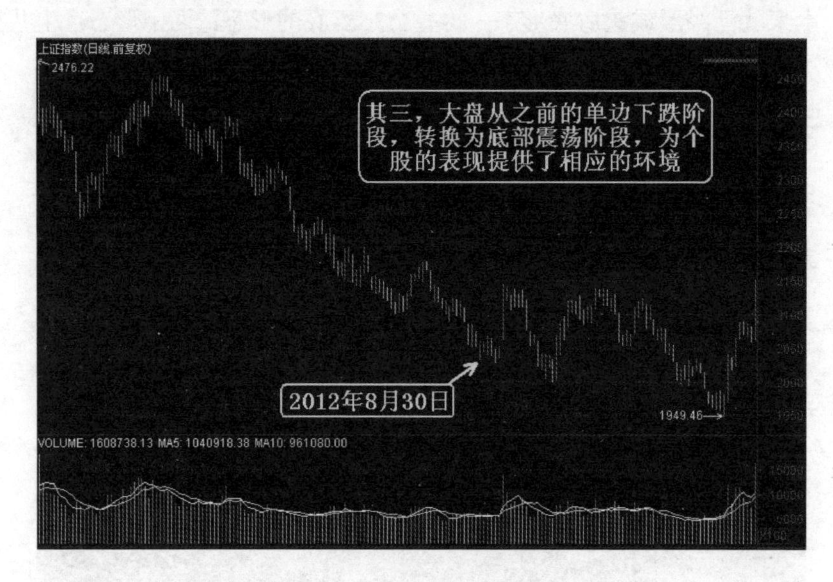

图2-112　宜安科技日K线

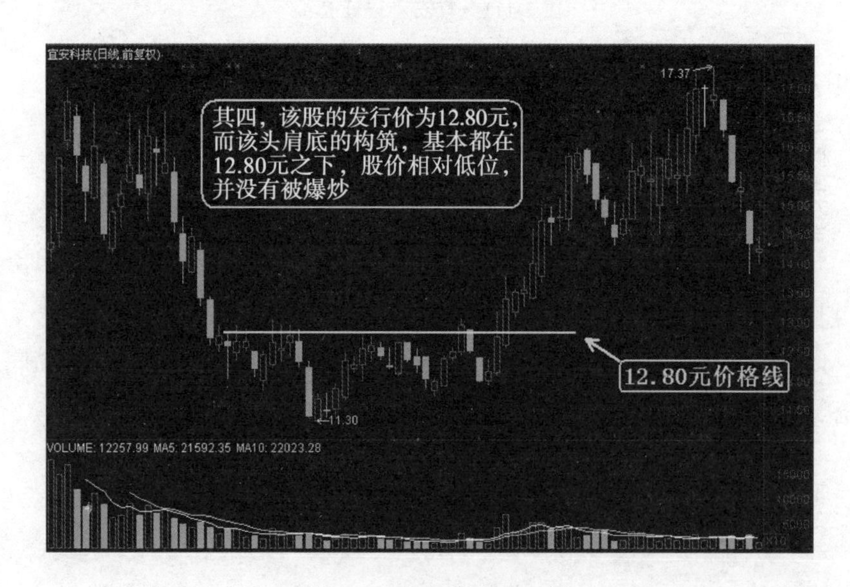

图2-113　宜安科技日K线

第六节　头肩顶

一、头肩顶的特点

头肩顶（Head And Shoulders Top）是最为常见的倒转形态之一。头肩顶是在上涨行情接近尾声时的看跌形态，图形以左肩、头部、右肩及颈线构成，见图 2-114。在头肩顶形成过程中，左肩的成交量最大，头部的成交量略小，右肩的成交量最小，成交量呈递减现象。在技术分析的各种方法中，头肩顶是预判市场波段头部形成常见的 K 线形态之一。

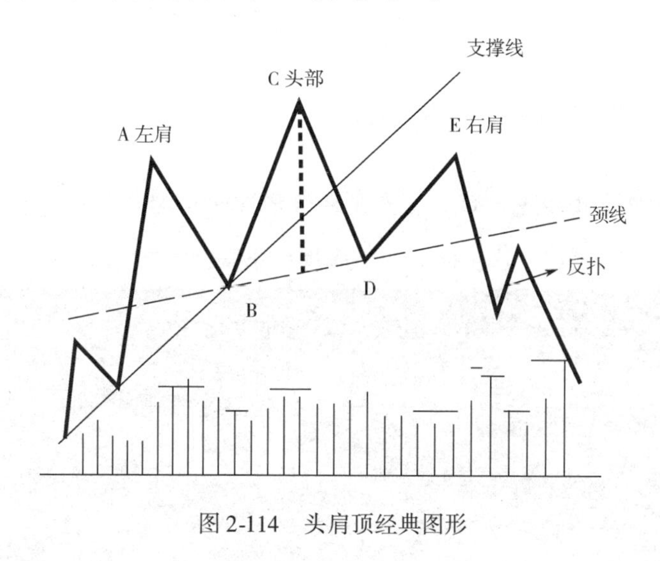

图 2-114　头肩顶经典图形

二、头肩顶的内在原理

股价经过一波明显的上涨，获利盘开始兑现，成交量大幅放大，然后回落整理，形成第一个峰谷。

股价回落后，错过上升行情的投资者买入推升股价，并突破第一个峰谷位置创出新高，但成交量未见连续放大，股价遭遇获利盘打压再度回调形成第二个峰谷（头部）。

之后回落至第一次下跌低点附近，再度受低位买盘的刺激上涨，但反弹至第一个峰谷附近就掉头向下，并跌穿第一次和第二次回落低点连线形成的颈线支撑，第三个峰谷形成，头肩顶形态形成。

当形态形成之后，股价下跌幅度为最高点与颈线之间的垂直高度。

三、头肩顶的核心要求

一般来说，左肩和右肩的高点大致相等，部分头肩顶的右肩较左肩略低。但如果右肩的高点高于头部，形态便不能成立。

成交量的表现：左肩最大，头部次之，右肩最少。预示着做多动能的逐步衰竭。

四、操作案例一：山东墨龙

山东墨龙经过一波大幅上涨，在高位形成3个峰，并且量能逐步萎缩，见图2-115～图2-117，这是标准的头肩顶形态吗？

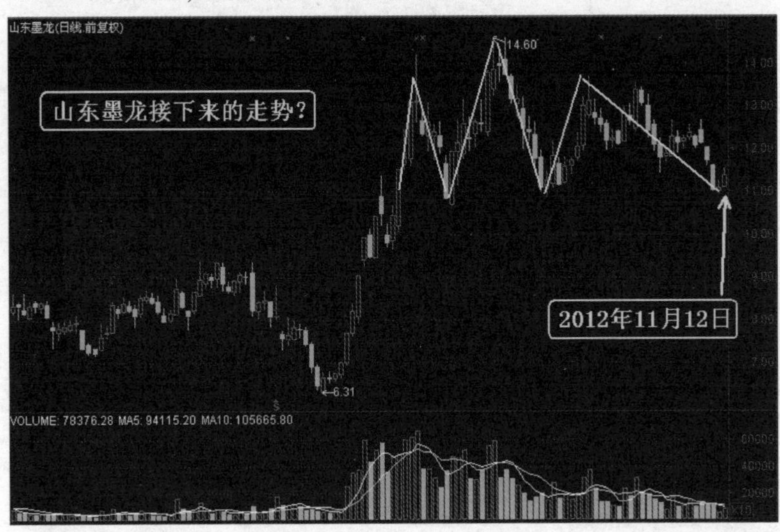

图2-115　山东墨龙日K线

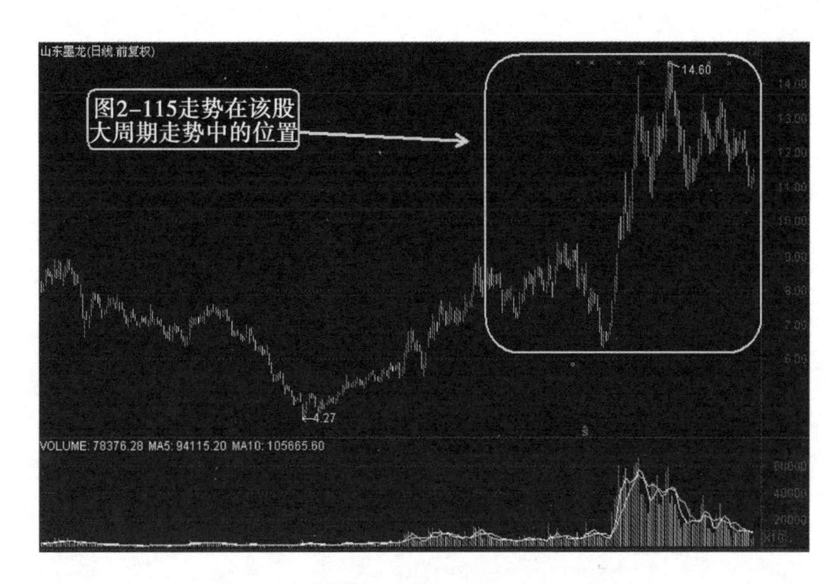

图 2-116　山东墨龙在大周期走势中的位置

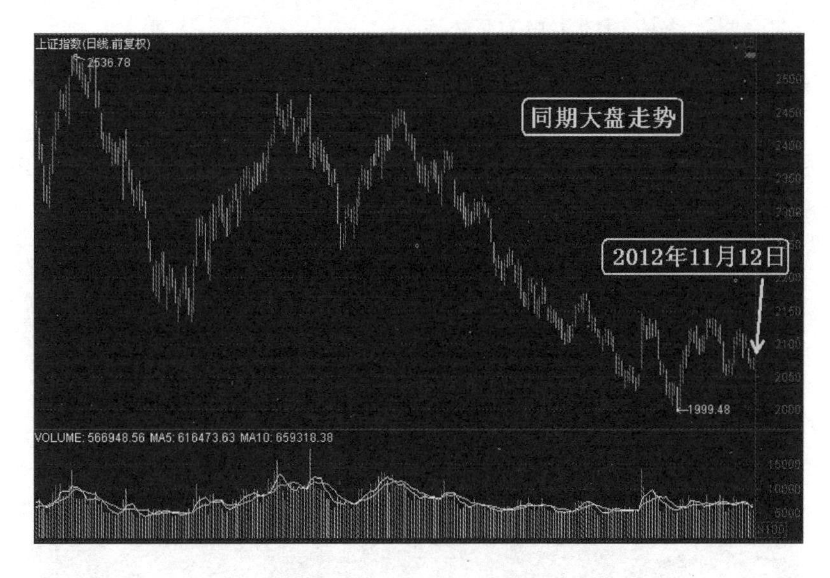

图 2-117　山东墨龙日 K 线

谜底：股价随后大幅回落，见图 2-118。

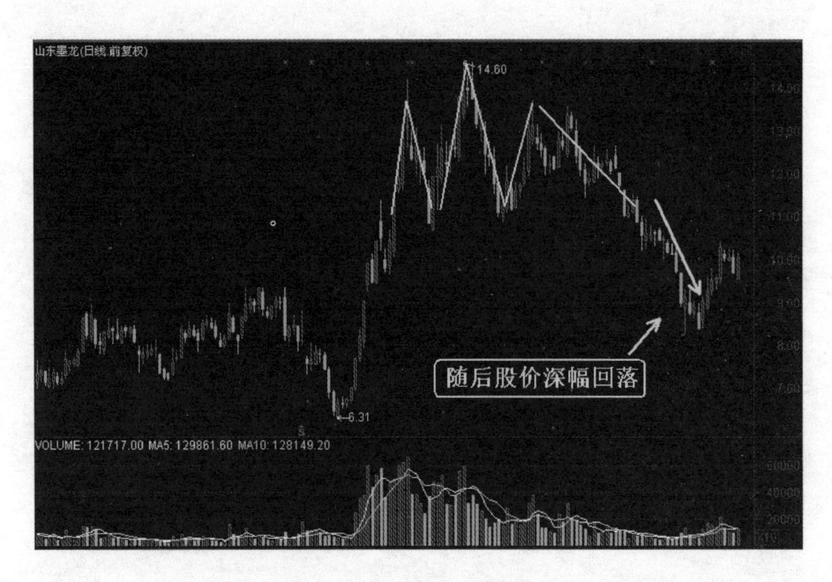

图 2-118 山东墨龙日 K 线

为何会是一个成功的头肩底形态?

点睛

左肩明显放量滞涨，而且量能最大，头部的量能次之，右肩的量能最小。这是头肩顶形态的标准量能表现，见图 2-119。

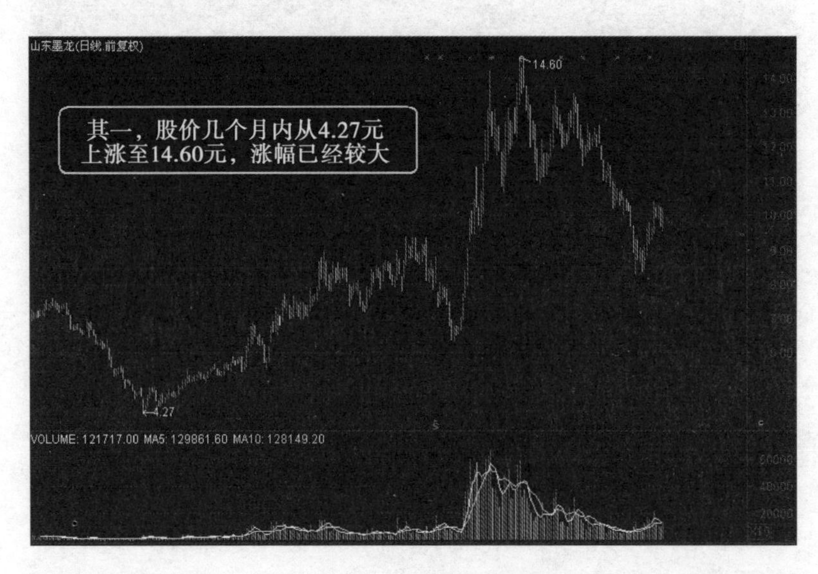

图 2-119 山东墨龙日 K 线

点睛

无论何种形态，量能的表现非常重要。标准的量能表现意味着形态的成功率会非常高，见图 2-120。

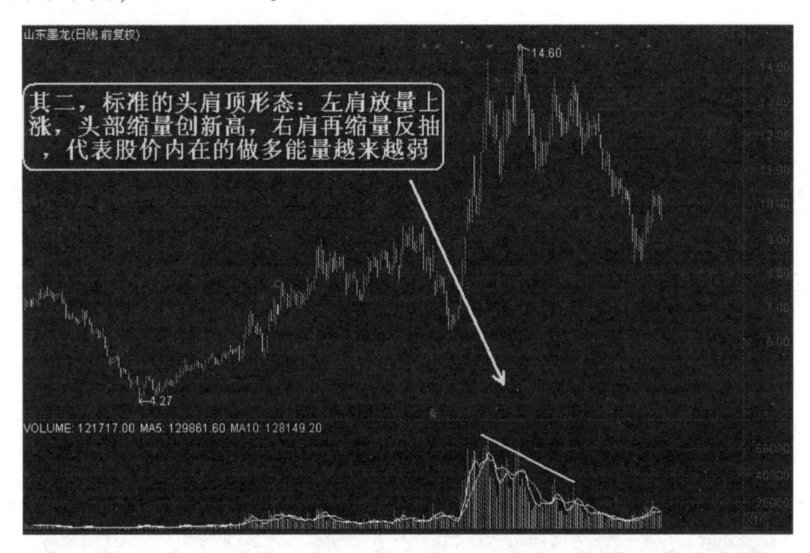

图 2-120　山东墨龙日 K 线

点睛

同一概念、同一板块的个股，会有明显的联动效应，见图 2-121。如果同一板块的个股同步形成较为标准的顶部形态，两者互相印证，成功率就更有保障了。

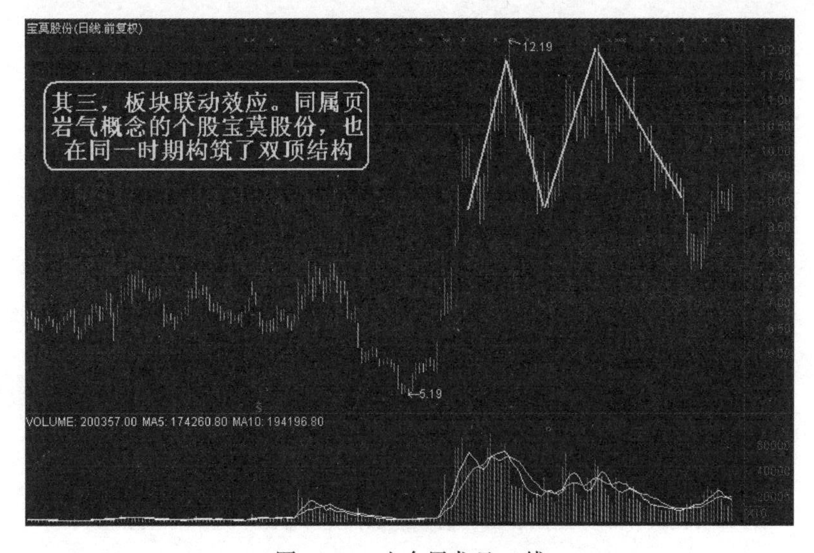

图 2-121　山东墨龙日 K 线

点睛

这给我们一个启示：实战交易时，如果对某只个股的走势有疑惑，可以观察同类个股的走势，看能否形成共振，以此做到胸有成竹。

五、操作案例二：秦岭水泥

秦岭水泥经过大幅上涨后，形成3个峰，并且量能也呈萎缩态势，见图2-122 ~ 图2-124。这是标准的头肩顶形态吗？股价接下来会怎么走？

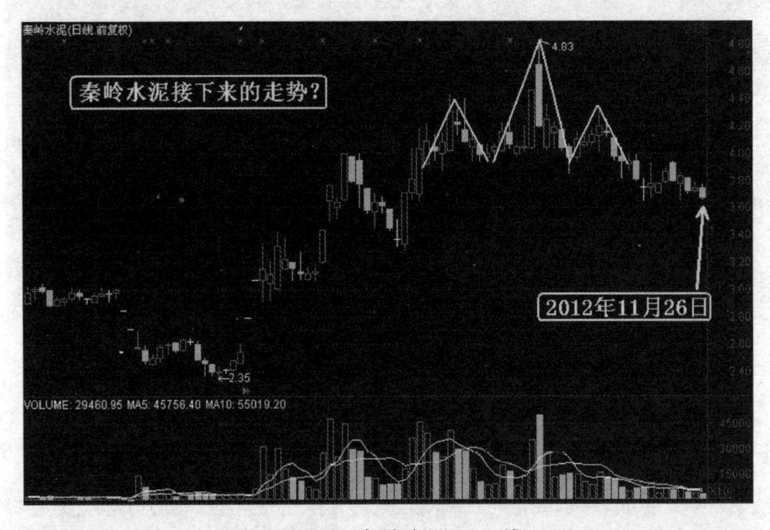

图2-122　秦岭水泥日K线

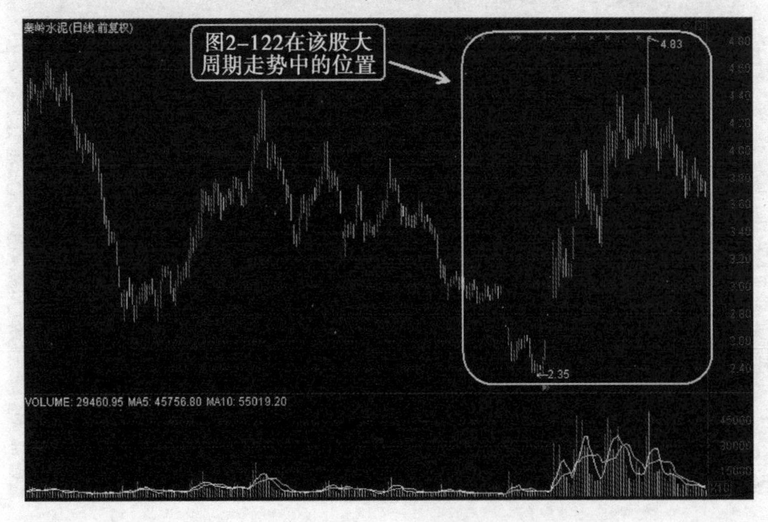

图2-123　秦岭水泥在大周期走势中的位置

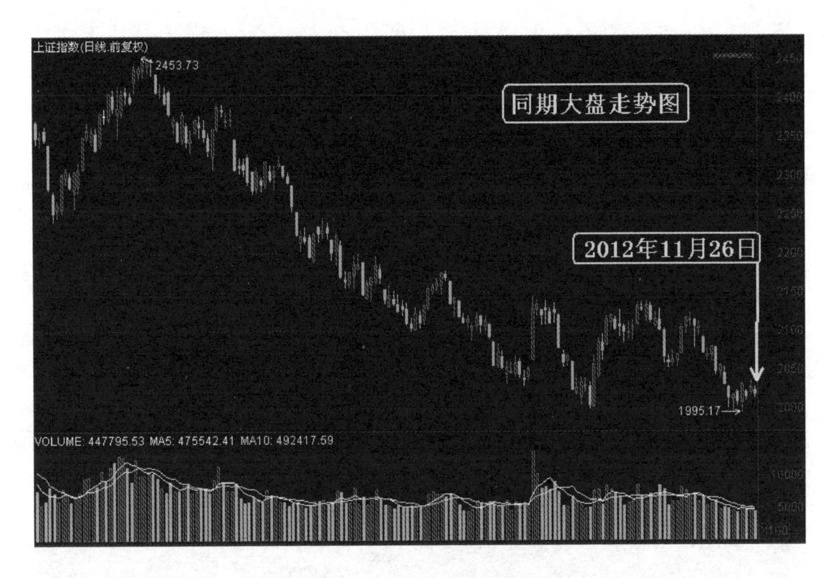

图 2-124　同期大盘走势图

谜底：股价随后大幅上涨，见图 2-125。

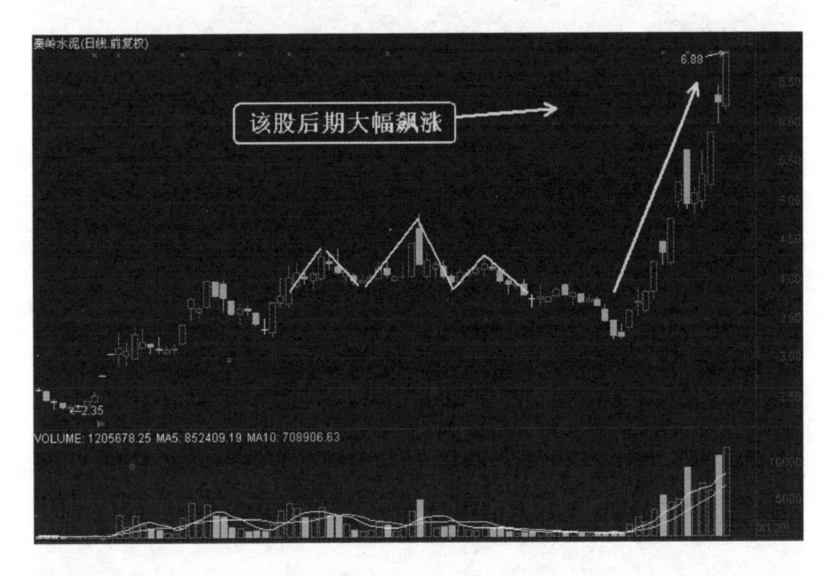

图 2-125　秦岭水泥日 K 线

为什么这不是成功的头肩顶形态？

点睛

中国股市一定程度上来说是政策市，政策会对市场走势形成重大的影响。

中国并不是一个完全的市场经济体系，所以政策成为决定市场命运和方向的重要因素，中国股市的每一次阶段性牛市和每一次阶段性熊市，都不是基于市场本身的估值动力和趋势导向，而是基于政策的铁腕之手。

因此，当国家推行城镇化建设时，水泥股自然会有出色的表现，见图2-126～图2-128。

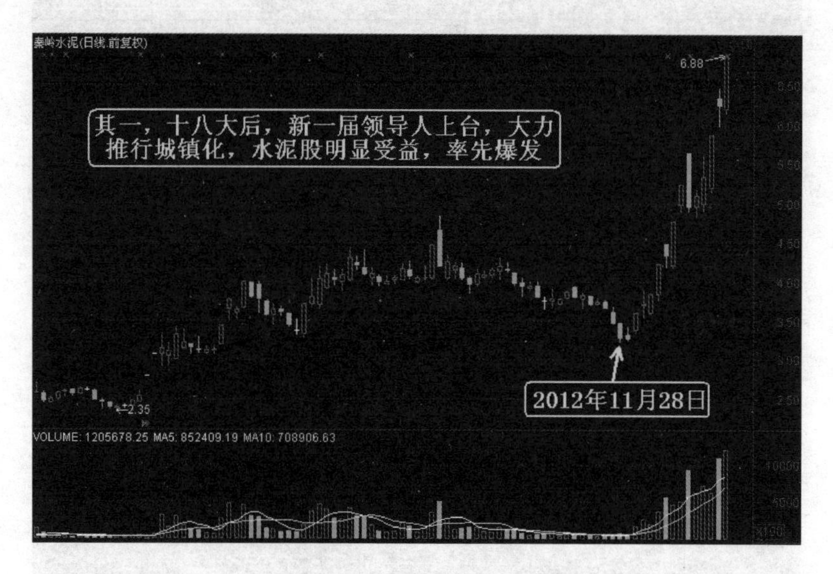

图2-126　秦岭水泥日K线

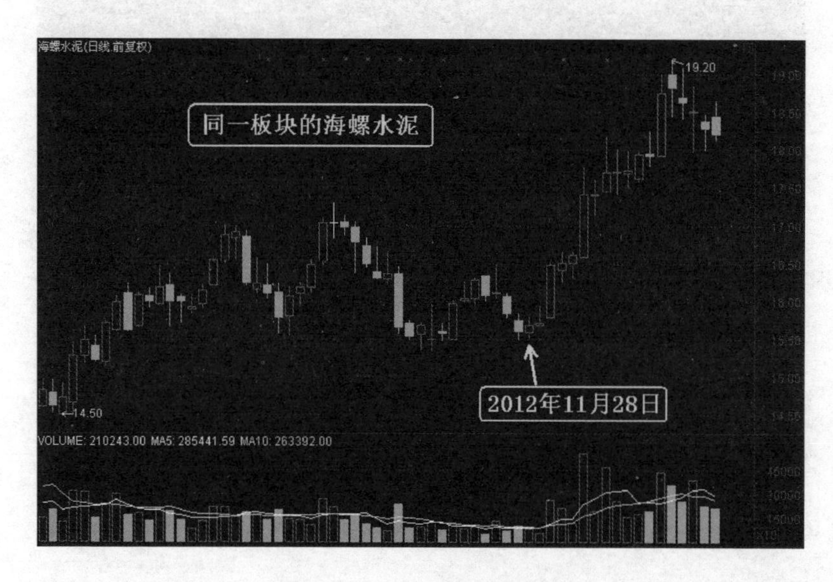

图2-127　秦岭水泥日K线

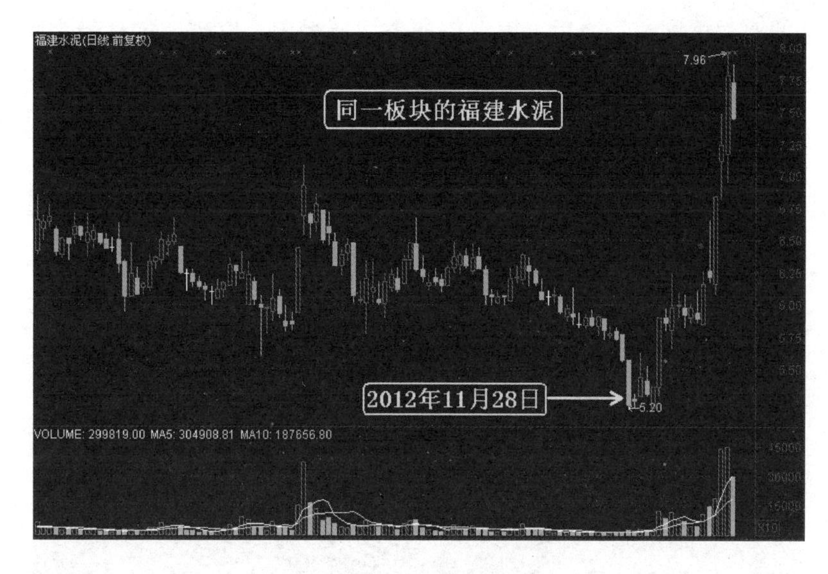

图 2-128　秦岭水泥日 K 线

点睛

极度缩量，即是成交意愿很低，意味着筹码意志非常集中，短期要选择方向了。如果一致看多，股价将展开主升浪形态；如果一致看跌，股价将向下突破。见图 2-129。

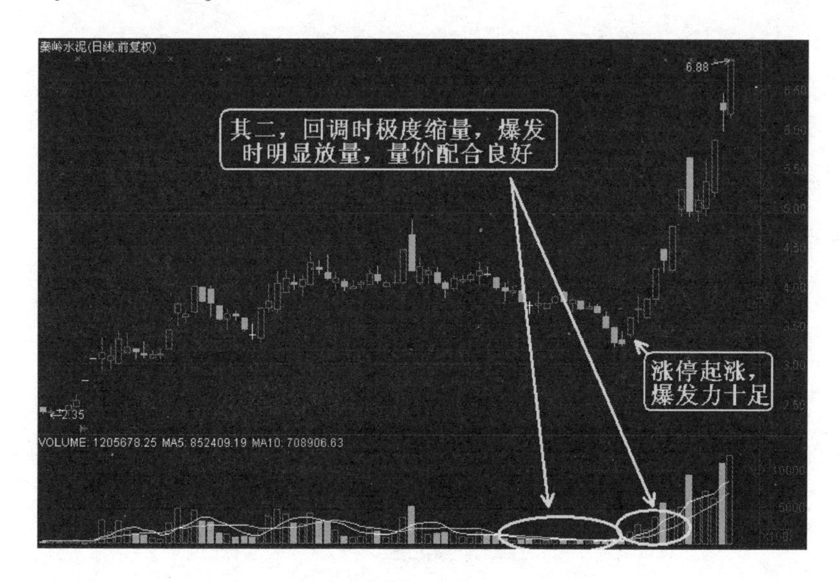

图 2-129　秦岭水泥日 K 线

秦岭水泥极度缩量之后，以涨停的方式放量向上突破，这是最为强势的起涨方式，见图 2-130。

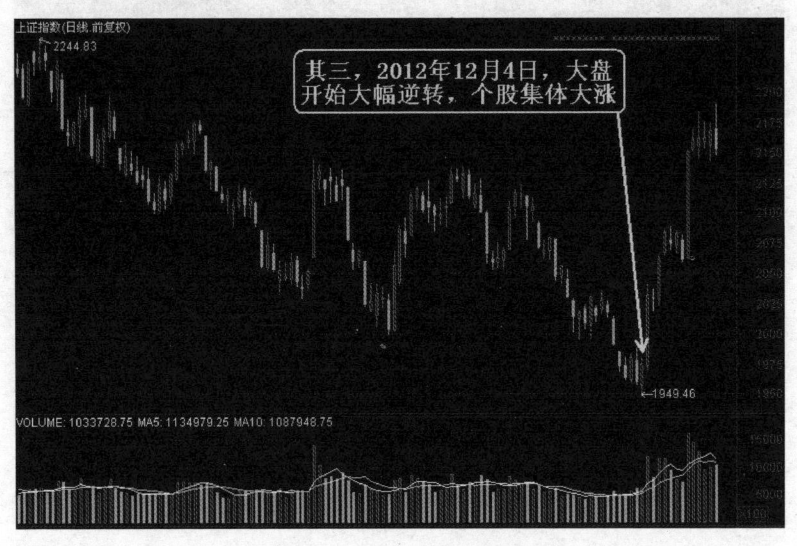

图 2-130　秦岭水泥日 K 线

第七节　圆弧底

一、圆弧底的特点

圆弧底形态属于一种盘整形态，多出现在价格底部区域，是极弱势行情的典型特征。其形态表现在 K 线图中宛如锅底状，其形态见图 2-131。

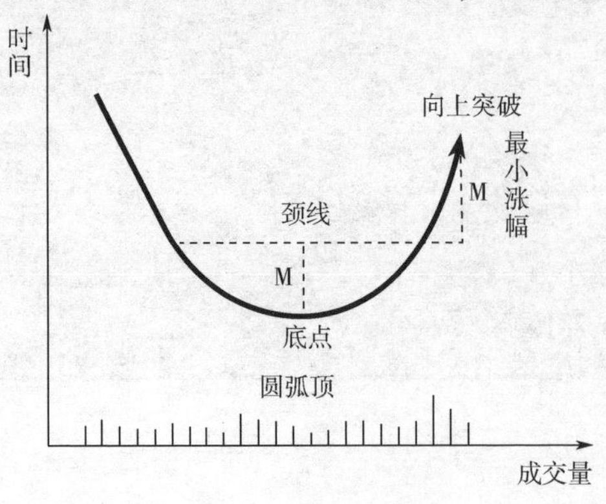

图 2-131　圆弧底经典图形

二、圆弧底的市场原理

价格经过长期下跌之后，卖方的抛压逐渐消失，空方的能量基本释放完毕，许多高位深度套牢的筹码因价格跌幅太大，只好死捂不动。

与此同时，由于短时间内买方难以集中起来，价格无法强势上涨；加之此时价格大跌后元气大伤，价格只能停留在底部长期休整，以逐渐恢复元气。

持仓人不愿割肉，多头也不愿意迅速介入，价格整体陷入胶着状态，震幅比较小，此时价格便会形成圆弧底形态。

三、圆弧底的要点分析

（1）在圆弧底形态中，左边下跌时成交量极小，右边开始上涨时成交量温和放大；股价突破颈线时成交量会明显放大。

（2）圆弧底形态通常是主力吸货区域，由于其炒作周期长，故在完成圆弧底形态后，其上涨幅度惊人。但要注意，突破颈线时再行介入。

（3）圆弧底构筑的时间越长，未来的爆发空间越大。

四、行情研判一：鲁商置业

鲁商置业经过大幅下跌后，在相对低位形成圆弧形态，并开始放量上涨，见图 2-132～图 2-134，股价接下来会怎么走？

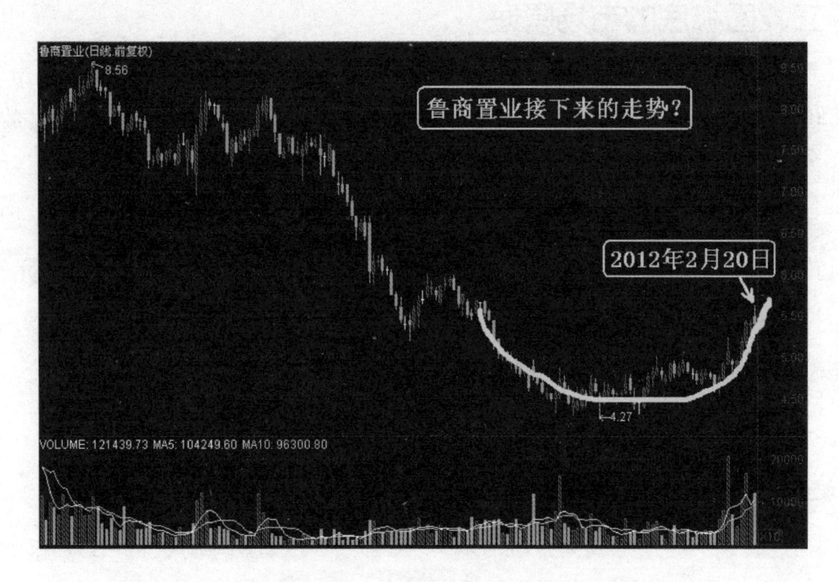

图 2-132　鲁商置业日 K 线

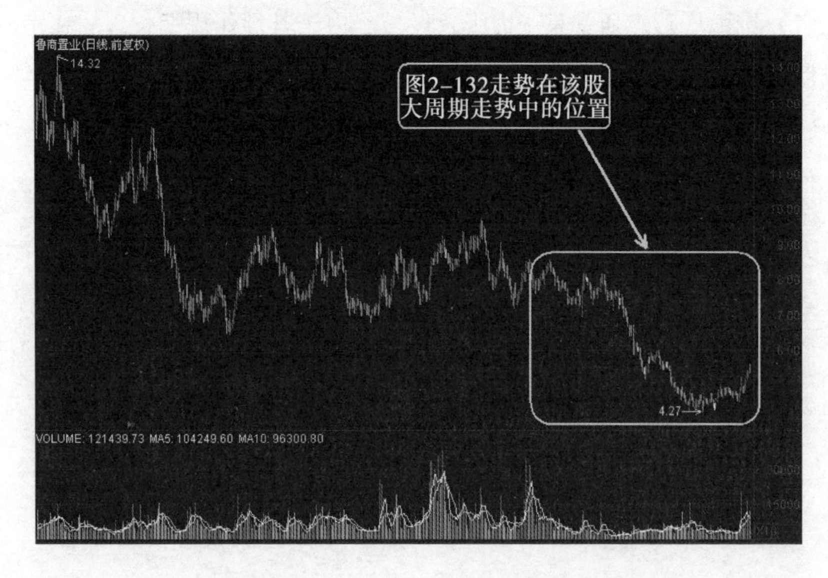

图 2-133　鲁商置业在大周期走势中的位置

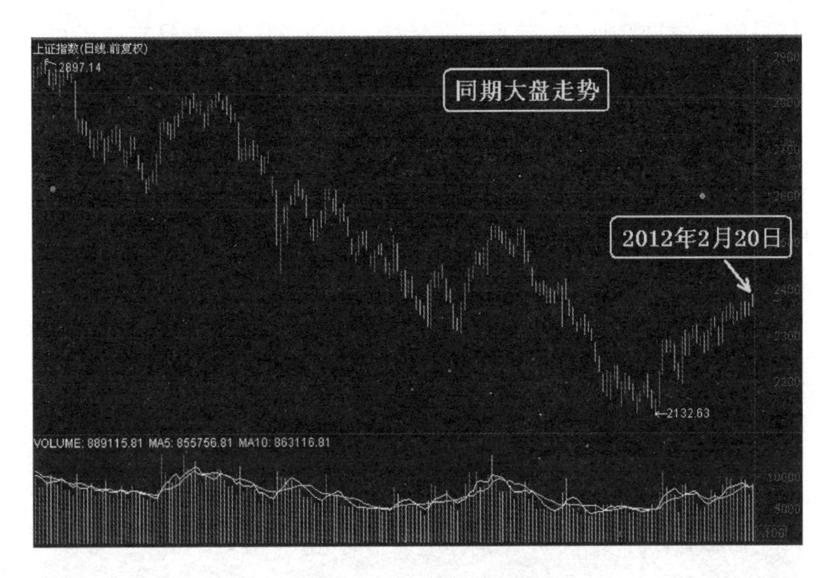

图 2-134　同期大盘走势

谜底：股价随后展开波段上涨，见图 2-135。

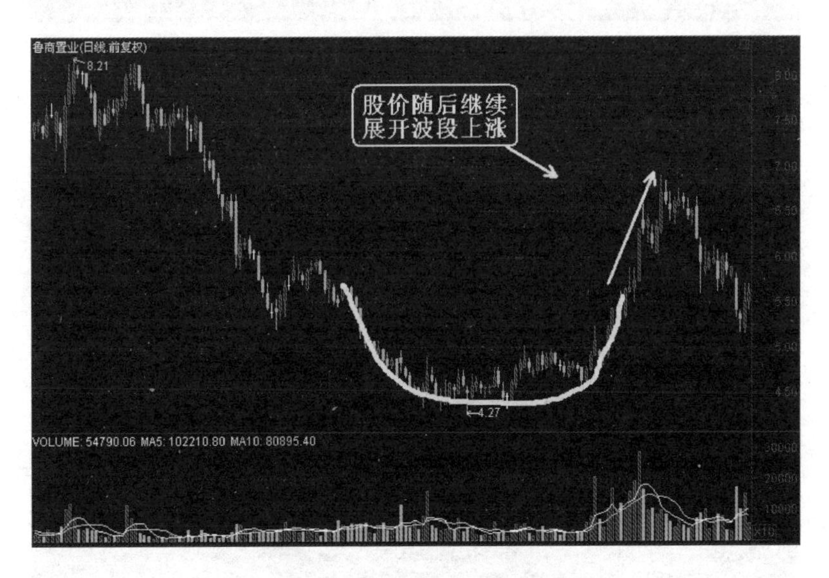

图 2-135　鲁商置业日 K 线

为何这是一个成功的圆弧底形态？

股价在筑底阶段时，以小阳线为主，并且阳线放量、阴线缩量，起涨时

又明显放量，这是圆弧底形态的标准量能。股价的运行都是有节奏的，符合这种节奏的个股，才能保证高成功率，才值得关注，见图 2-136 ~ 图 2-138。

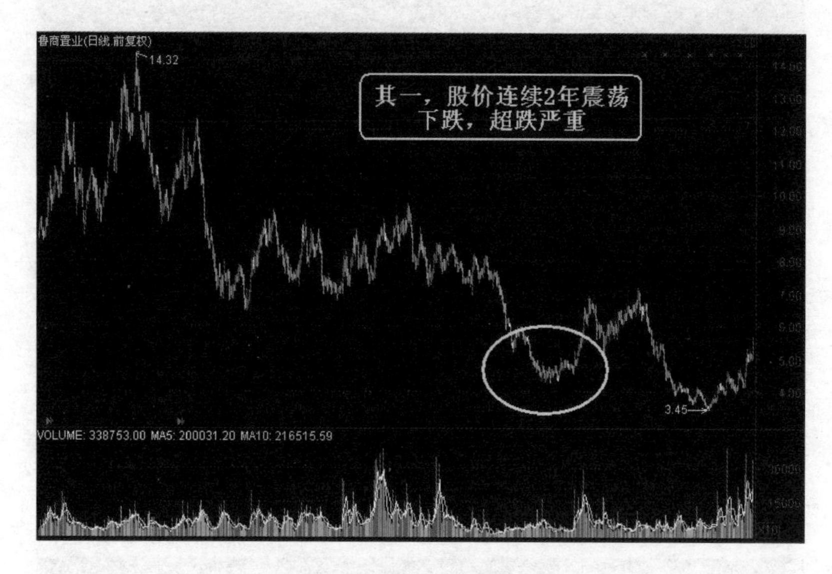

图 2-136　鲁商置业日 K 线

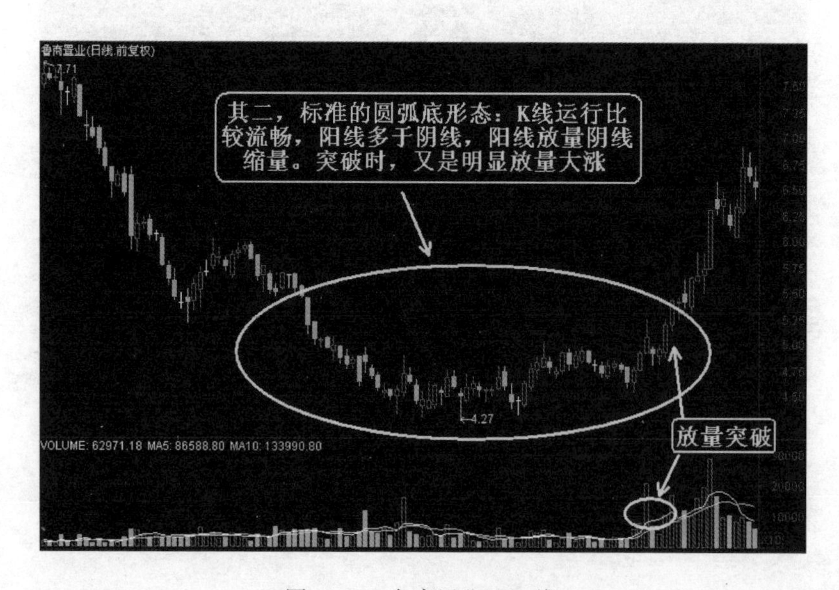

图 2-137　鲁商置业日 K 线

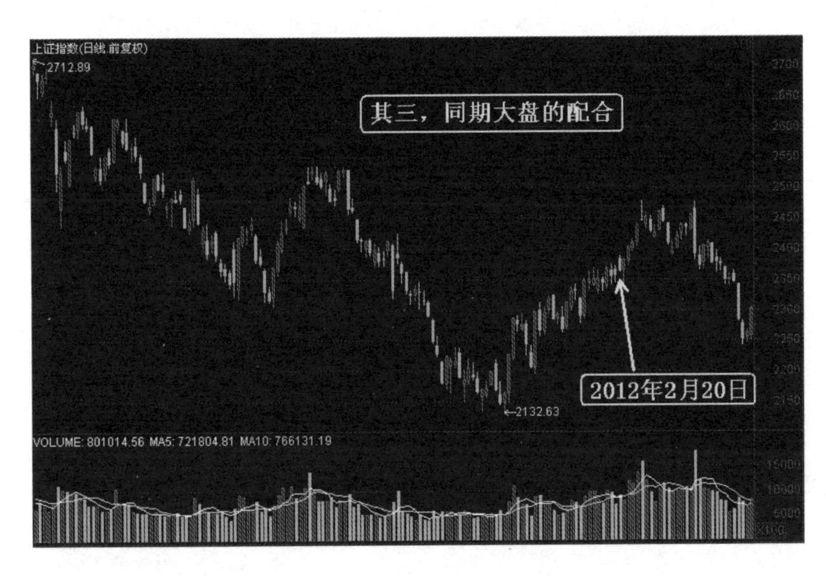

图 2-138 鲁商置业日 K 线

五、行情研判二：松芝股份

松芝股份经过大幅下跌之后，在相对低位形成圆弧形态，然后开始放量起涨，见图 2-139、图 2-140。股价接下来会怎样运行呢？

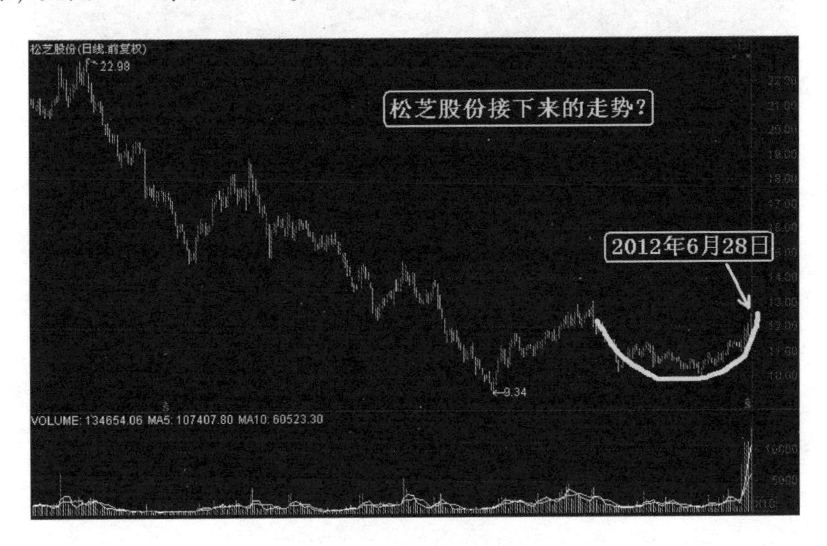

图 2-139 松芝股份在同期大盘中的走势

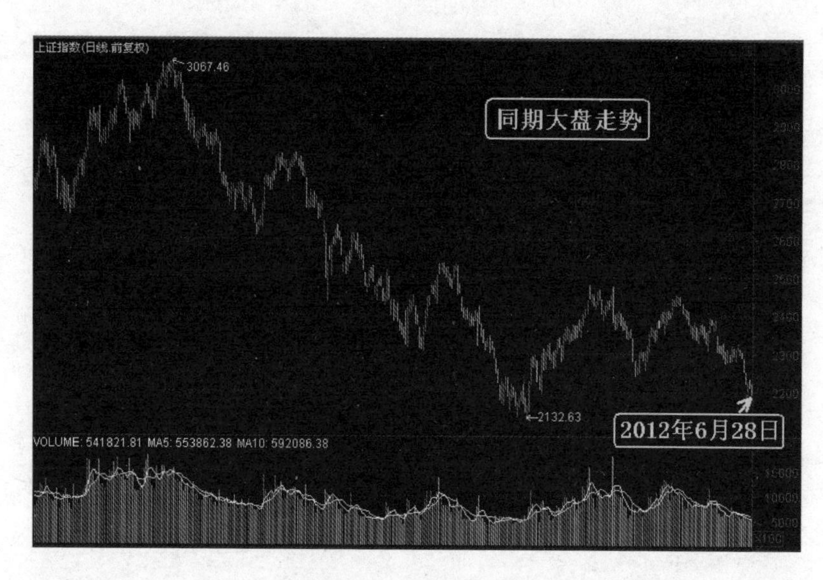

图 2-140　同期大盘走势

谜底：接下来股价大幅杀跌，见图 2-141。

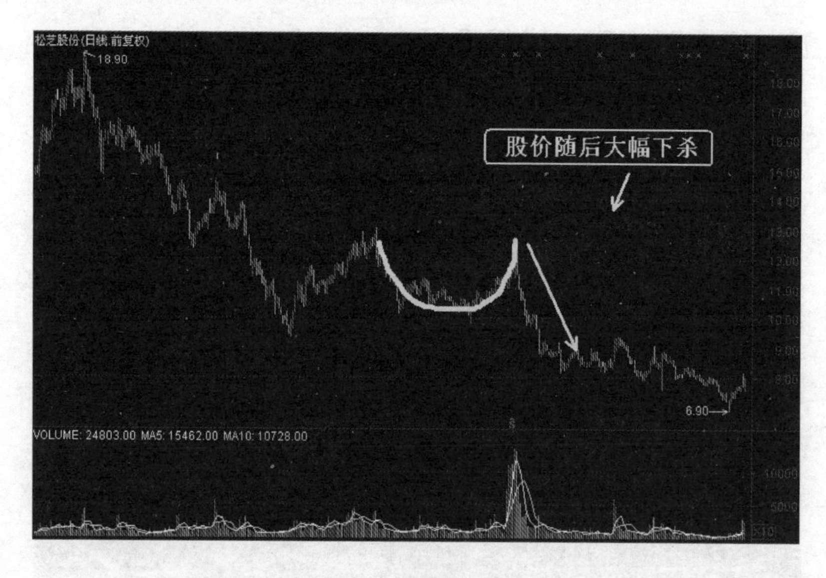

图 2-141　松芝股份日 K 线

为什么这不是圆弧底形态？

点睛

图 2-142 画圈位置的量能是之前成交量的几倍，属于异常放量，但股价

未涨，这很值得警惕，明显是有资金在暗中大力出逃。

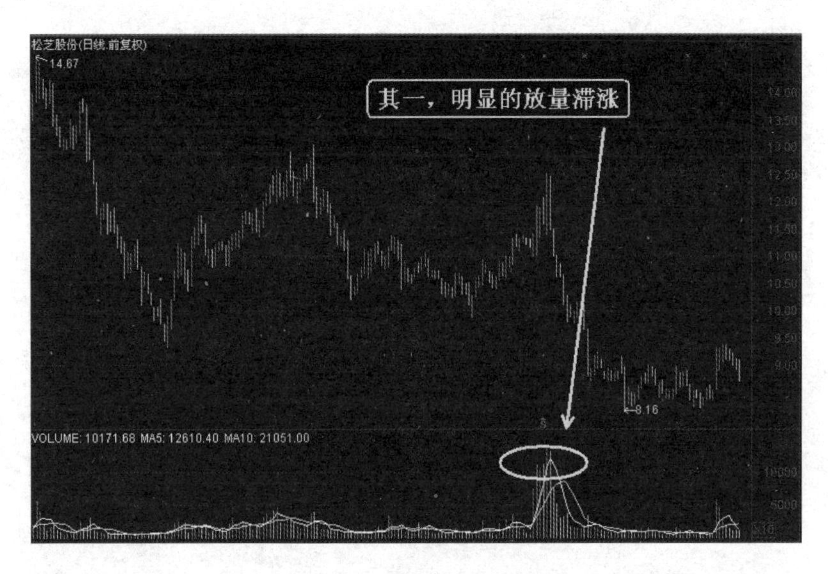

图 2-142　松芝股份日 K 线

点睛

几千手、上万手的大单，不是一般散户能够促成的。

主力故意大单对敲，并且显示是往更高的价位买进。如此一来，很多散户会以为主力在大单吃货，于是争先恐后地往里冲。更阴险的是，在收盘前最后几分钟，主力还快速拉升股价，进一步刺激散户的跟风冲动，同时做出漂亮的 K 线，让更多股民第二天跟进，见图 2-143、图 2-144。

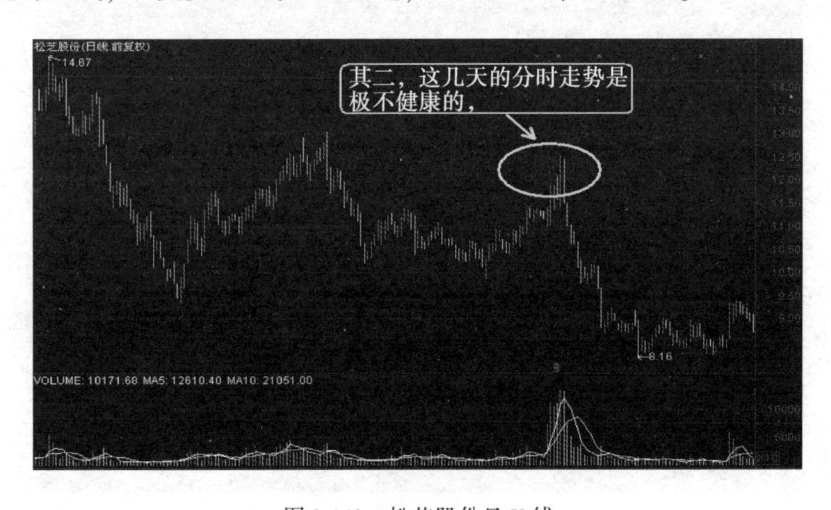

图 2-143　松芝股份日 K 线

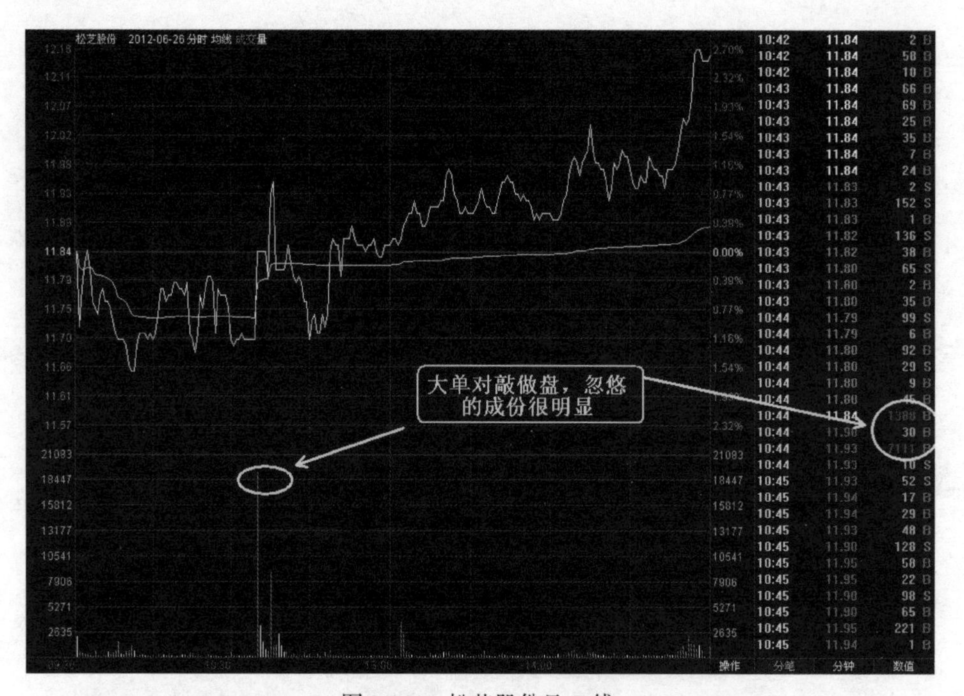

图 2-144 松芝股份日 K 线

这种分时走势（见图 2-145）如此诡异，难道没有暗藏玄机？

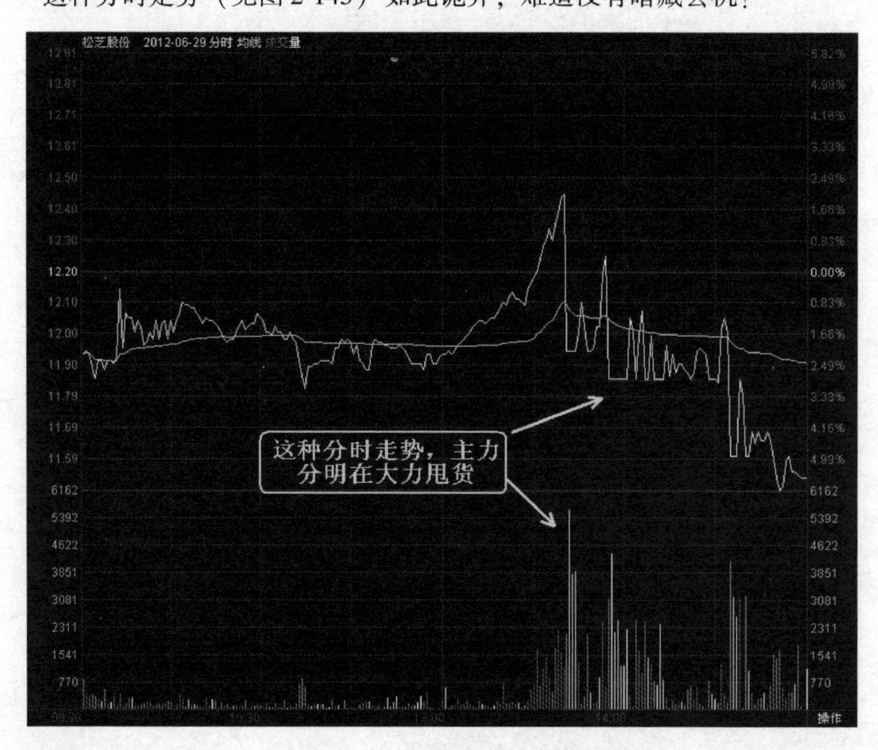

图 2-145 松芝股份日 K 线

点睛

事实上，这是地下私募经常用到的对调出货手法。先在卖盘上挂一巨量大单（比如10万手），然后主力用自己控制的其他账户往巨量大单上吃进，造成主力不断吃货的假象，以引诱散户进场接货。

点睛

炒股，即炒预期。

当预期得以兑现时（见图2-146），股价往往已经在相对高位了。没有了预期，也就没有炒作理由，再加上筹码的获利回吐压力，股价的下跌是很自然的事。

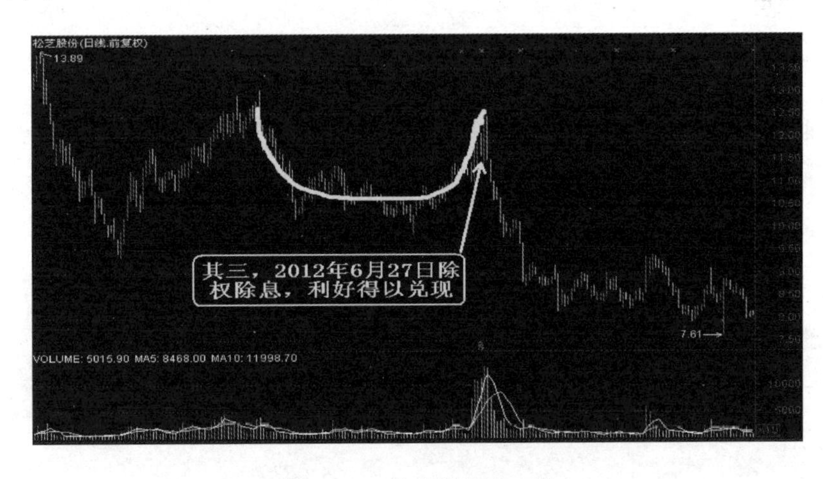

图2-146　松芝股份日K线

第八节　圆弧顶

一、圆弧顶的特点

圆弧顶指K线在顶部形成的圆弧形状，见图2-147。圆弧顶形态比较少见，它代表趋势平缓、逐渐的变化。在顶部交易量随着市场的逐步转向而收缩。最后，当新的价格方向占据主动时，又相应地逐步增加。

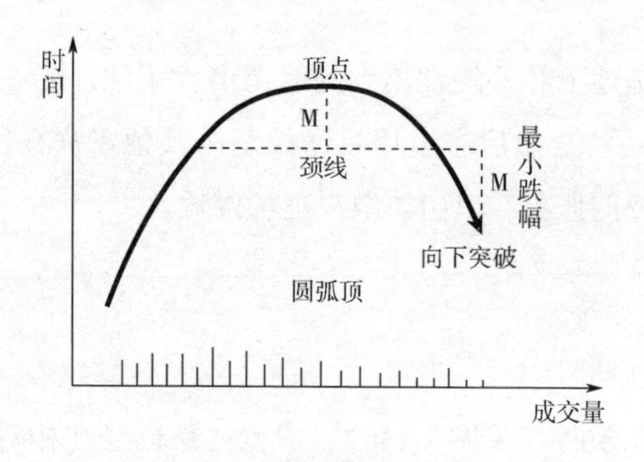

图 2-147　圆弧顶经典图

二、圆弧顶的内在原理

股价大幅上涨后，多方在维持一段股价的升势之后，力量逐步趋弱，难以维持原来的股价，涨势缓和，而空方力量却有所加强。导致双方力量均衡，此时股价保持平台整理的相对静止状态。

一旦空方力量超过多方，股价开始回落，起初只是慢慢改变，跌势不明显，但后来空方完全控制市场，跌势转急，表明一轮跌势已经来临。

先知先觉者往往在形成圆弧顶前抛售出局，但在圆弧顶形成后出局也不算太迟。

三、圆弧顶的核心要求

圆弧反转在股价的顶部出现，等股价跌破前一次形成圆弧顶始点时形态才能确立。构筑的时间越长，其下跌的威力越强。

四、操作案例一：中润资源

中润资源经过一波上涨后，涨速不断趋缓，形成平滑的圆弧形态（见图 2-148 ~ 图 2-150）。这是圆弧顶形态吗？股价接下来会怎么走？

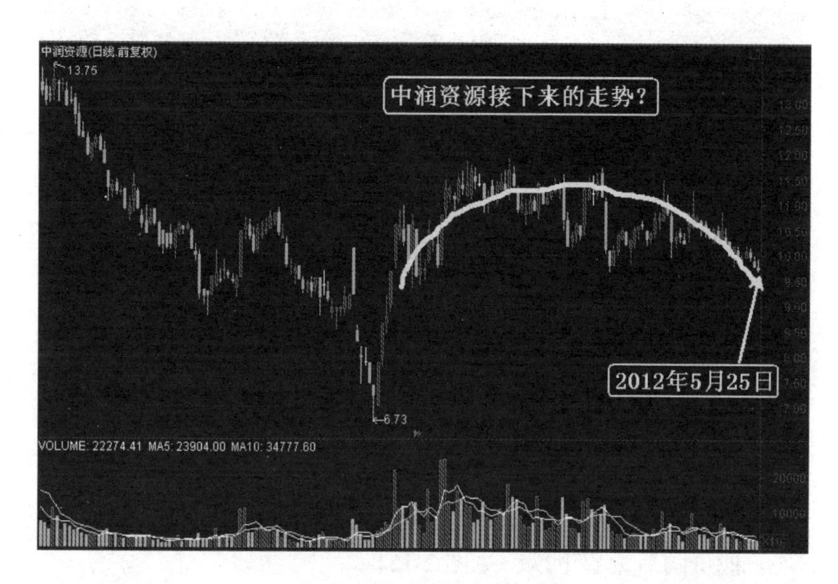

图 2-148 中润资源日 K 线

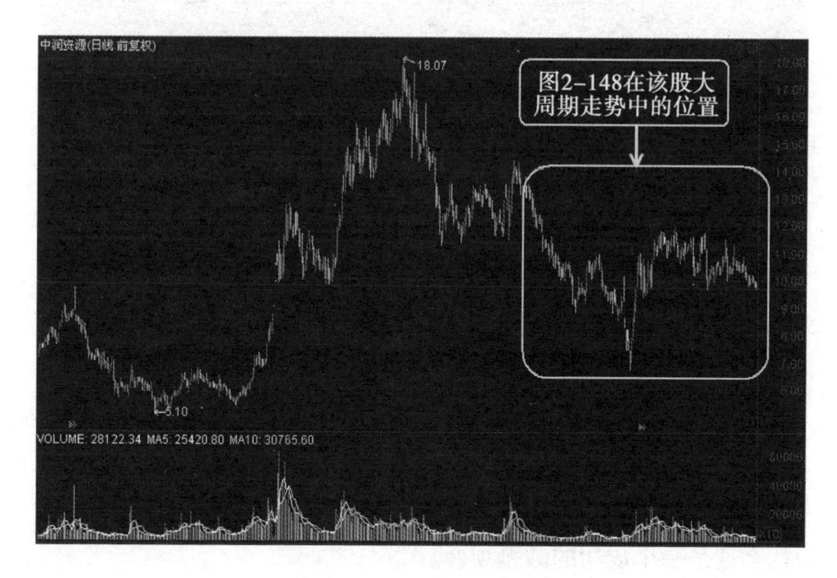

图 2-149 中润资源日 K 线

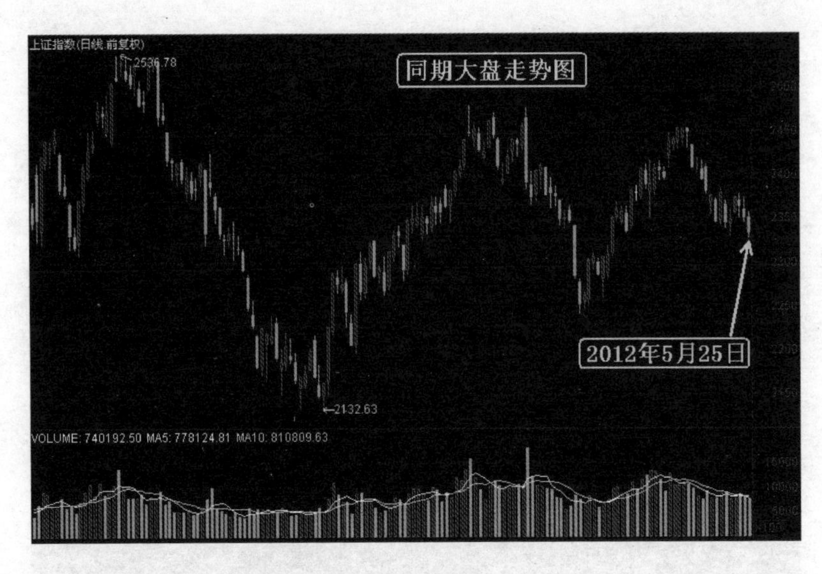

图 2-150　中润资源日 K 线

谜底：股价随后大幅下跌，见图 2-151。

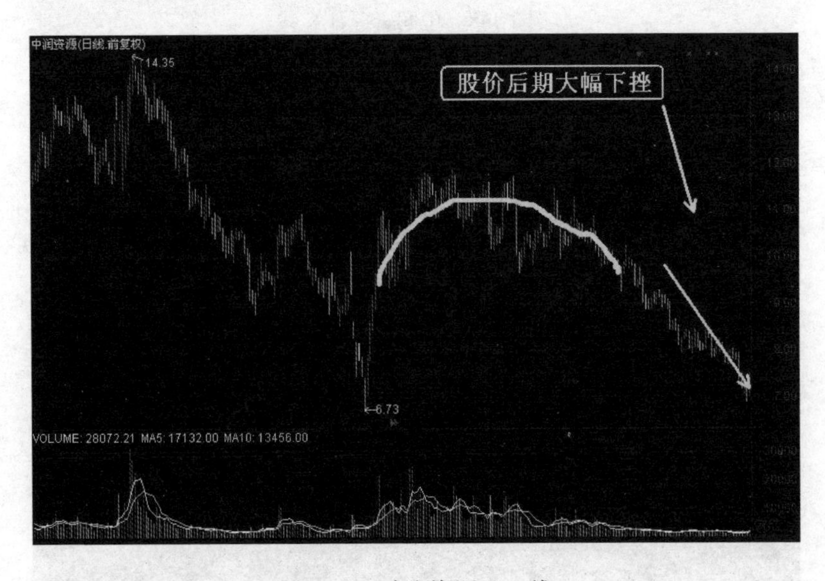

图 2-151　中润资源日 K 线

为什么这是一个成功的圆弧顶?

股价在高位出现放量阴线，已经值得警惕（见图 2-152）。如果频繁出现

放量大阴线，那无疑具有相当大的风险（见图 2-153、图 2-154）。

如果主力强大，或股价还会有主升浪，那么股价的 K 线运行会非常有规则，主力会努力呵护。做股票，就要做这样的强庄股。

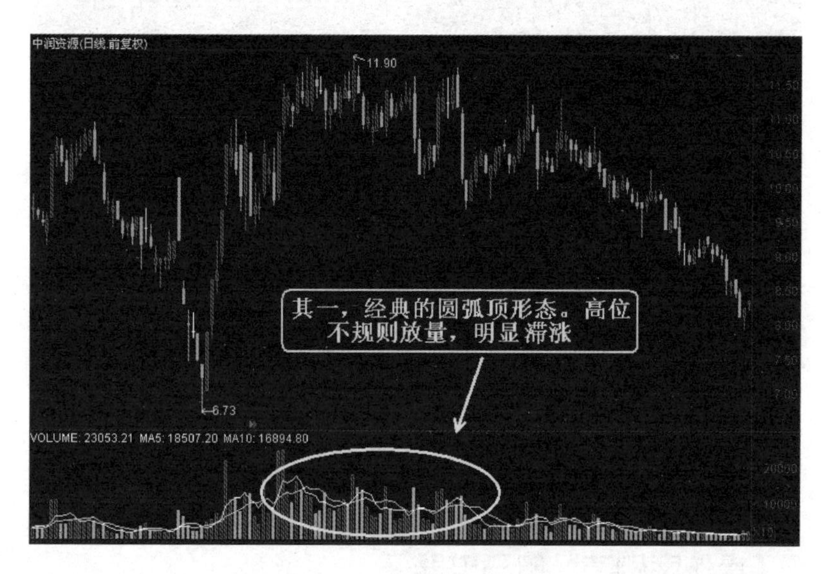

图 2-152　中润资源日 K 线

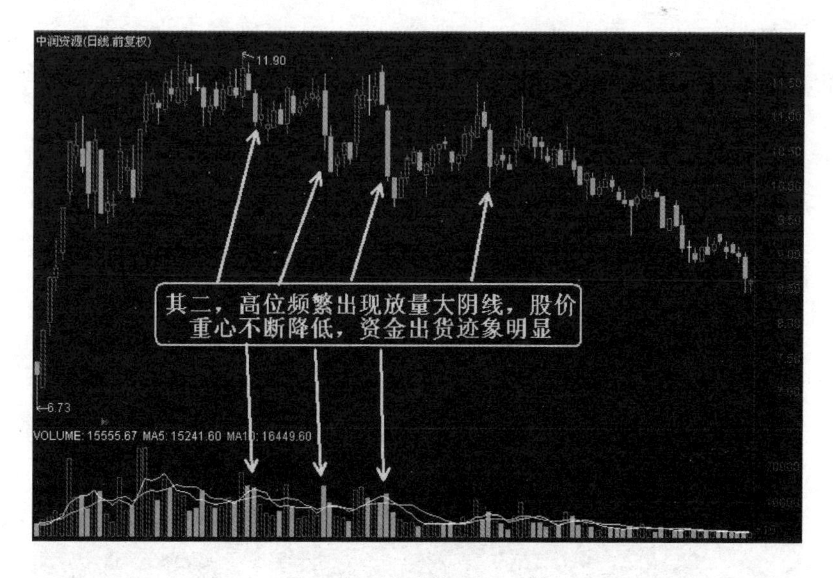

图 2-153　中润资源日 K 线

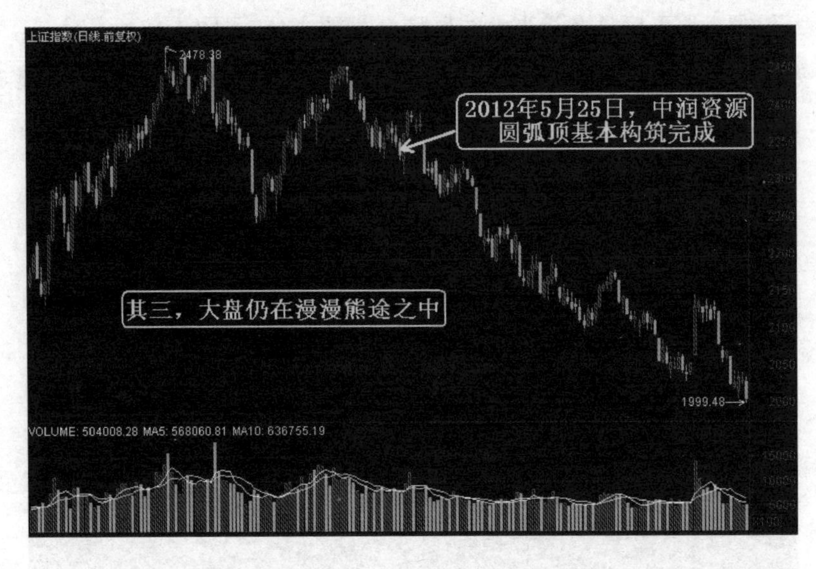

图 2-154 中润资源日 K 线

五、操作案例二：奥马电器

奥马电器经过一段上涨后，形成圆弧形态，股价接下来会怎样运行呢？见图 2-155、图 1-156。

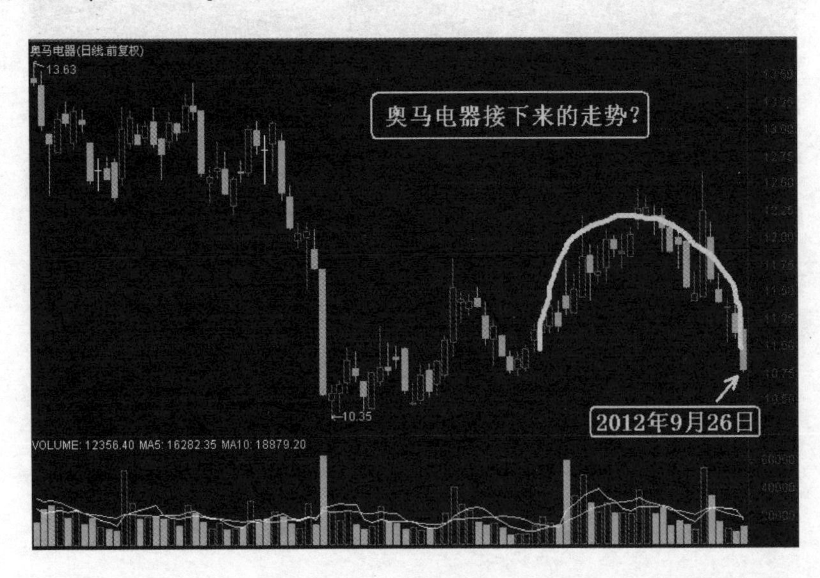

图 2-155 奥马电器日 K 线

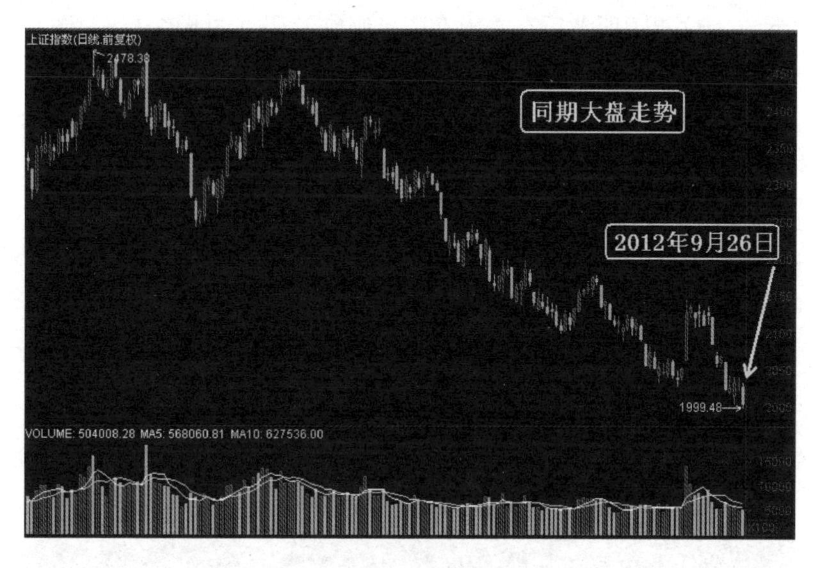

图 2-156　同期大盘走势

谜底：股价随后大幅飙升，见图 2-157。

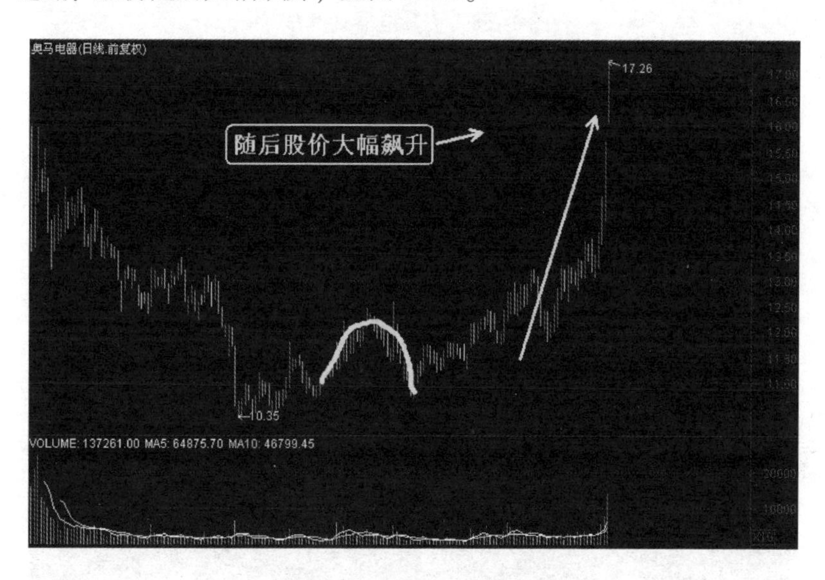

图 2-157　奥马电器日 K 线

为什么那不是圆弧顶形态？

点睛

大盘提前见底，这本身就是一种强势。大盘不断创新低，但股价的重心却不断抬高，这更说明背后有主力在积极吸纳筹码（见图 2-158 ~ 图2-161）。遇到大盘走势不错时，这样的个股很容易率先跑出来。

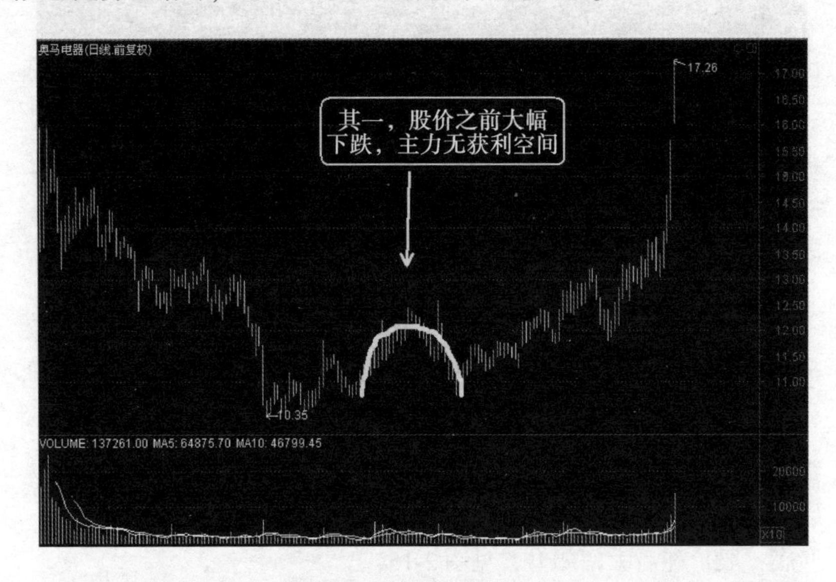

图 2-158 奥马电器日 K 线

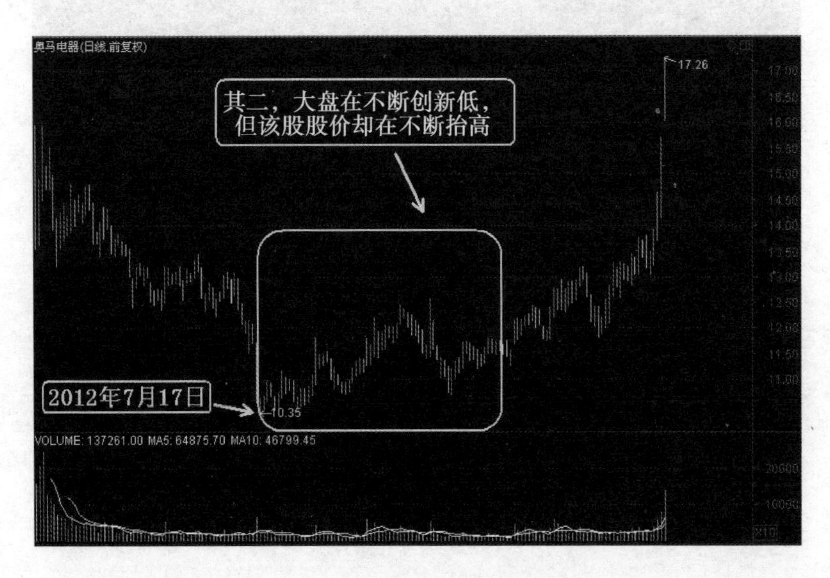

图 2-159 奥马电器日 K 线

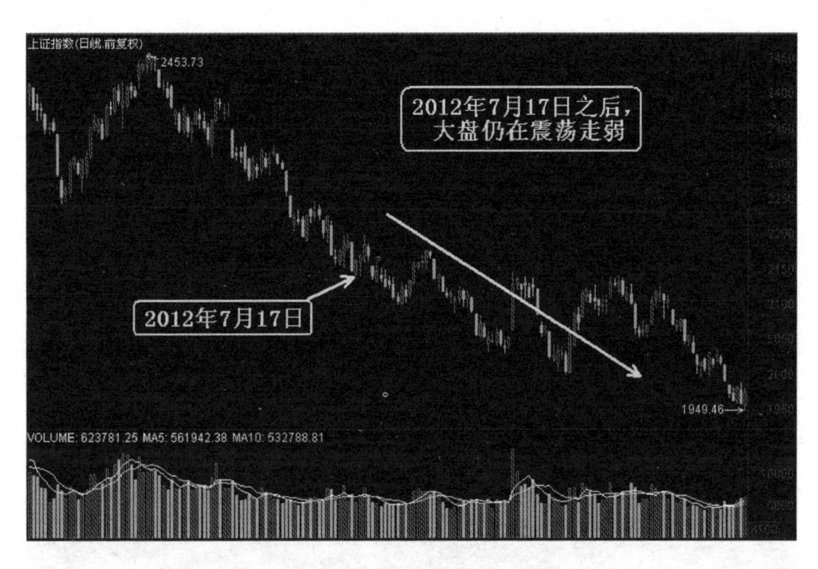

图 2-160 奥马电器日 K 线

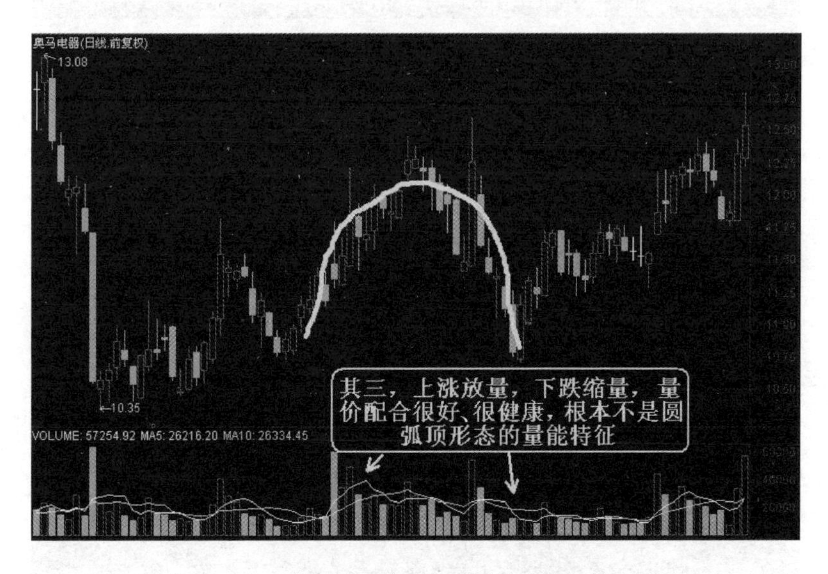

图 2-161 奥马电器日 K 线

六、操作案例三：创元科技

创元科技经过一段上涨，在相对高位形成了圆弧（见图 2-162 ~ 图 2-164），这是圆弧顶形态吗？

图 2-162 创元科技日 K 线

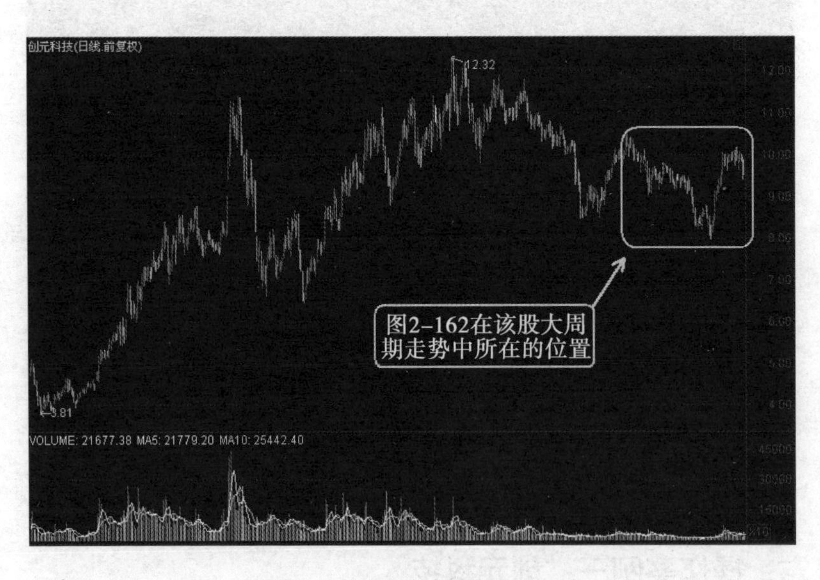

图 2-163 创元科技日 K 线

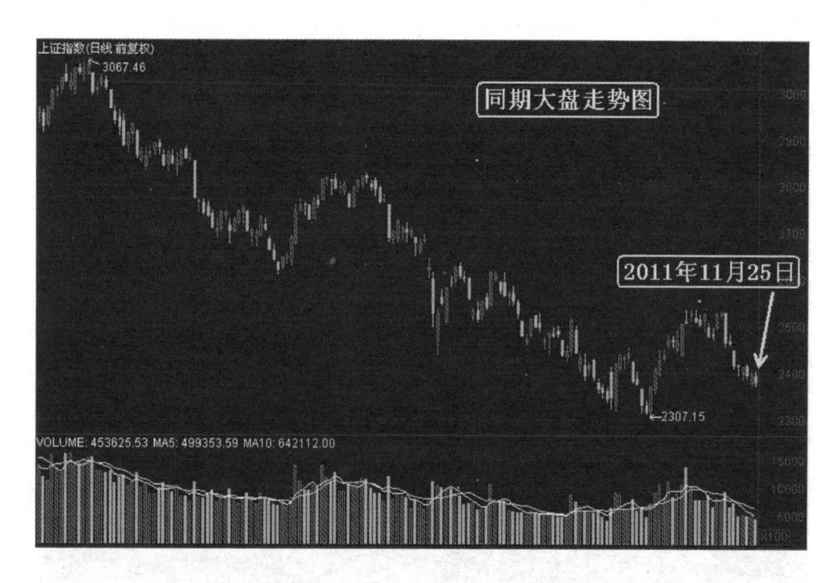

图 2-164　创元科技日 K 线

谜底：股价接下来大幅杀跌，见图 2-165。

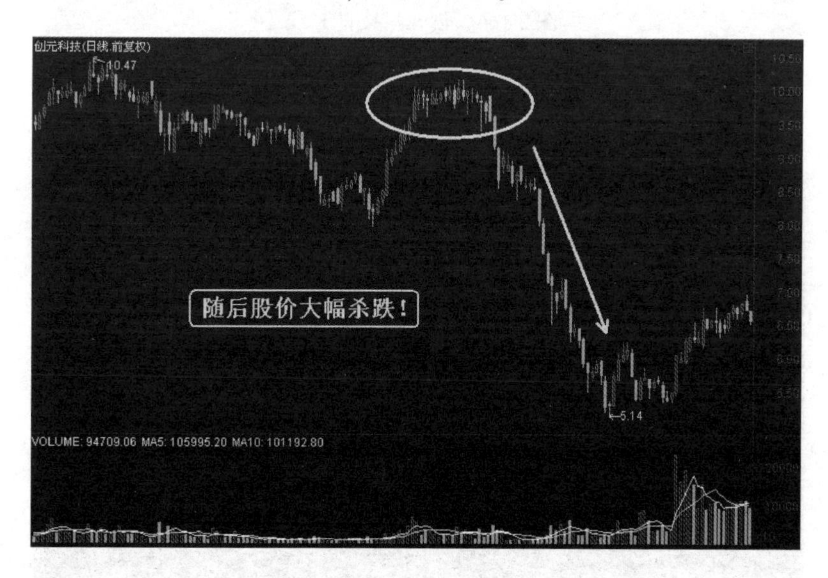

图 2-165　创元科技日 K 线

为何这是圆弧顶形态？其原因如图 2-166 ~ 图 2-168 所示。

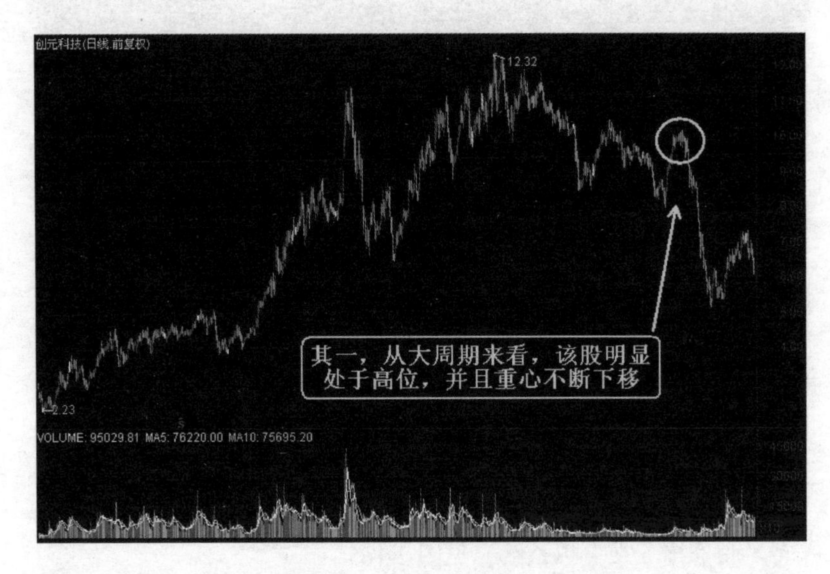

图 2-166　创元科技日 K 线

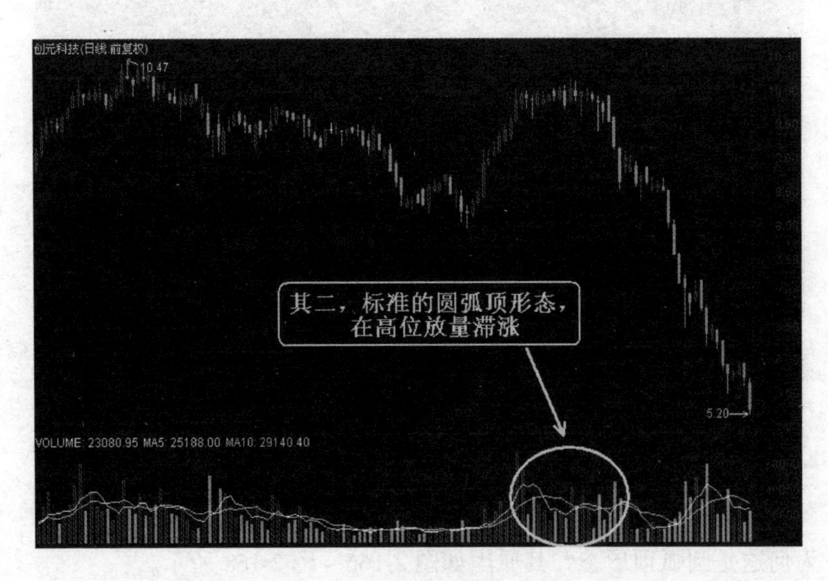

图 2-167　创元科技日 K 线

图 2-168　创元科技日 K 线

温馨总结

当我们将这些形态梳理清楚后，相信会为大家在实战中的操作带来帮助，以便更好地把握细节。同时，也希望大家能温故知新，并不断自我总结，进而在实战中有所突破，这样才能让自己走得更远。

在形态里，要先梳理好“形”，但最关键的是一定要明白“神”，“神”才是形态的核心所在。在实战博弈中，很多假动作是必须要了解的，形态只是一种良好的辅助，最终还是要结合各种情况和系统的体系，这样才能更大概率地把握未来。

为了让大家更好地梳理和把握未来，我们将和大家分享更多理念，让我们一起进入本书的最后一个章节：蜕变之路！

第三章
蜕变之路

第一节 投资理念

投资的过程，也是思考的过程。成功的投资分析本身是优美逻辑和思维的体现，让人认识投资和市场上林林总总的现象，这是投资给人带来快乐的一个方面。没有这种分析之美，投资事业也很难有快乐和持续性可言。面对市场上的各种现象，虽然有着各种不同角度的认识和解释，有宏观形势、政策、心理博弈、机构（庄家）行为、内幕信息、股价走势图等，但真正能长期起作用且最终起决定性作用的，还是以投资理念为依据的方法。

我一直坚持自己的九字投资真经——提前、深度、坚持和大格局。具体来说就是：挖掘价值要提前，研究个股要深度，有持续性要坚持，视野格局要放大。有逻辑、有条理，而非个人主观臆测。由浅入深、循序渐进，不断思考、不断总结、不断成长。在进行盘感训练之后，有几个重要事项总结如下。

一、形态标准，才能确保成功率

有人认为，形态经常会失败，并不能有效指引实战交易。

其实，并不是因为形态分析失效，而是因为没有严格按照形态的标准要求来选择。

市场上大多数个股的走势都比较凌乱，并不严格符合形态的要求。只有小部分才真正符合标准。我们所要做的就是学会筛选。真正的高手懂得舍弃大部分似是而非的走势，筛选出标准的走势，市场就变成了财富之源。

我的一位朋友是个普通上班族，其交易水平一般，且只会一种交易战法——三角形整理形态。但他的高明之处在于懂得按照最严格的要求来选股：每天晚上他会翻一翻涨幅榜前面的个股，看看它们的形态、量能、大盘等是否严格符合三角形整理形态。绝大部分的时间都是令人失望的，只有少数时候才能大有收获。而一旦发现符合标准的走势，次日他就开始重仓操作。

这种操作方式的成功率非常高，一年下来只做几次，每年都可以保持30%以上的收益，这对于一名业余股民来说，已经是相当不错的成绩了。

只有按照严格的标准来筛选，才能有高成功率。那些不达标准的宁可放弃。

所谓严格的标准，包括形态、K线流畅程度、量能、大盘等各种情况。以图3-1的双顶形态为例，两个顶很标准，而且第一个顶有成交量的配合、第二个顶缩量创新高（预示着上攻动能的衰竭），有效跌破颈线，大盘当时也处于下跌途中。

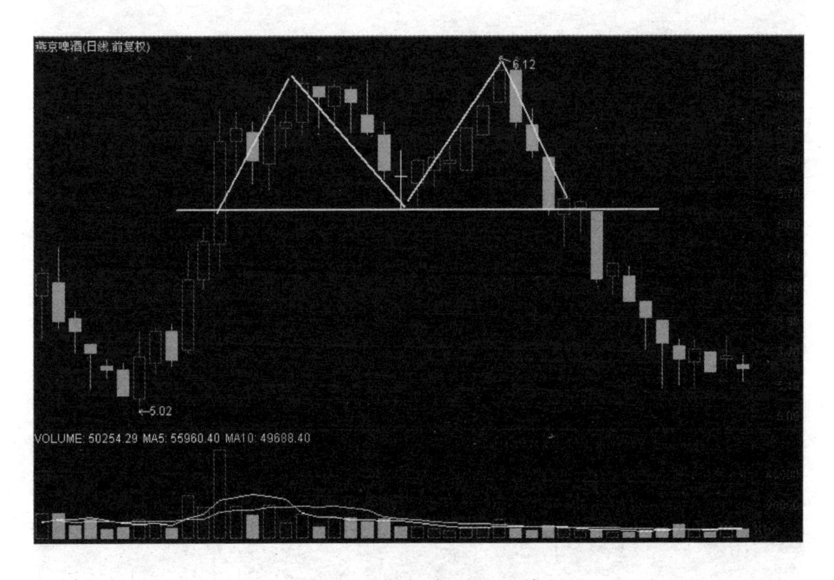

图3-1　燕京啤酒日K线

二、级别有多大，形态的效率就有多大

所谓级别，是指构筑形态所耗费的时间。所耗费的时间越长，级别就越大，最终所产生的威力就越强。

很明显，周K线上形成的大双顶形态比60分钟走势图上形成的小双顶形态的威力要强得多，如图3-2、图3-3。

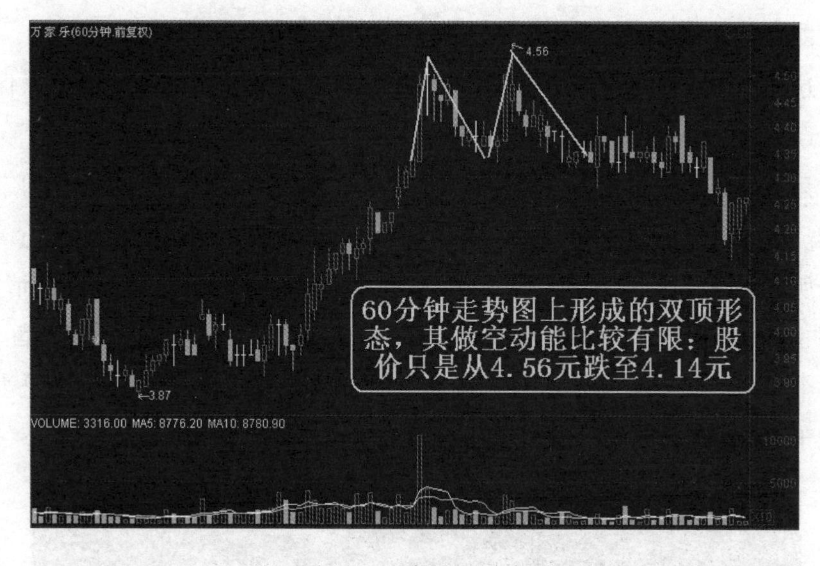

图 3-2 万家乐日 K 线

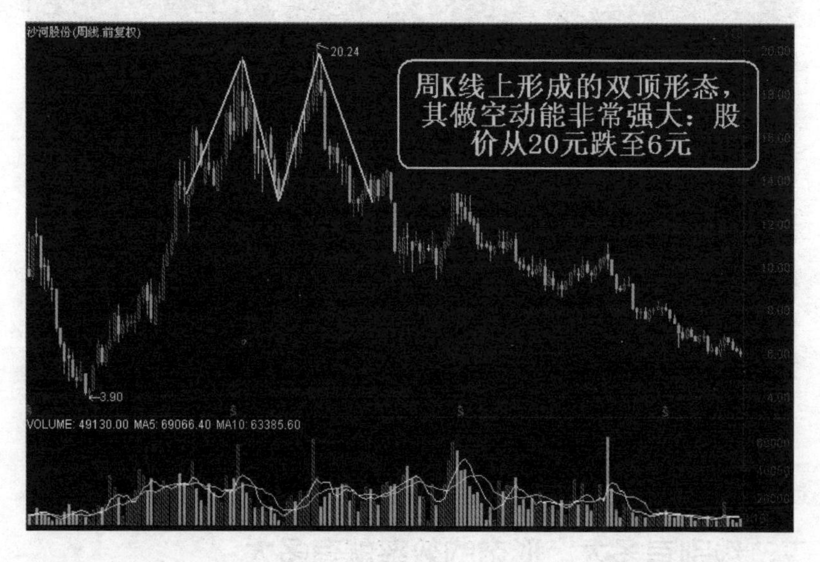

图 3-3 沙河股份日 K 线

三、突破颈线，形态才能确立

所有的形态，只有突破颈线，才能算最终形成。在没有突破颈线时，都可能存在变数。这里所说的突破，讲究的是有效突破，即收盘价实质性地突破了颈线，如图 3-4、图 3-5。

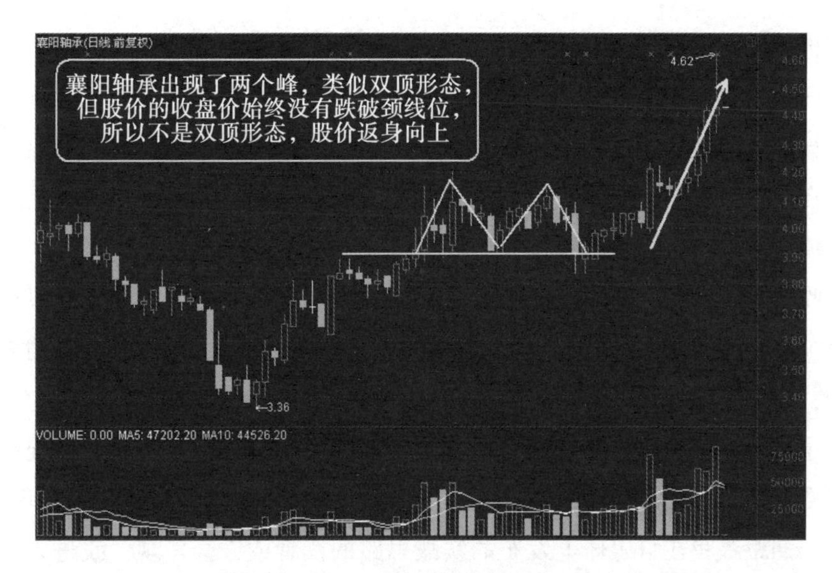

图 3-4　襄阳轴承日 K 线

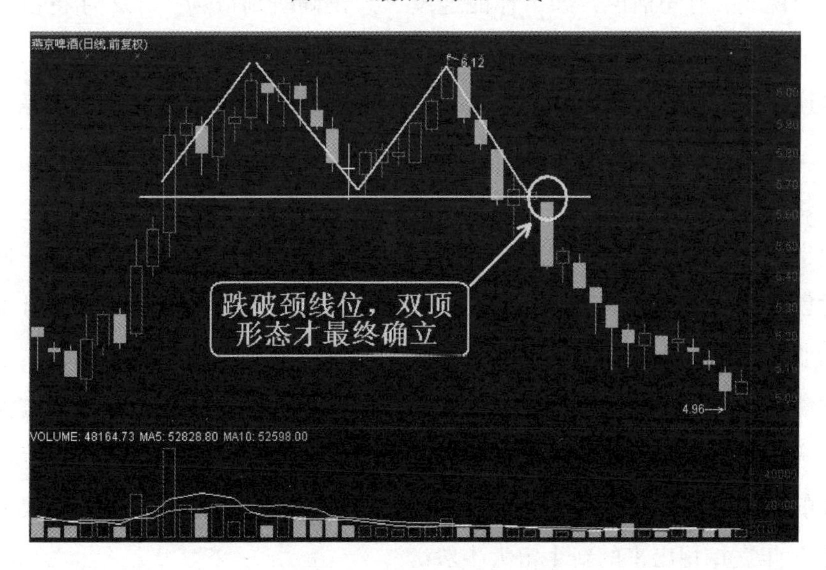

图 3-5　燕京啤酒日 K 线

第二节　长时间的精准研判

时光飞逝，股市从 2015 年的疯狂到 2016 年、2017 年的低迷，再到 2018

年的再下杀，然后到2018年年底开始的新生，行情诡异复杂。

回头来看，2015年我参赛取得的冠军，本质上是对善于把握机会这种能力的肯定。透过这个过程，仔细去感受参赛过程中的操作后发现，挖掘牛股，尤其在相对活跃的市场，对我们而言并不难。其中的节奏和交易思考，都有一些值得散户和操盘手去感知和学习的地方。

收获冠军过后，我们也经历过惨痛的教训，这与那场惊天动地的股市危机有关。幸运的是，我们在2016年休养生息、不断成长，在2017年迎来了蜕变，2018年继续前行。

这次蜕变，与之前的蜕变有本质区别，这一次是经历了几次牛熊交替后的蜕变。回首过去，1998年入市至今，不经意间已经经历了20多个年头。

长期跟踪我在自媒体上发布的实战思路的读者或许会发现，我进入了更实质的蜕变。有句话说，如果你能连续3天正确研判市场，那么你将富可敌国。很多时候，我们的“马前炮”实现了精准研判，且时间早已超过3天，而是连续2个月、3个月，甚至超过半年的精准研判。尤其是对板块等方向的挖掘，更是持续了相当长时间，创造了一个又一个小奇迹。

我不仅挖掘了方大炭素这样号称宇宙第一牛股的品种，也有从这个板块衍生出来的类似宝泰隆、碳元科技、锦富技术等一系列牛股；还提前挖掘了当时创业板的风向标东方财富和人工智能板块的龙头科大讯飞等；还有不少次新股，类似新经典、中科创达、新易盛等一系列阶段性牛股。同时，也正确预测了不少反杀的板块和品种，比如阶段性白马蓝筹的反杀，包括方大碳素的高位反杀；不少涨价主题的高位反杀，包括阶段性新能源的高位反杀、混改的龙头中国联通两涨停开板后的反杀等。此外，还有东方通信这类在2018年年底挖掘出来的新宇宙大牛股。

类似的经典战役和经典研判极多，这完全得益于对市场穿透性的博弈和思考。你可以欣赏这种把握机会的精彩，但那也只是我们能力的冰山一角。今后我们会继续结合实战成绩，为大家分享更多有价值的思想，我们会不断努力，请大家期待。

股市投资看似容易，但博弈的过程却格外复杂。无论如何，看市背后的思考和交易背后的体系是有价值的，我愿意做出整理、总结，并分享给更多人，也衷心希望能帮到更多人，提升大家对股市的理解。想少走弯路，就要多学习和总结，我们愿意不断总结自己经历的各种成功和失败，并分享给大家。

接下来，中国资本市场将步入一个新时代，让我们一起努力，共同前行！

第三节　对新任证监会主席的期待

2019 年 1 月 26 日，证监会主席换帅，曾任中国工商银行董事长的易会满接任前证监会主席刘士余。这就好像一家上市公司发展到某一个阶段后，需要更换董事长或进行重组，而我更愿意理解为重组。重组的目的是什么？当然是希望更好，既然如此，我们就要关注接任者的能力范围。

对于当下的市场，一些人的观点是不管由谁来接任证监会主席都是一样的，这个职位就像足球队教练一样，并不是一个容易胜任的位置。我并不这样认为，因为两者的本质是不一样的。回顾中国证券市场的发展历程，中国股市经历了很多次阶段性牛市，这至少说明只要阶段性的政策思维与环境相匹配，机会是很多的。但中国足球则不然，很多时候你的想法未必能够产生立竿见影的效果。

另外，不少人说中国股市的监管效果不能以股指的涨跌作为评判标准，不能说跌多了就代表做得不好，涨了就是做得好。但我认为，虽然不能完全以股指论英雄，但这个标准也应该占据较大比例。就好像一家上市公司，能否盈利是评判其好坏最重要的标准。虽然允许阶段性亏损，但最终，持续的成长和盈利能力才是衡量这家上市公司经营优劣的关键性标准。

股市也是如此，例如美股，衡量其好坏的标准是看它能否实现长期螺旋式上涨。但是，如果从监管层的角度来说，简单地把这个作为衡量标准的重点，我并不敢苟同。过去几年来，市场的财富效应并不明显，或者说环境非常惨烈，上证指数的下跌相对较少，但创业板和中小板指数的下跌非常剧烈，这背后有上市公司自身的问题，也有政策层面的问题。

新任证监会主席如今已经上任，他需要正视这些问题，并提出一些有效改善市场环境的方式，或能够促进市场实现健康发展的模式。市场上一些人调侃，易会满是带着“宇宙第一行行长”的光环到证监会任职的，但我相信他一定是有目标的，或者说有比在工行任职时更大的抱负。

从某种角度来说，未来评判他在任期内工作是否成功的重要标准有以下几点：第一，中国股指能否再创历史新高；第二，中国证券市场未来是否有可能超越美国华尔街，获取“宇宙第一证券市场”的称号。我认为这是新任证监会主席需要努力奋斗的目标，如果能做到，他将是一个非常成功的继任者，也将开创新的历史。

至于如何做到这些，我想谈谈我的看法。

第一，尊重市场。很多时候我们对市场的行政干预太多，希望新的监管层进驻之后，尽量减少不必要的干预。当没有干预，而是选择尊重市场时，交易者在这个过程中无论输赢都会心服口服，否则一定会产生一些不和谐的声音。充分尊重市场就是让市场靠自身的能力去消化各种信息和未来的各种预期，这是监管层必须重视的问题。

就像美国市场一样，只要你在合法、合规的前提下交易，一天涨几倍或一天跌百分之几十都不会受到行政干预，你的市场行为和资金的博弈会受到尊重。在这个背景下，资金才会认为这是一个公平、公正、公开的市场，才是一个安全的市场，才是值得去博弈的市场。由此，才会有更多资金更放心地进入市场。

美国的资本市场之所以强大，正因做到了这一点，所以很多全球性资本不断流入，造就了它的长期牛市。如果能够把这个问题处理好，我相信中国资本市场的魅力绝不会逊色于美国市场。一旦达到这样的状态，我们的吸引力将大大增强，“子弹”会源源不绝，我们的市场重心必将节节高升。

第二，明确预期。很多时候，监管层在预期管理方面有所缺失，比如即将推出的科创板。科创板的推出和定位本身没有任何问题，因为未来中国的经济突围需要科技创新力量的突围，由此实现产业升级，并带动经济的腾飞。但是问题来了，科创板横空出世之后，肯定要稳步发展。如何稳步？并不是千军万马一起涌进来，这是不可行的。换句话说，这其中涉及预期管理，即需要明确告诉市场中所有的投资者，每年大概会有多少企业进入科创板，吸纳的融资额度是多少等。我认为这要围绕稳定二字，不能够大跃进。只要保持稳步发展，再结合注册制等措施，相信科创板这个新的市场一定能够成功。

相反，如果步子迈得太大，不给市场一个明确的预期，或者预期太猛，很有可能高开低走，最终陷入泥潭也不是没有可能。牌是一张好牌，怎么打很重要，预期管理要给市场积极、稳定的作用。只要充分听取和调研前线资管行业的声音，就会知道初期该如何稳步、积极地推进这种预期。只要收集必要的信息，就能够知晓该按照何种方式去推进。如果做到了这一点，我相信市场会举双手、双脚赞成。再者，让市场形成一种积极的预期有助于整个市场稳步上涨，最终形成共赢的格局。

主板市场同样如此。悬在一线人员心里的石头是担心科创板的融资额度过大，或者主板也同步加剧融资，双向融资的过程中，市场将无法承受这种重负，最终出现问题。想要解决这个问题，首先要明确科创板的融资预期，并保持在稳定的范围之内。同时，主板也需要明确预期，即 2019 年的融资额或 2019 年市场的规模。当下，阶段性可以做的一件事，是在科创板开闸之后，暂停一段时间主板的新股发行，这将会给予市场极大的正面预期。

过去，市场每周发行两三只新股，暂停之后，这并不会影响大局。因此在某一阶段，比如科创板上市后的 4 个季度或半年，主板可以阶段性暂停发行新股，等于将其分流到了科创板。而市场将认可这种平衡，透过科创板积极带动主板，形成良性循环。未来，管理层势必会将科创板当作整个资本市场的重点突破板块，而这个板块本身是有能力带动市场整体向好的。管理层不会过度扩容科创板，更不会同步扩容主板。因为一旦这样做，两方面消耗的力量太大，一定会导致市场的价值体系出现问题，最终引发一些不必要的动荡，这将是我们不愿意看到的。

第三，作为从银行体系一把手和从基层走上来的“宇宙第一行”前任领导，很清楚银行在融资难问题上一直难以发挥更大作为。银行毕竟要追求利润，不可能把资金放到一些风险巨大或不确定的企业中去，这种做法与银行的经营宗旨相悖。这一点可以理解，但资本市场是允许的。如果接下来的证券市场希望营造一种有利于解决融资难问题的氛围，最好的方式是什么？也许是那些正处在发展中的企业，他们无法实现从银行融资，但却能得到资本市场的青睐，并在资本市场得到一些助推力量，从而实现发展。比如二级市场，一些企业上了科创板或主板，得到了进一步提升和腾飞的机会。

一级市场的资金更愿意投向一些在银行难以实现融资的企业。他们愿意去冒这个风险，是因为他能看到未来的退出机制，并形成良性循环，与美国资本市场的生态体系是类似的。这并不是说要解决证券市场融资的问题，或加大融资额度，而是把一些机会给到能够成长起来的企业，解决其融资难问题，这将与银行的融资难问题形成良好的互补。牵一发而动全身，整个资本市场的生态将更加有激情，并形成正循环。

除此之外，市场如何做到更“接地气”？政策导向非常重要。比如，当下热议的减税问题在证券市场如何得到落实？目前，在一些交易税甚至印花税方面，可以实现进一步为证券市场减负。如果能够做到，虽然所减的资金额度并不大，但却能起到四两拨千斤的效果。

例如减免印花税，对市场的积极引导非常明确，将有助于证券市场吸纳更多资金，最终形成更好的生态系统。此外，减税不仅体现在交易层面，还包括一些私募基金、公募基金等。如果能够尽可能地减少缴税成本，他们参与资本市场的兴趣必定会增加，国内资金和国际资金都将源源不断地进入，最终造就资本市场的繁荣，并成为推动改革发展的关键力量。

最后需要明确的是，只有股指保持健康发展和牛市的运行格局，证券市场才能达成带动经济发展的作用，并与之相互影响，最终走向新的高峰。如果 A 股的指数能够走出循环式和螺旋式上升态势，那么全球资本都会前赴后继地涌入，因为财富是追逐利益的。当然，在这个过程中，我们要保持优胜劣汰，即注册制和退市机制的实施与完善等。

当然，这些举措在 A 股市场的推进一定是循序渐进的，目前也的确在慢慢落实和一步步推进。随着这个过程的深入，将慢慢打造一些真正优质的上市公司，即从长期而言，它的盈利是能够持续成长的。当市场里类似的公司越来越多时，资本市场将越来越健康，自然也能吸引更多资金的涌入，但切记要在这个过程中保持一种平衡。

随着这些问题的慢慢实现，相信 A 股市场的“韭菜”会越来越少，参与投资的人群也会越来越成熟，市场最终将逐渐步入新的时代，走向新的高度。届时，我相信中国证券市场将超越美国华尔街，成为名副其实的宇宙第一证券市场。

第四节 拥有立体思维

实战中，博弈思路很关键，我们要不断梳理和总结对未来的思路。长期以来，我习惯于记录每日实战博弈的状况，这也是我无论风雨都能持续前行的关键之一。同时，想要不断蜕变，必须具备立体思维，比如期货和期权等，不一定参与但至少要去了解。

一、中大阳开启博弈新牛市

2019 年 1 月 31 日，我明确指出“抢钱”行动开始了，股指中大阳线一触即发。在我的核心逻辑里曾提到，当雷都没得扔时，多方一定会趁势发起攻击，空方也一定会出现溃不成军的状况。2019 年 2 月 1 日，市场的表现果然如此，上证指数一根中阳线涨幅 1.3%，创业板指数一根大阳线涨幅 3.52%，中大阳线完美展现。

回顾 2019 年 2 月 1 日的市场，会发现这场战役很有意思。压抑了一段时间的创业板一阳改三观，直接一个大阳线奋起，杀到整个空方溃不成军。我认为，这种大涨其实已经宣告接下来整个创业板将打响“抢钱”行动。当然，整个创业板涉及的板块和个股很多，行动一旦打响，局部的精彩和杀跌动荡必定是交织在一起的，操作方面有一定难度。

另外，国家队把持的主板与我此前预测的一样，保持稳中求进的态势。之所以能够“进”，重点在于证券板块发动了攻击。例如我一直强调的中信建投，盘中刷新了历史新高。2018 年 11 月 22 日，该股一根大阴线下跌 8 个点时，我做出了一些思考，现在回过头看，整个局面变得越来越清晰了。这就是多头对这些金融部队把控力度的完美体现，非常精彩。

当下，盘面依然维持多头趋势，透过金融板块整体的态势来看，可以确定这一波战役还要往纵深的方向发展。不管如何，多头已经取得了阶段性胜利，这是有目共睹的。当下的行动不仅仅着眼于短期，更要着眼于大战略。

2019年，市场将开启一轮意想不到的新牛市，这种新牛市会在一些板块和个股反复动荡中呈现出来。股指不一定会像以前的大牛市一样，天天大涨。在新牛市中，出现这种状况的可能性很小。当然，会出现阶段性逼空走势，持续逼空之后会进入动荡格局。想要把握动荡中的机会，关键在于博弈水准的高低，八仙过海，各显神通。

我相信，2019年中国证券市场会迎来新的变革。随着科创板的设立，以及各种衍生品的急速推动和发展，将呈现一个新的世界，这个新世界会进行充分的市场化博弈。我相信，过去我所有的经验和成果都将在博弈中得到绽放。1998年至今，我经历了几轮牛熊，见证了无数风风雨雨。能够走到今天，可以说是一个新的开始，也是一个真正意义上的大蜕变。

2019年，从整个市场的变化来看，相信不少人已经感受到了机会的存在。当然，在行动之前我们要先好好武装自己，这样才能把握真正精彩的明天，这也是我希望将更多有价值的内容分享给大家的初衷，带领更多朋友走向真正的牛散之路。

二、1.2倍期货交易

于我而言，2019年1月是一个小小的收获季，这个收获不仅来源于股票，也来源于期权和期货。1月，我在期货实战中取得的最高收益超过了1.2倍。换句话说，如果月初你的原始资金是50万元，到月底时，大概有60万元收益。对于这个结果我们非常开心，但我们完全有可能实现更大的突破，超过2倍也完全有可能。

当然，在博弈的过程中我们犯了一些操作方面的错误，导致结果没有达到最理想的状态。但这已经令不少人惊叹，之所以能够取得这样的成绩，与我过去的沉淀息息相关。过去，我在做期货的过程中也曾有过惨痛的教训，但通过不断总结，量变促成了质变。

这一轮期货交易的成绩主要得益于2019年年初商品期货局部阶段性的做多行情，市场出现了一些比较活跃的做多品种，如白糖、甲醇、PTA等，主要的做空品种如鸡蛋、棉花、豆粕、菜粕等。我的交易以做多为主，做空为辅，交易过程中做空的时间非常短暂，往往都是T+0日交易。

其中一次的操作让我印象深刻，当甲醇主力合约冲高到2560多点时，我认为是做空时机，然后决定出手，当时的仓位一度接近满仓。在实现了一些盈利后撤出，而后市场最低跌至2401点。从2560点到2401点，这个空头行情我没有全部抓住，但我并不后悔。因为这是交易体系的问题，我不可能把全部利润都抓住。

如上所述，期货交易其实很有趣，但交易者要形成自己的体系，通过这些交易感悟也可以提升大家对股票的感知。很多时候，股票的盘感就是通过这种训练而提升的。无论是期货、期权还是超短线股票交易，都可以用这些方式慢慢历练。通过回顾和总结实战中的点滴，是希望教会大家融合和运用技术形态及基本面等研究手段。一路走下来，相信你将真正领略成长的魅力和博弈的乐趣，进而将其融入自身的体系。

三、期权交易翻倍之路

2019年1月，我的收获还来自于期权交易，我带着团队一路收获翻番的收益，过程实属不易。期权是一个波动性极大的交易品种，正因为波动性大，在博弈的过程中更需要对细节有清晰的思路。比如，上证50期权本质上是上证50成分股的组合波动，我们要清楚它们是由谁主导的，背后的主力是谁。

很简单，这些品种只有国家队才能把控得住，由此你就要清楚国家队的主导思路是什么。观察中信建投、中信证券、工商银行、招商银行、中国平安等，你会发现国家队当下是多头思维，要把握未来整体的大机会，没有机会创造机会也要上。

在博弈时，你要非常清晰地明确这种状态，并且学会盯住一些关键性品种。我们很幸运，一直盯着这些关键性品种，并在博弈中顺应了它的趋势。比如，某次交易中我认为尾盘杀跌是个“纸老虎”，那么我会做什么动作？答案当然是加仓布局多单。因此，在博弈的过程中，你要有非常清晰的思路并做好充分的准备工作，在有把握时要敢于出击，千万不能犹豫和束手束脚。同时，还要懂得乘胜追击，有盈利时要敢于加仓，但刚开始时要小心谨慎。比如，稍微亏一点就立即止损，如果赚一点也立即止盈，先感受一下赚钱的感觉，等到积攒了相当多收益时，才能艺高人胆大。比如感觉盘中背离，可能会出现调整，我会高位撤出反手做空，跌完再反手做多，这不仅能增强自己的信心，还能将整体的利润空间提升不少，无形中积攒了更多安全垫，进而承受更大的波动风险。千万不要盲目认为你一定是对的，然后拼命去赌，这会赌到你倾家荡产。赌徒思维万万不可取，要做到循序渐进，收获利润之后才能适当去“赌”，因为这时你的风险承受能力才更强。

期权市场和赌场的区别在于，在赌场中你可能一把就输光了，而在期权交易中，发现情况不对可以给自己设立止损点和止盈点。并且可以多次尝试，没利润时碎步走，有利润时大步走。也可以尝试 T+0，在有利润的前提下，如果感觉盘中会出现调整，可以适当反手做空，如果趋势是做多，那么主要仓位还是应该放在多单上，做一些空单的目的是做对冲或差价，这是完全允许的。

只有不断增强博弈训练，才能在无形中提升盘感。这段时间，我在这种思路的引导下，已经实现了一两倍的收益，未来随着行情的演绎还将有更多机会呈现出来，从细微之中感知市场的变化并把握市场的机会才是王道。

胜不骄、败不馁，未来还有更多的精彩，但始终要记住一个原则：用输得起的钱去博弈。用输得起的钱去“赌”，赌对了将有暴利的机会，错了也能承受。抱着这种心态同时结合我们的博弈理论，相信你一定会成为市场最终的大赢家。

让我们一起前行，把握未来。

第五节　两种赚大钱的思路

这里说的两种赚大钱的思路：一个是投资，另一个是投机。条条大路通罗马，投资也好，投机也罢，其实都有赚大钱的机会。

就第一个思路投资而言，能够赚大钱的关键是什么？有两个词需要大家了解：一是成长为王；二是慢就是快。

所谓投资，本质不是买当下，而是买未来。因此，如果想要投资成功，核心就是你是否有眼光去判断一家上市公司 3 年之后的状况，甚至要看得更远。然后，当你看到该公司的未来比当下更具成长性时，选择买进就是一种很好的投资，这就是成长为王的核心理念。

在投资的过程中，你要不断思考自己是否有看到一个企业未来的能力。简单来说，想要把握赚大钱的机会，必须具备这项洞察力，从而穿越企业的本质看到它最终的底盘。想要实现这个目标，你需要对很多行业具有清晰的认识。

我更看好未来中国的文化产业和科技行业，希望在这些新兴产业和具有巨大成长空间的行业中，去寻找有可能成长为独角兽的企业，而不是投资那些已经成长起来的企业。锦上添花并不难，雪中送炭才更具挑战。在一个企业还没有成为航母之前，你提前发现了它，这就是投资过程中赚大钱的核心。

在实践过程中，想要做到这一点极其艰难，尤其是在二级市场里。由于二级市场的流动性很好，经常会有各种阶段性热点的诱惑，或者是阶段性低迷的摧残，可能时时刻刻都需要你做出选择。比如，当市场出现了阶段性热点板块，持续大涨 30 个点以上，你会不会动心？如果持续大涨 1 倍以上，你依然不动心吗？又或者别的热点板块积极上涨，而你的投资标的不涨甚至下跌，跌幅达到了 10%，甚至是 20%，这时你还能忍受吗？你的极限在哪里？我想大部分人这时都会怀疑，最终选择出局。然而，出局可能是对的选择，也可能是错的选择，并且接下来还将面临新的抉择。这时你会发现，投资之路真的不可能一帆风顺，如果想赚大钱可能会更加不顺畅。

即使你选择的标的上涨了，你依然会面临很多问题。比如，当你赚了 30%、50%，或者赚了 1 倍、2 倍后，接下来你该选择如何操作？毕竟很多人在赚钱后会考虑何时落袋为安，是否还要继续坚持以达成入场时订下的目标？如果此时市场恰好出现动荡甚至大跌，你所面临的抉择将更加艰难。这时你会发现，即使你在投资中取得了收益，这一路走来可能也并不顺畅。

在投资的道路上，不仅要克服上述情况带来的心态变化，过程中还伴随策略的调整。比如，跌多了是否要控制仓位让自己更从容？涨多了是否要积极寻找更好的标的并择机换仓寻找新的开始？除此之外，更重要的是你要在每个关键阶段观察该公司基本面的变化是否符合最初的投资预期，并结合其成长的变化考虑是否需要做出调整。

总的来说，想要通过投资赚大钱，需要抱有一种投资一级市场的心态，一级市场的流动性相对没那么高，时间周期也较长。此时，“慢就是快”的原则一旦在“成长为王”的公司里充分体现，就会产生赚大钱的机会。

接下来，我将谈谈赚大钱的第二个思路——投机。投资与投机的思路和手法截然不同，投机讲究的是速战速决，同时要寻找市场的引爆点；投机是阶段性的，它建立在市场情绪推动下的趋势性行情。因此，投机需要做到快、准、狠。

对于大部分交易者来说，他们并不具备这个能力，但又渴望去做这样的事情，最终的结果就是成为输家。这并不意味着投机不可能成功，而是说你要付出比一般人更多努力和汗水，需要研究短期内的多个引爆点。

此外，一个真正的投机高手一定具有相当的资金实力和资源。比如A股的敢死队，当他们找到一些引爆点，并决定阻击时，往往意味着推升股价，甚至推到涨停。这无疑需要相当的资金量，至少是几千万元甚至上亿元级别。因此，投机是有门槛的。

对于一般投资者而言，赚大钱的重点要放在投资上。当然，如果你已经成长起来，并且拥有非常雄厚的资金实力，你可以尝试拿一部分去投机。无论如何，在整个市场中，投资和投机都是通路，两者都可以存在。但重要的是要建立起自己的盈利系统，这个系统绝非一招半式，比如量价背离或看K线组合，这只是其中的一部分，关键是你要把一个上市公司的基本面、技术面和市场博弈充分融合。总而言之，赚大钱的思路可以归结为12字真言：成长为王、引爆为辅、博弈融合。

相信大家都知道1992年索罗斯狙击英镑的故事，他用100亿美元（150%的仓位）成为国际金融投机领域的传奇。提到这个故事并不是为了鼓励大家在投资中满仓或加杠杆，而是要关注临界点。每个人都有临界点，一旦过了这个点可能就会产生退出的想法。这个临界点可能是亏损或盈利的数字，也可能是时间的长短或抵御诱惑的程度。

比如，当一只个股下跌30%后，有的投资者选择逆势加仓，有的坚定持有，有的则止损出局。如果叠加时间因素和市场的诱惑，将更加考验投资者的能力。我曾说过这样一句话：涨得好的股票都是你没买或者卖掉的，也可能是你没关注的，统称为“别人家的股票”。空仓时你眼里都是涨停板，满仓时你眼里都是大牛股，反正就是没有你的股票。

对于不同的人而言，其临界点各不相同，我认为主要取决于 3 点：技术、知识和文化属性。

技术主要是指投资方法和意识，是做趋势性还是主题性？是追寻预期差还是关注度差？是关注企业的成长还是股价的博弈？这些并没有绝对的优劣之分，但一定要适合自己，知行合一。

知识决定你看问题的深度、广度和认知范围。但知识从不会使人勇敢，它只会帮助你提高准确性和减少不确定性。

最后是文化属性。每个民族和国家都有自己骨子里特定的文化属性，每个地区也一样，一方水土养一方人。在成长过程中，家庭、教育、环境、历程等都在潜移默化中影响着我们，最终融合、汇聚成一个个特定的文化属性，这个属性就是决定一切行为和抉择的基础。文化属性不以人的意志为转移，而是自发的、不经意的流露，或者是深思后依然坚定的抉择。

1 万元亏损 1000 元，亏损了 10%；1 亿元亏损 1000 万元，同样是 10%，两个相同的幅度由于金额的不同而使人对其承受度不同。不少人或许可以实现 1 年翻 1 倍的成绩，但 3 年翻 3 倍却鲜有人能达到，这就是时间的因素。每年都有大牛股，但大牛股每年都不同，10 年之后，会发现最终的大牛股可能是此前并不是很牛的公司。

1 元和 1 亿元，1 倍和 10 倍，1 天和 10 年，每个人的抉择、结果、命运都蕴藏在这几个维度里。如何更好地扩大临界点，这或许是投资甚至人生成功的关键，你是否已为此做好准备？

温馨总结

未来将会如何？这一切取决于你。

希望本书对你有所启发，让你有所感悟。

如果想要更系统地提升自我，欢迎加入牛散大学堂，我们等着你！

期盼你就是下一个市场冠军和大牛散！

有任何感悟、总结或想对我们说的话，欢迎告知，我们尽力一一回复。

邮箱：wgp168@ vip. 163. com

微信公众号：吴国平财经